HADEMAR BANKHOFER
DIE GROSSEN NATURHEILER

HADEMAR BANKHOFER

Die großen Naturheiler

Ihr Leben – ihre Lehren

Eine Walter Krüttner Edition
im
Lector Verlag
LECTOR

ISBN 3-272-00805-5

Inhalt

Das Vermächtnis des Hippokrates

Ein Vorwort

Hippokrates: Der Vater der Naturheilkunde

Ein Schrei gellt durch die weitläufigen Säulenhallen der Ärzteschule auf der griechischen Insel Kos. Eine etwa 50jährige Frau hat sich, eingehüllt in weite, wallende Gewänder, auf dem steinernen Mosaikboden niedergeworfen. In kniender Stellung verharrt sie und wartet auf einen Menschen, den sie wie einen Gott verehrt: Es ist Hippokrates, der Leiter der Ärzteakademie von Kos, ein Mann aus dem Geschlecht der Asklepiaden, die ihre Herkunft auf Asklepios, den Gott der Heilkunst, zurückführen.

Über dem Hof inmitten der Säulengänge wölbt sich ein tiefblauer Himmel. Es ist ein Sommertag des Jahres 400 vor Christi Geburt. Ein bedeutsames Jahr in der Geschichte: Die Totenverbrennung verdrängt in Griechenland die Erdbestattung, Dionysios von Syrakus läßt einen Höfling namens Damokles unter einem Schwert an einem Pferdehaar fürstlich bewirten. Die phönizisch-griechischen Städte auf Cypern erreichen die Blüte ihrer Entwicklung. Die Karthager besetzen Malta, und die Griechen führen im Kampf erstmals armbrustartige Torsionsgeschütze für Stein- und Pfeilgeschosse ein, mit denen sie mehrere hundert Meter schießen können.

Rasche Schritte nähern sich der klagenden Frau. Hippokrates – begleitet von einem Schwarm junger Arztanwärter und Anhänger – tritt in Sandalen und in einem weißen Burnus heran, reicht ihr die Hand und zieht sie hoch. Ernst fragt er: „Warum machst du solchen Lärm in unseren Hallen?"

Die Frau blickt auf und deutet nach hinten, wo ihr Mann und ihr Bruder auf einer Bahre ihren Sohn Thasios festhalten. Der junge Mann windet sich in Krämpfen und scheint doch vollkommen bewußtlos zu sein. Er hat blutigen Schaum vor dem Mund. Seine Finger sind am Rand der Trage festgekrallt.

Die verzweifelte Mutter stößt unter Tränen zwischen den Lippen hervor: „Hippokrates, ich habe meinen Sohn zu dir bringen lassen, weil ich weiß, daß du ihm helfen kannst. Dein Ruhm überschattet längst die ärztlichen Schulen von Kyrene, Kroton und Knidos. Du hast viele Bücher über die Heilkunst geschrieben und kennst die ärztlichen Geheimnisse der Ägypter, Babylonier und Inder. Deine ärztliche Erfahrung ist unerreichbar..."

„Halt ein!" gebietet Hippokrates der Frau und stoppt damit ihren enthusiastischen Redeschwall. Dann beugt er sich zu dem Kranken hinab und beginnt mit der Untersuchung. Er ist der erste Arzt in der Geschichte der Menschheit, der ein genaues System dabei ausgearbeitet hat. Er ist der erste, der von Krankheitserkennung – der Diagnostik – und der Krankheitsvoraussage – der Prognostik – spricht. Er weiß, daß ein Arzt Wissen und Begabung mitbringen muß, um erfolgreich zu sein. Er prägt in seiner Schule auf Kos das Wort von der „ärztlichen Kunst" und schreibt: „Von allen Künsten ist die ärztliche Kunst die vornehmste!"

Jäh erhebt sich Hippokrates, wendet sich der Mutter zu und erklärt ihr: „Dein Sohn hat die Fallsucht. Ich weiß im Gegensatz zu anderen Ärzten, daß dieses Leiden heilbar ist. Thasios braucht viel Schlaf, am besten im Freien. Er darf nur ganz wenig weißes Fleisch und etwas Fisch zu sich nehmen. Schwerverdauliche und fette Speisen muß er meiden. Den Wein verbiete ich ihm vollkommen. Er soll ohne Sandalen barfuß laufen, die Füße aber immer warm haben. Und er muß viel im Freien arbeiten, damit er ins Schwitzen gerät und Gifte durch die Haut abgibt. Du mußt die Haut deines Sohnes täglich einölen und einreiben. Bade ihn viel, damit das Blut im Körper herumgetrieben wird. Ich gebe dir Kräuter, die er einnehmen soll, um zu erbrechen! Meine ärztlichen Helfer werden ihn zum Aderlaß bitten ...!"

Thasios bleibt einige Tage bei Hippokrates in der ärztlichen Schule von Kos. Seine Mutter wacht Tag und Nacht an seinem Krankenbett. Die epileptischen Anfälle werden zusehends geringer. Und als Thasios nach einigen Tagen wieder abreisen darf, weiß er genau, wie er leben muß, um gesund zu werden.

Hippokrates, der von 460 bis 377 vor Christi Geburt lebte, war berühmt für seine Erfolge im Kampf gegen die Epilepsie, eine zu seiner Zeit sehr verbreitete Krankheit. Seine Therapien waren durchaus naturheilkundlicher Art: Bäder, Übergüsse, Massagen, Kräuter, Luftbäder, Schlaf, Diät, Fasten, Barfußlaufen und Regelung des Stuhlganges.

Zu Recht wird sich daher für viele die Frage erheben: Ist das tatsächlich jener große und berühmte Hippokrates, auf den unsere Schulmediziner heute nach Erlangung des Doktorgrades den Hippokrates-Eid ablegen? Gerade jene Schulmediziner, die der Naturheilkunde den Rücken zuwenden, sie nicht anerkennen oder gar strikte ablehnen?

Hippokrates darf als der absolute Vater der Medizin angesehen werden. Und er hat zu seiner Zeit noch sinnvoll beides in seiner Arbeit vereinigt: die wissenschaftliche Schulmedizin und die Naturheilkunde. Er schuf erstmals die Begriffe der Konstitution eines Patienten, er unterschied streng zwischen Diagnose und Therapie. Er stellte feste Regeln und Gesetze im Umgang mit Kranken auf. Und er erkannte, daß der Arzt auch Psychotherapeut sein muß und mitunter nur dann bei einem Patienten Erfolg haben kann, wenn er ihn auch seelisch positiv zu beeinflussen versteht. Andererseits aber unterschätzte Hippokrates niemals die enormen Heilkräfte der Natur. Damit schuf er die ersten Grundlagen für eine Naturheilkunde. In seinem berühmten Werk „Über den Einfluß der Umwelt auf die Gesundheit" berichtet er, wie sehr Luft, Wasser und Örtlichkeiten die Genesung eines Menschen beeinflussen können. Und er beweist es auch an Hand von 42 Krankengeschichten, die er als Schriftstücke hinterlassen hat.

Hippokrates predigte die sinnvolle Harmonie, das ideale Zusammenspiel von Schulmedizin und Naturheilkunde. Für ihn war Medizin die Vereinigung beider Wissenschaften. Diese These war das Vermächtnis des Hippokrates an die Menschheit.

Doch es kam anders, als es sich der berühmte griechische Arzt vorstellte. Sehr bald schon nach Hippokrates begannen sich die Wege der Schulmedizin und der Naturheilkunde zu trennen. Mehr noch: Es entwickelten sich zwei feindliche Wissenschaften, die einander fanatisch zu bekriegen begannen. Die Naturheilkunde wurde zum Teil ins Lager der Laien verdrängt. Viel überliefertes Heilgut geriet in Vergessenheit und mußte im Laufe der Jahrhunderte von mutigen Pionieren wieder entdeckt werden.

Einen Höhepunkt der Verfeindung zwischen Schulmedizin und Naturheilkunde gab es im Mittelalter. Ein Mann, der es am eigenen Leib zu spüren bekam, war niemand Geringerer als Theophrastus Bombastus von Hohenheim, viel bekannter unter dem Namen Paracelsus. Er war studierter Medizindoktor und verteidigte in über 200 Schriften die Macht und Kraft der Naturheilkunst. Er hatte Erfolg damit und wurde von den Patienten auf seinen Reisen vergöttert. Die Schulärzte seiner Zeit bekämpften und verleumdeten ihn. Die Worte Natur, Kraft und Erfahrung, die Paracelsus immer wieder verwendete, waren dem medizinischen Zeitgeist unverständlich.

Paracelsus, Theophrastus Bombastus von Hohenheim: In rund 200 Schriften kämpfte er für die Naturheilkunst

Paracelsus hat nicht vergebens gekämpft. Er hat den Geist mancher Ärzte für neue Gedanken bereitet. Er hat an die Überlegenheit der Natur erinnert, hat die Ärzte vom theoretischen Studium zur praktischen Erfahrung und Beobachtung hingeführt. Er hat anderen, die nach ihm kamen, den Mut gegeben, für die Naturheilkunde einzustehen und für sie auf die Barrikaden zu gehen. Ohne Hippokrates und Paracelsus wäre es niemals möglich gewesen, daß im 18. und 19. Jahrhundert begabte und geniale Ärzte und Laien gegen Anfeindungen und Verfolgungen sensationelle naturheilkundliche Entdekkungen machten, die heute zum Teil sogar Eingang in die Schulmedizin gefunden haben.

Es setzte nahezu ein „Jahrhundert der Naturheiler" ein. Von Mitteleuropa aus gingen ihre Ideen und Methoden in die Welt hinaus. Millionen Kranke fanden Hoffnung, Hilfe und Rettung. Dennoch blieben die meisten Schulmediziner ablehnend. Die Naturheilkunde blieb Außenseitermedizin mit zum Teil recht obskurem Ruf.

Doch die Bemühungen und Erfolge der großen Naturheiler, die Marksteine in der Geschichte der Medizin darstellen, führten zu einem späten Ziel. Erst die jüngsten Jahre brachten jene Ansätze zum Zusammenspiel von Schulmedizin und Naturheilkunde, wie sie Hippokrates vorschwebten. Erst jetzt zeichnen sich am Horizont Anerkennung, Interesse und Vereinigung ab. Die Zahl der Ärzte – egal, ob Krankenhausärzte, Hausärzte oder Fachmediziner –, die der Naturheilkunde nicht kommentarlos die kalte Schulter zeigen, wächst langsam. Es gibt Mediziner, die ihren Patienten als parallele oder unterstützende Therapie naturheilkundliches Wissen vermitteln. Es gibt Krankenhäuser, in denen eigene Abteilungen mit bestimmten Naturheilkunde-Therapien eingerichtet sind und zur Verfügung stehen.

Das Zusammenspiel von Schulmedizin und Naturheilkunde beginnt in weiter Ferne reale Formen anzunehmen. Und vor allem vernünftige Formen. Denn wir dürfen nicht in den Fehler verfallen und die beiden Wissenschaften falsch bewerten. Eines muß heute einem aufgeschlossenen Menschen klar sein: Die Schulmedizin, die heute einen faszinierenden Stand erreicht hat, ist aus unserem Leben nicht wegzudenken. Ohne Schulmedizin würden alljährlich Millionen Menschen an harmlosen Krankheiten elend zugrunde gehen, würden ohne Operation sterben und nicht sehr alt werden.

Wir wollen nie vergessen, wo der Platz der Naturheilkunde in unserer Zeit ist. Die Erfahrungen der großen Naturheiler sind eine ideale Ergänzung für die Schulmedizin. So wie es viele Krankheiten gibt, die ohne Schulmedizin niemals heilbar wären, gibt es ebenso viele Krankheiten, die mit Hilfe der Kräfte der Natur verhindert werden können. Es gibt Leiden, die durch Naturheilmethoden ungefährlicher aus der Welt geschafft werden können, wenn der Patient die nötige Durchhaltekraft besitzt und daran glaubt.

Gerade in unserer modernen Zeit der Umweltverschmutzung, der Umweltgifte und des Medikamentenüberkonsums kommt der Naturheilkunde im Rahmen der Volksgesundheit eine eminente Bedeutung zu, die früher den Menschen noch gar nicht so bewußt wurde: Angesichts der überfüllten Wartezimmer entlastet jedes Naturheilverfahren den Arzt. Wenn Patienten gewisse harmlose und kleinere Leiden durch persönlichen Einsatz daheim oder in Kuranstalten bekämpfen, hat der Schulmediziner mehr Zeit, sich den schwereren Krankheitsfällen zu widmen.

Unser Körper ist heute von Chemikalien, Fremdstoffen und Giften aller Art verseucht. Unserem Organismus fehlen Naturprodukte. Das ist auch der Grund, warum mitunter Tees, Kräutermixturen, Wasser und sauerstoffreiche Luft so überraschend schnell heilen und Schmerzen lindern helfen. Angesichts dieser Tatsachen gewinnen die Lehren der großen Naturheiler mehr denn je an Bedeutung.

Dieses Buch soll ein Denkmal für all jene Männer sein, die der Naturheilkunde und neuen einschlägigen Erkenntnissen ihr Leben widmeten, die dafür ausgelacht, verspottet, verfolgt, verleumdet, vor Gericht gestellt und auch verurteilt wurden, deren Methoden aber heute Anerkennung finden.

Dieses Buch soll aber ebenso ein Dankeschön an all jene Schulmediziner sein, die frei von Arroganz und Ignoranz objektiv und im Interesse der menschlichen Gesundheit der Naturheilkunde mehr und mehr versöhnlich als ideale Ergänzung die Hand reichen und damit dafür sorgen, daß das uralte Erbgut der Naturheilkunde von Fachleuten würdig bewahrt wird ...

September 1979 Hademar Bankhofer

KAPITEL I

CHRISTOPH WILHELM HUFELAND
1762–1836

Dr. Christoph Wilhelm Hufeland: Er schuf die Makrobiotik für ein längeres Leben des einzelnen Menschen

Der Lehrmeister für ein längeres Leben

Leise Tischmusik erfüllt die Räume des Hauses von Johann Wolfgang von Goethe in Weimar.

Ein schwüler Sommerabend des Jahres 1788 brütet über der Stadt.

Livrierte Pagen servieren gläserne Schalen mit kalter, süßer Creme. Vor allem die Damen sind von diesem Dessert entzückt.

Schiller, Wieland, Herder, Fichte und Schleiermacher haben sich um den Geheimrat Goethe gruppiert. Vor allem Wieland hat viele Fragen an den großen Dichter: „Ich finde es ungeheuer bewundernswert, was dieser junge Doktor kann. Er kam mitten in der Nacht zu mir, als ich meinen Erstickungsanfall hatte. Und eine Stunde später war ich dank seiner Betreuung kerngesund. Man muß bedenken: Der Mediziner ist erst 26 Jahre alt ..."

Schiller lächelt: „Ihr redet zweifelsohne vom Doktor Christoph Wilhelm Hufeland ...!"

Goethe nickt und hat das Gefühl, daß er ein wenig über den jungen Arzt sprechen muß: „Er ist erblich veranlagt. Sein Großvater, sein Vater und sein Onkel arbeiteten als Ärzte. Sie waren die ersten Leibärzte am Weimarer Hof überhaupt. Sein Vater würde heute noch praktizieren, wenn er nicht durch ein böses Augenleiden erblindet wäre. So übernahm Christoph Wilhelm Hufeland die Praxis wenige Tage nach der Erlangung der Doktorwürde. Und ich muß sagen: Er fand sich schnell und gut dabei zurecht. Alle schätzen ihn."

Schiller räuspert sich: „Nun ja, die Patienten. Aber die anderen Ärzte, so hört man, ziehen immer wieder über ihn her."

Ein Lächeln überzieht Goethes Gesicht: „Das wundert mich nicht. Er ist schließlich anders als die herkömmlichen Ärzte. Er begnügt sich nicht damit, einen aufgetretenen Schmerz lokal zu heilen. Er will jede Störung begründen, will Ursachen auch an anderen Körperstellen suchen. Außerdem bekennt er sich zur Selbsthilfe des Organismus, der vom Arzt und vom Patienten angestrebt werden muß. Na, und das hören die Kollegen nicht gerne. Sie fürchten, da könnte vor lauter Selbsthilfe einmal der Beruf des Doktors unnötig werden."

Allgemeine Heiterkeit breitet sich im Salon aus.

Herder weiß auch etwas über den jungen Arzt: „Manche nennen ihn einen Scharlatan und Möchtegern-Zauberer, weil er ein großes Ziel vor Augen hat, über das er auch ungeniert redet. Er will das Leben des Menschen verlängern."

Goethe will darauf etwas sagen, hört aber im Vorraum eine helle Stimme und meint dann schmunzelnd: „Wir können ihn ja gleich selbst fragen. Der Doktor Hufeland ist soeben eingetroffen."

Im selben Augenblick schwingen die beiden Spiegeltüren des Salons auf. Christoph Wilhelm Hufeland mit dem schmalen Gesicht, dem spitzen Kinn und den dunklen, etwas gewellten Haaren verneigt sich vor den Herren und nimmt neben Goethe Platz.

Der Dichter macht eine kreisende Bewegung mit der rechten Hand: „Lieber Doktor, wir alle haben Sie soeben kräftig ausgerichtet. Sie sind fürwahr eine für ihr Alter überaus interessante Erscheinung. Wir freuen uns, Sie in unserer Mitte zu haben. Schade nur, daß Sie so spät kommen."

Hufeland ist blaß im Gesicht, als er zu sprechen beginnt: „Ich konnte leider nicht früher Ihrer Einladung folgen, lieber Rat. Ich mußte zu einem Patienten. Sie kennen ihn alle. Es ist der Bankier Werlander..."

„Der soll ja sehr krank sein", wirft Schiller ein.

Hufelands Augen blitzen zornig auf: „Natürlich ist er sehr krank. Doch das wäre alles nicht nötig. Er bringt sich selbst um. Jedesmals predige ich ihm, wie er sein Leben verlängern kann. Aber er hält sich ja nicht dran ..."

Alle sehen wie gebannt auf Hufeland. Goethe fragt: „Sehen Sie nicht, wie wir Sie alle anstarren? Wir wollen auch die Geheimnisse erfahren, wie man das menschliche Leben verlängern kann."

Christoph Wilhelm Hufeland seufzt gequält: „So geht es mir immer, wenn ich davon zu reden anfange. Alle glauben, ich maße mir Göttliches an, weiß ungeheure Hexengeheimnisse. Das ist doch alles Unsinn. Darum schreibe ich ja an meinem Lebenswerk: Damit alle erfahren, wie man das Leben durch eigene Initiative verlängern kann."

Goethe fordert: „No, so verraten Sie es uns doch schon, lieber Doktor!"

Hufeland beginnt mit Begeisterung von seiner Theorie zu sprechen: „Der Mensch muß seine Gesundheit pflegen. Er muß alles tun, um nicht krank zu werden. Er muß sich sauberhalten, abhärten, Bewegung machen und darf nicht zuviel essen. Er sollte die geistigen Getränke meiden und sich außer der Ehe und in der Jugend in der körperlichen Liebe enthaltsam zeigen. Er braucht viel Schlaf, würde gut daran tun, viel auf dem Lande und in der Natur zu leben, sollte auf die Pflege seiner Zähne achten, eine ruhige seelische Basis finden und viel Kultur genießen. Das alles zusammen hilft, in guter Verfassung sehr alt zu werden. Das ist das ganze Geheimnis."

Goethe kneift ein Auge zusammen: „Also, ein paar Wundermittel werden Sie doch auch haben ...!"

Hufeland errötet: „Ich bin gegen solche Mittel. Etwa gegen die Mode, Goldtinkturen, astralische Salze und selbstgebraute Lebenselixiere einzunehmen. Meine Wundermittel heißen frische Luft, kaltes Wasser zum Baden und Mäßigkeit bei Speis und Trank."

Der junge Arzt will weitersprechen.

Doch aller Augen richten sich auf die junge Komtesse Veronika von Falkenreith. Ihr Perückenhaar ist wirr zerrauft. Die Augen sind angstgeweitet. In ihrem schwarzen Trauerkleid wirkt sie wie eine gespenstische Gestalt. Sie ist direkt vom Palais gegenüber herübergeeilt.

Jetzt preßt sie die Worte hervor: „Herr Geheimrat Goethe... Mein Vater... mein guter Vater..."

Goethe eilt zu der jungen Frau, zieht sie väterlich an sich und flüstert: „Sie müssen tapfer sein, meine Liebe. Auch wir können es nicht verwinden, daß er gestern verstorben ist und nun drüben im Palais aufgebahrt liegt..."

Es kommt wie ein Schrei aus dem Mund der Komtesse: „Das ist es ja, Herr Geheimrat. Mein Vater ist nicht tot. Er hat sich soeben von seinem Totenbett erhoben, ist ein paar Schritte gegangen, hat meinen Namen gerufen und ist dann auf dem Teppich zusammengebrochen."

Für einen Augenblick ist es ganz still im Salon. Dann ruft Hufeland geistesgegenwärtig: „Ich bin Arzt. Führen Sie mich zu Ihrem Vater. Vielleicht kann ich ihm helfen!"

Die Komtesse, Hufeland und Goethe hasten aus dem Haus, eilen über die Straße und dringen in das Palais ein. Der alte von Falkenreith liegt stöhnend auf der Erde. Hufeland beugt sich zu ihm herab. Dann tragen sie ihn ins Schlafzimmer.

Über zwei Stunden ist der junge Arzt bei ihm.

Dann kommt Hufeland aus dem Raum des alten Mannes. Dicke Schweißtropfen stehen ihm auf der Stirn, als er durchatmet und berichtet. „Er wird sich in den nächsten Tagen erholen. Er war nur scheintot...!"

An diesem Abend promenieren Hufeland und Goethe

noch lange im Park des Palais. Der Arzt will nicht mehr zur übrigen Gesellschaft zurück. Er hat seit langem ein Problem. Oft und oft wird er mit dem Phänomen des Scheintodes konfrontiert. Sogar seine Doktorarbeit hat gelautet „Anwendung der Elektrizität bei Scheintoten". Am Krankenbett des Herrn von Falkenreith aber ist ihm eine Idee gekommen. Und die unterbreitet er dem Dichter Goethe: „Man darf nicht die Verstorbenen im Hause aufbewahren, wo sie unfachmännisch liegen. Es muß in jeder Stadt ein Gebäude errichtet werden, wo die Verstorbenen hingebracht und unter ärztlicher Obsorge eine Zeitlang liegen. Dann kann die Gefahr des Scheintodes gebannt werden. Es muß etwas getan werden, damit keine Bürger lebendig ins Grab gelangen ...!"

Johann Wolfgang von Goethe ist von der Idee begeistert. Er verspricht dem jungen Arzt: „Mein Freund, ich werde mich dafür an höchster Stelle einsetzen. Wir werden in Weimar so ein Haus bauen."

Damit ist Doktor Christoph Wilhem Hufeland der Erfinder des ersten Leichenschauhauses und der ersten Leichenhalle in Mitteleuropa ...

Ein harter, stürmischer Wintertag des Jahres 1801.

Soeben ist die Vorlesung Christoph Wilhelm Hufelands im Hörsaal VII der Universität Jena beendet. Die Fäuste von rund 500 Studenten bekunden Begeisterung für die Vorträge über Lebensverlängerung durch natürliche Methoden sowie über eine bessere innere und äußere Lebensordnung des Menschen. Die Jugend hängt an den Lippen Hufelands.

Er ist in manchen Kreisen ein angesehener Mann. Dazu hat auch Minister Johann Wolfgang von Goethe beigetragen. Er bewirkte, daß Hufeland durch den Herzog von Weimar 1793 zum Professor der Medizin an der

Universität Jena mit dem Titel eines Herzoglich Weimarischen Hofrates und Leibarztes ernannt wurde.

Doch Hufeland macht dieses Amt nicht geruhsam. Im Gegenteil. Er will für die natürliche Gesunderhaltung des menschlichen Körpers, für eine gesunde Ernährung kämpfen.

Darum eilt er an diesem Tag nach Hause und sperrt sich in sein Arbeitszimmer ein. Er muß einen medizinischen Artikel über seine Anschauungen schreiben und ihn noch mit der Abendpost nach London abgehen lassen.

Hufeland hat nämlich einen gefährlichen und mächtigen Gegenspieler. Es ist Dr. John Brown, den man den schottischen Asklepiades nennt. Seine Meinung hat in England viel Gewicht. Hufeland aber weiß, daß diese Meinung jedem Menschen Gefahr und frühen Tod bringt. John Brown vertritt die Ansicht, daß jede Krankheit nichts anderes als eine übergroße Erregbarkeit des Körpers ist, der man entweder mit aufpeitschenden oder lähmenden Mitteln begegnen muß.

Christoph Wilhelm Hufelands Finger zittern, als er an diesem Abend des Jahres 1800 John Brown erneut den Kampf ansagt und niederschreibt: „Die Lehre John Browns hat meiner Meinung nach bereits mehr Opfer gekostet als die Französische Revolution und die Befreiungskriege zusammen. Brown irrt, wenn er meint, daß es einzig und allein auf die Einwirkung des Arztes auf die Krankheit ankommt, ob ein Patient gerettet wird und wieder gesundet. Der Organismus kann nur wiederhergestellt werden, wenn der Patient es will und die nötigen Kräfte in sich mobilisiert. Wir müssen die Lebenskraft des einzelnen erkennen, berücksichtigen, schonen und anregen!“

Immer wieder bringt Hufeland seine These ins Gespräch. Und um ihr Gewicht zu geben, gibt er ihr einen eigenen Namen. Er nennt seine Lehre die Makrobiotik. Und unter diesem Namen geht sie auch in die Geschichte der Naturheilkunde ein.

Er weiß, daß es nicht leicht sein wird, die Menschheit von den einfachen Regeln der Lebensverlängerung zu überzeugen. Dafür sorgen schon die namhaften Ärzte Dr. Röschlaub und Dr. Josef Frank in deutschen Landen, die sich über Hufeland lustig machen.

Diese Anfeindungen irritieren Hufeland nicht. Er weiß, daß er auf der anderen Seite Freunde und Bewunderer hat, Menschen, die sich nach seinen Lebensregeln halten, sich gesünder, jünger und wohler fühlen.

Er schließt den Bericht gegen den englischen Widersacher John Brown ab, schickt seine Haushälterin damit zur Poststation und läßt sich in den Sessel vor seinem Schreibtisch sinken. Im Schein der Kerze liest er sich die Briefe der letzten Tage durch, die ihn erreicht haben: Es sind Berufungen der Universitäten in Kiel, Leipzig und Pavia. Und dann ist die Anfrage des Zaren aus Rußland, ob er als Leibarzt zu ihm kommen möchte.

Hufeland will nicht. Er hat den festen Entschluß gefaßt, in Mitteleuropa zu bleiben und hier seine Lehre durchzusetzen.

Da hämmern Fäuste gegen das Haustor. Hufeland geht – in der rechten Hand eine Laterne – selbst öffnen. Vor der Villa steht eine Kutsche mit schweißtriefenden Pferden. Ein Bote überreicht dem Arzt eine Papierrolle und vermeldet: „Es ist eine Depesche Ihro Majestät aus Berlin. Ich soll sofort die Antwort mitbringen."

Aufgeregt und neugierig zieht sich Hufeland in sein Arbeitszimmer zurück. Er hat die Köchin geweckt und dafür gesorgt, daß der Bote sein Essen bekommt. Und dann liest der Arzt die Nachricht: Der preußische König Friedrich Wilhelm III. bittet ihn, sein Leibarzt zu werden und als Mitglied in die Akademie der Wissenschaften einzutreten.

Erstmals erkennt Hufeland, daß seine Anschauungen anerkannt werden, daß es sich gelohnt hat, dafür zu kämpfen und auch Spott in der Öffentlichkeit und im Ausland hinzunehmen. Hufeland nimmt das Angebot an. Er weiß an diesem Abend noch nicht, daß er damit auf dem besten Weg ist, zusätzlich noch der Erste Arzt der Charité und Direktor der ärztlichen Prüfungskommission zu werden.

1806.

Die Schlacht bei Jena ist vorbei.

Die Franzosen bedrohen Berlin. Das Königspaar flüchtet nach Ostpreußen. Der 44jährige Leibarzt Christoph Wilhelm Hufeland hat zu dieser Zeit bereits in der preußischen Regierungsstadt eine Frau und sieben Kinder. Doch seine Verehrung und Zuneigung zu Königin Luise, die sogar als Patin einer seiner Töchter fungierte, ist größer. Der Arzt verläßt die Familie und begibt sich mit dem Königspaar nach Königsberg und Tilsit.

Vor Königsberg werden Friedrich Wilhelm III. und seine Gemahlin gezwungen, im Schutz der Wälder in einem Planwagen zu übernachten. Der Königin geht es gesundheitlich sehr schlecht. Sie hat Herzanfälle und Atemnot. Hufeland sitzt stundenlang an ihrem Lager. Er wartet auf den Sanitätstrupp, der Medikamente für die Königin bringen soll. Er wartet vergebens.

Kurz nach Mitternacht wird die Zeltplane des Wagens zurückgerissen. Einer der Leibgardisten leuchtet mit einer Fackel zum provisorischen Krankenbett und vermeldet: „Soeben ist ein Kurier eingetroffen. Der Sanitätswagen ist den Franzosen vor Berlin in die Hände gefallen."

Die Königin stöhnt: „Jetzt ist alles aus. Ohne Medikamente muß ich sterben . . .!"

Die letzten Worte gehen in einem Schluchzen unter.

Hufeland nimmt ihren Kopf in seine Hände: „Sie dürfen nicht aufgeben, Majestät. Damit nehmen Sie Ihrem Körper heilende Kräfte. Wir brauchen eine Zeitlang keine Medikamente. Sie werden sich nur bewegen, wie ich es anordne. Sie werden nur essen und trinken, was ich sage. Wir werden beruhigende und fröhliche Gespräche führen. Und ehe wir es uns versehen, sind wir von den Soldaten nach Königsberg gebracht worden. Und dort ist kein Mangel an notwendigen Arzneien."

Hufeland wendet auf dieser abenteuerlichen Reise alle seine Künste an, die es seiner Ansicht nach zur allgemeinen Lebensverlängerung und Stärkung des Körpers gibt. Er bringt die Königin gesund ans Ziel.

Nach drei Jahren – 1809 – kehrt die königliche Familie mit Hufeland wieder nach Berlin zurück. Der Gesundheitszustand Luises hat sich verbessert. Sie läßt den Arzt zu sich kommen und offenbart ihm: „Für Seine Treue und Seine wunderbaren ärztlichen Künste, die auch ohne Medikamente wirkten, wird mein Gemahl Ihn zum Staatsrat ernennen. Ich aber will Ihn fragen, was Er sich sonst noch wünscht."

Da entgegnet Hufeland: „Berlin braucht eine Klinik für innerlich Kranke, die nicht mit materiellen Gütern gesegnet sind. Auch die Armen der Stadt sollen die Möglichkeit haben, an der Quelle des besten medizinischen Wissens und Könnens unentgeltlich behandelt zu werden. Und an der Universität müssen Studenten endlich in der Geschichte der Medizin unterrichtet werden . . .!"

Beide Wünsche Hufelands werden verwirklicht. 1810 wird Hufeland Professor der speziellen Pathologie und

Therapie an der neuen Universität in Berlin, wo auch Schleiermacher und Fichte arbeiten. In seiner Freizeit widmet er sich noch mehr als zuvor den Ratschlägen für die Menschheit, wie der einzelne selbst dazu beitragen kann, länger zu leben. Hufeland ist damit der einzige Schulmediziner seiner Zeit, der zum Kampf für die Naturheilkunde antritt.

Privat hat er kein Glück. Die Ehe ist auseinandergegangen. Er ließ sich 1815 scheiden. Doch er heiratet ein zweites Mal und findet in Helene Tröltsch eine treue Frau und brave Mutter für seine Kinder.

1833 wird Christoph Wilhelm Hufeland zu einem Festakt vor den König geladen. Der Anlaß der Feier ist das 50jährige Doktorjubiläum des 71jährigen Mediziners und Naturheilverfechters. Die von Hufeland gegründete Medizinisch-Chirurgische Gesellschaft wird in Hufeland-Gesellschaft umbenannt, und seiner Hufeland-Stiftung für notleidende Ärzte wird ein Hilfsverein zur Unterstützung der Arztwitwen angeschlossen.

Nur eines nimmt Hufeland nicht an, lehnt es energisch ab: Er will nicht vom König in den Adelsstand erhoben werden.

In seiner Festansprache und Dankesrede verweist er auf die Verantwortung des Patienten seinem Körper gegenüber und mahnt die Menschheit zu einem gesunden, naturverbundenen Leben mit eiserner Kontrolle über Essen und Trinken. Als er geendet hat, muß er vom Podium geführt werden. Seit 1830 plagt ihn ein Augenleiden. Und nach der Operation an einem Auge erblindet das restliche Sehorgan zusehends.

Beim Buffet lehnt Hufeland jegliches Essen ab und meint mit schwachem Lächeln: „Mein Körper wird durch ein Magen- und Blasenleiden schwer belastet. Vielleicht kann ich mir mit einer Diät noch ein paar Jahre meines Lebens retten."

Es sind drei Jahre, die er nach dieser Feier noch auf Erden verweilt.

Am 25. August 1836 stirbt er an einer Vergrößerung der Vorsteherdrüse mit vollkommenem Blasenverschluß nach einer Operation. Bereits in den letzten Zügen, greift er nach der Hand der Krankenschwester an seinem Bett und flüstert ihr zu: „Glaubt mir, die Makrobiotik ist ein Segen der Menschheit. Sie kann viele Jahre den Arzt ersparen ...!"

Die Lehre von der Makrobiotik

Doktor Christoph Wilhelm Hufeland war der einzige Arzt seiner Zeit, der bemüht war, nicht nur für Kollegen sein Wissen niederzulegen, sondern auch für die Laienwelt zu schreiben und hilfreiche Aufklärung in Gesundheits- und Lebensfragen zu geben. In seiner ersten Arbeit an die Öffentlichkeit gab er Ratschläge über die Erziehung von Kindern, über die wunderbare Kraft lauwarmer Bäder und über die Gefahren der Einbildungskraft in bezug auf Krankheiten. Außerdem startete er eine wirksame Aufklärungskampagne gegen die Pocken.

Hufeland förderte die Wasseranwendung zur Gesundheitserhaltung und schrieb 1790 im „Journal des Luxus und der Mode zu Weimar": „Wenn man erst die Bäder wieder für ein unentbehrliches Stück der Erziehung und der ganzen Lebensdiät halten wird, wenn man jede Woche für verloren halten wird, die man – ohne sich diese Reinigung oder Erfrischung zu geben – durchlebt hat, dann erst können wir hoffen, daß die Gicht, die

Krämpfe, die Hypochondrie, die Stumpfheit der Nerven und alle Übel, an denen unser Zeitalter zureichend dahinwelkt, aufhören ..."

Der Erfolg seiner Vorlesungen in Jena über Lebensverlängerung veranlaßte ihn 1795, erstmalig seine Gedanken über die Gesunderhaltung des Lebens zusammenzufassen. Sein Buch „Die Kunst, das menschliche Leben zu verlängern" ist bis heute wertvoller Lesestoff für Naturheilanhänger. Es wurde zu Hufelands Lebzeiten in viele Sprachen übersetzt, sogar ins Chinesische. Von der dritten Auflage an führte es den Haupttitel „Makrobiotik". Es gilt heute noch als Standardwerk für naturgemäße Lebens- und Heilweise.

Hufeland glaubte bereits an die Heilkraft des Fiebers, der Entzündung und der Eiterung. Er sprach dem Instinkt des Kranken eine beachtenswerte Bedeutung zu. Und er schrieb immer wieder: Ohne innere Hilfe der Natur ist jede äußere medizinische Unterstützung sinnlos. Der Arzt und der Kranke müssen in lebendiger Wechselwirkung zueinander stehen. Wörtlich war Hufeland der Ansicht: „Die Hauptsache in der Medizin besteht darin, das Urteil über die Krankheit und über das Heilverfahren aus dem Kranken heraus-, nicht in den Kranken hineinzutragen."

Der weitsichtige Arzt warnte oft davor, einen Trennstrich zwischen medizinischer Wissenschaft und Naturheilkunde zu ziehen. Er mahnte: „Die Medizin soll sich immer als Werkzeug der inneren Heilkraft betrachten. Jeder Kranke ist ein Tempel der Natur."

Als Direktor der Charité zog sich Hufeland die Kritik vieler Arztkollegen zu, als er 1821 für eine naturheilkundliche Abhandlung einen Preis aussetzte und diesen an den Wiener Hofmedikus Anton Frölich von Frölichsthal verlieh, der eine „Abhandlung über die äußerliche Anwendung des kalten Wassers zur Mäßigung des Fiebers“ verfaßte.

Die Begriffe „Makrobiotik“ und „Hufeland“ sind voneinander nicht zu trennen. Hufeland gab mit seiner Theorie den Auftakt zu einem neuen Erwachen der Naturheilkunde. Die Makrobiotik ist die Lehre, das menschliche Leben zu verlängern. Während die Schulmedizin darauf bedacht ist, augenblickliche Störungen im Betrieb des Organismus so schnell wie möglich zu beseitigen, lehrt die Makrobiotik die Kunst, das Leben so lange als möglich zu erhalten. Hufeland sprach davon, daß die Heilung durch ein Medikament zuweilen zur Verkürzung des Lebens beitragen könne.

Die Makrobiotik geht von dem Begriff der Lebenskraft aus. Jeder Mensch verfügt über eine ganz individuelle und persönliche. Es muß alles vermieden werden, um diese Kraft zu schwächen. Sie muß vielmehr angeregt und gefördert werden. Licht, Luft, Wärme, Wasser sind förderlich und gesund.

Hufeland riet zu einer naturverbundenen Ernährung mit mäßig Fleisch und viel Gemüse und Obst. Er warnte vor Gewürzen und Alkohol. Und vor allem lehrte er: Wer alt werden will, muß langsam essen, gut zerbeißen und die Nahrung lange im Mund behalten, damit sie richtig eingespeichelt wird. Er wetterte gegen das Rauchen und forderte die Mitmenschen auf, viel frisches Wasser zu trinken, in sauerstoffreicher Luft Bewegung zu machen, im Garten zu arbeiten, vor Mitternacht schlafen zu gehen und bequeme und hautfreundliche Kleidung zu tragen.

Sehr viel hielt Hufeland auf freudige Erlebnisse, die Geist und Körper eine bessere Basis für lange Gesundheit bieten. Er war der Ansicht: „Seelische Ruhe, Heiterkeit und Zufriedenheit sind die Grundlagen für Glück und Gesundheit sowie für ein langes Leben!“

Das ist heute aus der Lehre geworden

Alles, was Christoph Wilhelm Hufeland in seiner Makrobiotik lehrte, ist im Grund genommen heute allgemeines Gut der Naturheilkunde. Die Makrobiotik im Sinne Hufelands ist der naturverbundenen Lebensweise gleichzusetzen.

Dennoch hat sich vor ein paar Jahren eine spezielle weltweite Makrobiotik-Bewegung gebildet. Ausgangspunkt war Italien. Die Marchesa Gabriella Parvolo in Rom, Mitglied einer der reichsten Familien des Landes, war schwer krank und konsultierte die besten und teuersten Ärzte der Welt. Doch ihr Leiden wurde nicht besser. Da traf sie den japanischen Professor Georges Oshawa, der seit Ende des Zweiten Weltkrieges in Paris lebt und ein glühender Anhänger Hufelands ist und die Lehre von der Makrobiotik mit einer ähnlichen Lehre der Zen-Mönche in Tibet verglich und auf einen Nenner brachte. Er selbst war mit 15 Jahren durch Makrobiotik von seiner Tuberkulose befreit worden. Nun wandte der Japaner seine Ernährungsmethode an der Marchesa an. Sie fühlte sich bald besser. Und ihre Gichtfinger ließen sich wieder bewegen. Die Marchesa regenerierte sich rasch und konnte ihr Leben nach Ansicht der Ärzte um 10 Jahre verlängern. Sie starb 1962. Kurz vorher rief sie eine internationale Makrobiotik-Organisation ins Leben, die sogar eine Zeitlang speziell abgepackte biologische Nahrungsmittel an Kranke verschenkte. Heute steht in Rom eine Informations- und Kurzentrale, bei der man lernen kann, wie man gesundheitsfördernde und lebensverlängernde Makrobiotik anwendet und wo man gesunde Nahrung kaufen kann. Viele Menschen sind dahintergekommen, daß sich mit Makrobiotik auch ungemein wirkungsvoll eine Schlankheitskur durchführen läßt. Die biologischen

Grundnahrungsmittel – zum Teil japanischer Herkunft – werden von Rom aus überallhin versandt. In Italien selbst werden zweiwöchige Makrobiotik-Kuren abgehalten.

Hier als Beispiel eine Auswahl von Makrobiotik-Speisen, wie sie in der modernen Kur verwendet werden:

Zum Frühstück Haferflockensuppe, Biomüsli, gerösteter Reis, Vollkornbrot mit Getreidekaffee (Yannoh), getoastetes Vollkornbrot, bestreut mit Gomasio-Würze oder Hirsebrei. Das Rezept für diesen Brei lautet: eine Schale Hirse in drei Tassen Wasser kochen, bis das Wasser verdampft ist. Mit Basilikum und Meersalz würzen.

Zum Mittagessen stehen zur Auswahl: Gerstenmehlsuppe, Griessuppe, Kürbissuppe, Zwiebelsuppe, Wasserkressesuppe, Mohrrübensuppe; Reisbällchen, Buchweizenlaibchen, Polenta mit Muscheln, Grüner Hering in Weißwein, gefüllter Kürbis, Spaghetti mit Kürbis-Zwiebel-Sauce, Apfelauflauf. Soweit passend, kann jede der angeführten Speisen bis zu 20 Prozent mit gedünstetem Gemüse, mit Meersalz und mit harmlosen Gewürzen veredelt werden. Am besten eignen sich Karotten, Schwarzwurzeln, Sellerie, Kürbis, Kichererbsen oder Algen.

Als Desserts eignen sich Maronibrei, Apfelscheiben, Brotpudding, Bratäpfel, Obst mit Haferflocken oder Kirschpudding.

Interessant vielleicht ist das uralte, gesunde Makrobiotik-Rezept für den Brotpudding: Altbackenes Brot wird in kleine Stücke geschnitten und in Pfefferminztee eingeweicht. Rosinen, 1 geriebene Orangenschale (biologisch rein!), gehackte Nüsse, 1 feingeschnetzelter Apfel, Zimt und 1 Eßlöffel Öl mit dem Brot vermengen und 1 Ei dazuschlagen. Ist dieser Teig zu flüssig, kann Mehl dazugegeben werden. Diese Auflaufform wird erhitzt, eingefettet und leicht mit Mehl bestäubt. Die Brotmischung wird eingefüllt und bei mittlerer Hitze im Backofen bereitet, bis sich der Teig von den Rändern löst. Der Brotpudding wird heiß serviert.

Eine wichtige Adresse

Wer sich für die Ernährungsmethoden der internationalen Makrobiotik-Bewegung interessiert, Kuranleitungen und Informationen über gesunde Nahrungsmittel erhalten möchte, wendet sich an das

Centro Dietetico Macrobiotico Italiano
14 Via Delle Vite
I – 00100 Rom
Italien

Kapitel II

VINZENZ PRIESSNITZ
1799–1851

Vinzenz Prießnitz: Kaltwasserbehandlungen brachten ihm große Heilerfolge ein

Der Landwirt mit dem Zauberschwamm

Ein freundlicher, warmer Maitag über dem österreichischen Schlesien des Jahres 1813.

Im düsteren Tannenwald auf dem Gräfenberg bei Freiwaldau sprudelt eine kristallklare Quelle aus einem verwitterten Felsen und erweitert sich sofort zu einem Bach. Die Sonne schickt ihre kräftigen Strahlen in Bündeln durch das Geäst der Bäume. Langsam nähert sich aus dem knackenden Unterholz ein scheues junges Reh.

Das Tier zieht merklich den linken Hinterlauf nach, als es tänzelnd von Stein zu Stein steigt, bis es direkt vor der Quelle steht und seinen Körper von dem frischen, kalten Wasser berieseln läßt.

Der 14jährige Vinzenz Prießnitz, Sohn des 57jährigen, vollkommen erblindeten Bauern Franz Prießnitz, liegt hinter einem Strauch auf der Lauer und beobachtet das Reh fasziniert. Der Junge stößt seinen Freund Conrad in die Seite: „Da, schau nur hin! Ist das nicht phantastisch? Das Tier wäscht sich ganz bewußt im kalten, klaren Wasser!"

„Na und?" mault Conrad und ärgert sich, daß er deswegen mit Vinzenz den weiten Weg hierher gemacht hat. „Was findest du daran so großartig?"

Die Augen des 14jährigen Vinzenz Prießnitz glänzen vor Begeisterung: „Aber bedenke doch, Conrad: Instinktiv zieht es das verletzte Reh zum Wasser. Ich beobachte das Tier jetzt seit drei Wochen. Anfangs war das Bein ganz lahm und von mehreren Wunden aufgerissen. Jeden Tag nach dem Bad an der Quelle wurde es sichtlich besser. Jetzt merkt man kaum noch etwas ...!"

Vinzenz bleibt stehen, als die beiden Knaben ein wenig später durch den Wald nach Hause stapfen. Er sieht verträumt seinen Freund an: „Conrad, wir haben eine ungeheure Entdeckung gemacht. Ich befasse mich schon lange mit dem Problem: Wenn ich ausgedörrte, sterbende Blumen und andere Pflanzen mit Wasser begieße, so richten sie sich auf und wachsen wieder munter in der Erde weiter. Wenn sich ein Reh seinen wunden Fuß mit frischem Wasser berieseln läßt, wird es gesund. Weißt du, was das bedeutet?"

Der Schulfreund schüttelt verständnislos den Kopf.

Vinzenz erklärt es ihm: „Wasser spendet Leben und macht gesund. Kranke Menschen sollten das Waschbekken und das Wasser niemals meiden, wie es vielfach geschieht. Kranke Menschen sollten baden. Das ist das Geheimnis . . .!"

Ein eisiger Wind fegt über Böhmischdorf. Es ist ein klirrend kalter Novembertag des Jahres 1827.

Im Haus des Landwirts Schulze herrscht Totenstille.

Vater Karl und Tochter Sophie stehen um das Krankenbett der Mutter. Sie kann sich kaum bewegen. Seit Monaten quält sie die Gicht. Der Arzt aus Freiwaldau untersucht ihre Verknöcherungen an den Knien und an den Fingern sowie an den Zehen. Dann seufzt er: „Liebe Frau, Sie dürfen sich keine Wunder von mir erwarten. Sie haben die Gicht, in Ihrem Fall eine typische Alterserscheinung. Ein unheilbares Leiden, das unaufhaltsam fortschreitet und das ein aufrechter Mensch mit Würde zu tragen verstehen muß!"

Heiser wimmert die kranke Frau: „Würde, Würde! Ich höre immer das Wort Würde! Ich kann es nicht mehr ausstehen. Verdammte Rederei. Sie sagen das so leicht. Da, schauen Sie sich meine Füße, meine Beine, meine Hände genau an. Die kleinste Bewegung verursacht mir höllische Schmerzen. So etwas kann ein Mensch nicht mit Würde tragen. Ich bin fertig . . .!"

Der Bauer Prießnitz in jungen Jahren, als er bereits ein angesehener Naturheiler war

Sie sinkt weinend in die Bettkissen zurück.

Der Arzt geht schweigend.

Tochter Sophie kniet sich ans Bett der Mutter und flüstert in einem fort eindringlich: „Bitte, bitte, hör doch endlich auf mich. Vertraue dich dem Vinzenz an."

Sophie liebt ihren Freund Vinzenz. Sie erzählt der Mutter begeistert: „Er ist so ein guter Mensch. Du solltest sehen, wie er seinen blinden Vater umsorgt, seit seine Mutter vor zwei Jahren von einem Stier getötet worden ist. Seit er sich selbst als Bub kuriert und nach einer schweren Krankheit am Leben erhalten hat, vertrauen ihm die Nachbarn und Bekannten. Aber auch Fremde kommen allmählich von weit und breit, damit er sie mit seinem Schwamm im kalten Wasser gesundwäscht. Als er 19 Jahre war, haben die Leute schon Wunderdoktor zu ihm gesagt. Und jetzt, mit seinen 29 Jahren, beten ihn viele Bauern an, weil er von den Armen kein Geld für die Behandlung nimmt. Er kuriert sie vollkommen gratis. Das hölzerne Geburtshaus seines Vaters hat er niederreißen müssen. Er hat an der Stelle ein großes gemauertes Haus mit Badestuben eingerichtet. Mutter, stell dir vor, manchmal sind 50 Kranke auf seinem Bauernhof und lassen sich von ihm heilen."

In jähem Schmerz schreit die Mutter auf. Die Fußgelenke tun erneut weh. Sogar die Berührung der Haut mit der Bettdecke bereitet Qualen. Die Mutter atmet schwer und stößt schließlich die Worte hervor: „Sophie... meine kleine Sophie... Ich habe mich entschlossen: Ja, laß den Vinzenz kommen. Er soll versuchen, mir zu helfen..."

Der Bauer wird hochrot im Gesicht. Er hat bis jetzt kein Wort gesagt. Jetzt erklingt seine drohende Stimme: „Mutter! Tu das nicht!"

Schwach erwidert die Bäuerin: „Selbst wenn ich in die

Hölle komme. Ich möchte endlich wieder auf Erden gesund werden. Wenn es sein muß, auch durch den Zauberschwamm."

Vier Monate später.

Die Kirche von Böhmischdorf ist zum Bersten voll. Hunderte Neugierige haben sich eingefunden. Nach der feierlichen Trauung in der Kirche treten Vinzenz Prießnitz und seine Sophie auf die Straße. Die vollkommen genesene Mutter und der Vater der Braut sowie der blinde Vater von Vinzenz segnen das Paar nach alter Sitte und küssen Sophie auf die Stirn. Die Bauern jubeln ihrem Vinzenz Prießnitz zu.

Da teilt sich die Menge der Schaulustigen.

Vier Gendarmen treten auf das Hochzeitspaar zu. Einer der Uniformierten erklärt mit schneidender Stimme: „Wir bedauern, das Hochzeitsfest stören zu müssen. Im Namen des Kaisers: Vinzenz Prießnitz, Sie sind verhaftet wegen Zauberei, Hexerei, Kurpfuscherei und Übertretung gegen die Sicherheit des menschlichen Lebens."

Vinzenz Prießnitz wird blaß. Das hat er nicht erwartet. Er darf nicht einmal mehr zur gedeckten Hochzeitstafel. Er wird von den Gendarmen sofort einem nach Böhmischdorf angereisten Richter vorgeführt. Hier erfährt er, daß er wieder einmal von dem Arzt Dr. Schorfeil angezeigt worden ist, der in Johannisberg als Landphysikus tätig ist und Prießnitz wie die Pest haßt.

Die ordentliche Gerichtsverhandlung findet nach dem ersten Verhör bereits nach drei Tagen statt.

Vinzenz Prießnitz muß als Beweismaterial seinen „Zauberschwamm" vorlegen, mit dem er seine Badegäste immer wäscht. Zwei Ärzte und ein Pfarrer zerlegen den Schwamm auf dem Richtertisch in tausend kleine Stücke.

Dann erklärt einer der Doktoren: „Es scheint, daß es

sich tatsächlich um keine Zauberei, sondern um einen alltäglichen Badeschwamm handelt. Kurios, kurios!"

Prießnitz wird wegen Kurpfuscherei zu vier Tagen strengem Arrest verurteilt. Man legt ihm das Verbot auf, niemals mehr einen Schwamm für seine Badegäste zu einer Heilung zu verwenden.

Triumphierend erklärt Prießnitz im Gerichtssaal unter dem Jubel der Zuhörer: „Gut. Um so besser. Nun kommt Leben auf Leben! Jetzt wasche ich die Krankheiten mit den Händen weg..!"

Der kräftige, stattliche Vinzenz Prießnitz dreht verlegen seinen alten Hut in den Händen, als er in der Wiener Hofburg vor Erzherzog Anton steht. Man hat Prießnitz mit einer Eilkarosse vom Gräfenberg in die Residenzstadt geholt.

Der Erzherzog lächelt devot: „Ich werde Ihm sogleich sagen, warum Er die Ehre hat, an den Wiener Hof gerufen zu werden. In Freiwaldau wußten die Behörden wegen der vielen polizeilichen Anzeigen gegen Ihn nicht mehr aus noch ein. Man bat, eine Kommission von Universitätsprofessoren zu Ihm zu entsenden und Untersuchungen vorzunehmen. Das wird auch geschehen. Hofrat Doktor Freiherr von Türckheim wird mit seinen Männern die Bade- und Heilmethoden inspizieren und entscheiden, ob Er bestraft werden soll."

Prießnitz will etwas zu seiner Verteidigung stammeln. Der Erzherzog aber winkt ab: „Er hat aber großes Glück: Der Kaiser, die Kaiserinmutter und ich, wir glauben an Ihn und an Seine Wasserheilkunde. Erklär Er mir doch einmal genau, wie die Sache funktioniert."

Vinzenz Prießnitz darf sich setzen. Seine Worte sprudeln ihm aus dem Mund: „Kaiserliche Hoheit, ich sehe das so: Kaltes Wasser leitet Blut, Kraft und Wärme des

Das Wechselbad bei Prießnitz. Eine zeitgenössische Darstellung aus der Biographie des Naturheilers

Organismus in jenen Körperteil, der am meisten mit kaltem Wasser in Berührung kommt. Diese Wärme verursacht die eigentliche Heilung. Ein Beispiel: Kopfschmerzen, die eine Folge zu großen Blutandranges sind, bekämpfe ich durch kalte Behandlung der Beine und des Darmes. Das überschüssige Blut zieht sich dann aus dem Kopf zurück. Die Schmerzen verschwinden. Außerdem kann man mit kalten Umschlägen auf der Haut einen Ausschlag erzeugen, der den Körper von Giften und Krankheiten reinigt. Der kalte Umschlag beruhigt, der warme Umschlag erregt. Wenn man das weiß, kann man damit Wunder bewirken."

Erzherzog Anton fragt beeindruckt: „Und wie viele Kranke kommen denn so im Laufe eines Jahres zu Ihm?"

Vinzenz Prießnitz antwortete stolz: „Im vergangenen Jahr waren es 800."

„Ich höre, Prießnitz, Er tut am Volk sehr viel Gutes und kuriert auch ohne Vergütung?"

Prießnitz nickt: „Von den Armen verlange ich nichts. Ich zahle ihnen mitunter sogar das Reisegeld. Die Mittel dafür habe ich von den Reichen, die manchmal nach ihrer Heilung so glücklich und dankbar sind und mich über Gebühr reich beschenken."

„Ich weiß, ich weiß", schmunzelt der Erzherzog. „Es wurde schon viel Beschwerde gegen Ihn geführt, daß Er es durch seine mysteriösen Heilmethoden zu ansehnlichen Reichtümern gebracht hat. Ihm gehören viele Güter in seiner Heimat auf dem Gräfenberg. Aber, da fällt mir ein: Seine Kinder – so sagte man mir – leben auf einem entfernten Gut. Er besucht sie nur am Wochenende. Stimmt es, was man über Ihn redet...?"

„Kaiserliche Hoheit", stößt Prießnitz entsetzt hervor, „ich und meine Frau, die mir kurieren hilft, wir sind gläubige Christen. Und die Mädchen, die mir helfen, stammen aus guten und braven Familien. Ich würde in meiner Badeanstalt niemals lose Moral dulden. Nicht aus solch lockeren Gründen wohnen meine Kinder woanders. Wir halten sie wegen der kranken Gäste und wegen der Ansteckungsgefahr fern."

„Naja", meint der Erzherzog, „ich werde mir das alles selbst ansehen. Und wenn die Kommission für Ihn spricht, dann versprech' ich Ihm, daß Er ein großes Badehaus bauen darf."

„Mein Gott", stammelt Prießnitz, „da würde sich aber der Meister Frédéric Chopin freuen. Er ist mein ständiger Patient. Als ich ihn von einer Nervenkrise heilte, meinte er, es wäre so schön bei mir, nur so schrecklich beengt."

„Was sagt Er da?" Die Worte entfahren dem Erzherzog ohne jede aristokratische Zurückhaltung. „Der berühmte Musiker Chopin war auch schon bei Ihm? Ich verehre ihn nämlich sehr. Wenn der bei Ihm zufrieden war, dann muß etwas Wahres an den Prießnitzumschlägen sein ...!"

Freiherr von Türckheim und seine Kommission bleiben eine ganze Woche auf dem Prießnitzschen Gut auf dem Gräfenberg. Die Herren sind trotz ärztlicher Gegenstimmen und trotz heftiger Intrigen gegen Prießnitz tief beeindruckt. Die vielen Anzeigen und Verleumdungen nehmen sie zur Kenntnis, lassen sich aber davon nicht beeinflussen.

Das Ergebnis: Die Kuranstalt darf bestehen bleiben.

Prießnitz erhält – was kein Arzt jemals gedacht hätte – einen kaiserlichen Orden und mehrere Auszeichnungen der Wiener Universität für den nimmermüden Einsatz im Dienste der Volksgesundheit. Damit können ihm seine Feinde nichts mehr anhaben.

Der erste, der Prießnitz im neuerbauten modernen Kurhaus aufsucht und sich von ihm behandeln läßt, ist niemand Geringerer als der russische Dichter Nikolaj Gogol.

Das Gebäude umfaßt zu dieser Zeit Baderäume, Wikkelzimmer, Duschnischen, einen Speisesaal und Liegeplätze für 200 Kranke. Im Jahr 1839 zählt Prießnitz 1700 Kurgäste, darunter 120 Ärzte, die seine Methode studieren, um sie dann selbst an ihren Patienten anzuwenden.

Prießnitz steht jeden Morgen um vier Uhr auf, sieht nach seinen Patienten, führt selbst die Waschungen und Wickel durch und reitet dann zu seinen Ordinationen in benachbarte Dörfer und Städte. Er ist berühmt für seine präzise Diagnostik. Auf einen Blick erkennt er an seinen Patienten die Krankheiten. Manche Ärzte nennen ihn ein Genie auf diesem Gebiet, ein Naturtalent.

Doch Prießnitz, inzwischen Vater von sechs Töchtern und zwei Söhnen, mutet sich zuviel zu. Als er schließlich an Lungen- und Brustfelltuberkulose zu leiden beginnt, nimmt er sich für seine eigene Pflege und gezielte Heilung fast keine Zeit...

Am 8. Oktober 1851 ist ein schwarzer Tag auf dem Gräfenberg.

Wie immer reitet der 52jährige Vinzenz Prießnitz zu einigen Patienten in der Umgebung. Als er vormittags zurückkehrt, ist seine Knöchelverletzung vom Vortag wieder stark blutunterlaufen. Prießnitz ist vom Pferd gestürzt.

Der Naturheiler eilt in das Badehaus, beißt die Schmerzen zusammen und legt das Bein mehrere Stunden in eiskaltes Wasser. Dann fühlt er sich so schwach, daß er sich ins Bett tragen lassen muß. Seine Frau Sophie will einen Arzt verständigen. Er lehnt es ab.

So liegt er bis zum 28. November in seiner Kammer. An diesem Morgen dann befällt ihn ein entsetzlicher

Mit seinem „Zauberschwamm“ behandelte Prießnitz arm und reich

Schüttelfrost. Prießnitz erhebt sich mühsam aus dem Bett, verlangt seine heißgeliebte Holzsäge, läßt sich Holzscheite kommen und beginnt im Zimmer neben seiner Liegestatt verbissen zu arbeiten. Er will damit etwas ganz Spezielles erreichen. Er will die fliehende Lebenswärme im Körper durch Arbeit wieder anfachen und zum Bleiben bewegen.

Aber er bricht bei der Prozedur zusammen. Er hat nicht mehr die Kraft dazu. Leise haucht er, als ihn zwei Knechte ins Bett legen: „Tragt die Säge fort. Werft sie gleich weg. Ich brauche sie nicht mehr . . .!“

Er hat recht.

Wenige Stunden später schließt Vinzenz Prießnitz für immer die Augen . . .

Die heilsamen Umschläge mit frischem Wasser

Es ist für die Kurmethode von Prießnitz kennzeichnend, daß er erstmals eine planmäßige Verbindung von Schwitzen und Kaltwasseranwendung herstellte. Das Schwitzen hielt er für wesentlich: zur Entfernung von schädlichen Stoffen im Körper und zur Vermeidung von Kälteschädigungen der Haut durch die Kaltwasserbäder. Prießnitz beobachtete, daß jene Patienten, die stark schwitzten, sich am schnellsten wieder wohler fühlten und zu Kräften kamen.

Prießnitz lobte das kalte Wasser über alles. Er schrieb einmal: „Frisches kaltes Wasser ist ein Universalmittel gegen jede Krankheit. Alles, was heilbar ist, kann durch Wasser geheilt werden. Die beste Apotheke, die es gibt, ist ein guter Brunnen mit frischem Wasser!“

Auf dem Gräfenberg wurde Wasser in Verbindung mit Schwitzen, einer Diät, mit frischer Luft, mit Massagen und

Bewegung und mit Packungen angewandt. Die Kenner der Wasserheilkunde sind der Ansicht, daß kaltes Wasser niemals vor Prießnitz in einer so durchgreifenden Art angewandt wurde. Eines muß gesagt werden: Prießnitz erklärte seine Kur niemals für alle Krankheiten wirksam. Er schickte nach dem ersten Bad viele Patienten wieder weg, weil er wußte, daß er ihnen nicht helfen konnte. Als ungeeignet für seine Kur nannte er die Krankheiten Lungenschwindsucht, Grauer Star, Leberkrankheiten, Bauchwassersucht, Herzkrankheiten, Krebsleiden, Epilepsie, Lähmungen, eingeklemmte Brüche.

Sehr erfolgreich dagegen behandelte Prießnitz Unterleibskrankheiten, Nervenschwäche, Rachitis, Cholera, Durchfall, Fisteln, Grippe, Halsentzündungen, Herzklopfen, Heiserkeit, Kreuzschmerzen, Masern, Magersucht, Ohrensausen, Rheumatismus, Schnupfen, Nierenschmerzen, Nierensteine, Schwächeanfälle, Zeugungsstörungen.

Am Anfang seines Wirkens – damals war er erst 16 Jahre alt – wandte Prießnitz nur Waschungen und kleine Umschläge an. Er beschränkte sich auf die Behandlung von Verrenkungen und Quetschungen. Als erste innere Krankheit behandelte er die Gicht. Die Waschungen wurden zuerst mit dem Schwamm, den er ins Wasser tauchte, vorgenommen, später dann mit der bloßen Hand. Abschnittweise wurde der Körper, je nach dem Leiden, gewaschen und trocken gerieben.

Prießnitz unterschied zwischen einem abkältenden, beruhigenden Umschlag und einem erwärmenden, erregenden Umschlag.

Später wandte er bei seinen Patienten auch Teilbäder, Duschen und Vollbäder an. Bis 1835 entwickelte er dann die klassische Methode seiner Kurbehandlung: das Trokkenschwitzbad mit nachfolgendem Vollbad, kalte Teilbäder, Sturzbäche, Luft- und Sonnenbäder, feuchte Einpakkungen, Diät und körperliche Arbeit. Der Grundsatz von Prießnitz war dabei immer: Der gesunde Teil des Körpers muß so sehr gekräftigt werden, daß er die Krankheit vernichten und ausmerzen kann, um einen vollkommen gesunden Körper herzustellen.

Und so sah ein Kurtag bei Prießnitz aus:

Um vier Uhr früh mußte der Patient zum ersten Mal in trockener Packung schwitzen. Sobald der Schweiß einsetzte, wurde das Fenster geöffnet und Wasser zum Trinken gereicht. Dann erfolgte ein kaltes Vollbad. Danach gab es Frühstück, bestehend aus Schwarzbrot, Butter und kalter Milch. Dann durfte der Patient spazierengehen, am besten bergwärts. Nach der Rückkehr wurde ein Sitzbad verordnet. Beim Mittagessen durfte sich der Kranke sattessen. Nachher riet Prießnitz statt des Schlafes zu Spaziergängen bis zu drei Stunden. Dann ließ er die Patienten wieder schwitzen, anschließend in die Wanne steigen. Nach dem Abendessen, das ähnlich dem Frühstück war und um 19 Uhr eingenommen wurde, gab es ein wenig Tanz, zu dem Prager Musikanten aufspielten. Vor dem Schlafengehen wurden noch Fuß- und Sitzbäder sowie kalte Einläufe angewandt. Zwischen 21 und 23 Uhr war Bettruhe.

Man erkennt deutlich: Im Mittelpunkt der Prießnitz-Kur standen die Umschläge. So ist es bis zur Gegenwart geblieben.

Das ist heute aus der Lehre geworden

Es gibt heutzutage keine Kuranstalten, die einzig und allein die Prießnitz-Methode anwenden. Vermutlich deshalb, weil die Lehre einzig und allein auf kaltem Wasser

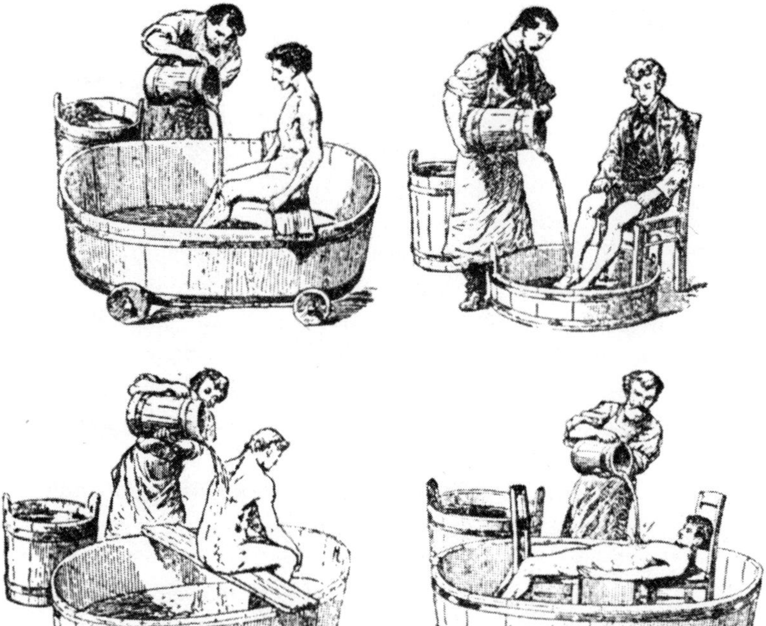

Verschiedene Begießungen mit Kaltwasser wurden bei Prießnitz angewandt aufgebaut ist und für viele Menschen heutiger Konstitution nicht tragbar wäre. Allerdings sind die klassischen und heilenden Schwitzumschläge und Packungen von Vinzenz Prießnitz in die Naturheilkunde mit seinem Namen eingegangen, werden in vielen Haushalten heute noch bei Unwohlsein, Grippe und anderen Leiden angewandt und können auch in vielen allgemeinen Wasserkuranstalten konsumiert werden.

Der Ausdruck „Prießnitz-Wickel" ist heute ein anerkannter Begriff. Der Prießnitz-Wickel ist ein kalter Ganz- oder Teilwickel zur Anregung des Stoffwechsels, zur Förderung der Ausscheidungen, zum Dunsten und Schwitzen. Der Grundsatz dafür: Die durch das kalte Wasser erzeugte Kälte heilt.

Der eigentliche Prießnitz-Wickel wirkt erregend und erwärmend. Und so wird er angelegt:

Ein stark ausgewrungenes feuchtes Leinentuch wird eng um den bestimmten Körperteil herumgelegt und mit einem trockenen Leinentuch, ebenfalls anliegend, bedeckt. Soll der Wickel dauernd getragen werden, dann kommt noch über das trockene Leinentuch ein trockenes Flanelltuch. Der feuchte Wickel wirkt als Reiz auf die Haut, zieht das Blut mächtig an und führt zu einer starken Wärmeentwicklung.

Der Prießnitz-Leibumschlag – auch Neptungürtel genannt – wird ebenfalls heute noch angewandt: Ein leinernes Band von etwa 20 bis 40 Zentimeter Breite muß solange sein, daß es dreimal um den Leib gewickelt werden kann. Er wird zu einem Drittel in kaltes Wasser getaucht, ausgewunden, um den Leib gelegt, umgewickelt und dann auch noch mit dem trockenen Teil bedeckt. Dieser Leibwickel sollte alle zwei bis drei Stunden erneuert werden.

Die trockene Prießnitz-Schwitzpackung wird folgendermaßen vorgenommen: Der Kranke wird enganliegend in eine Wolldecke gewickelt. Um den Kopf bekommt er ein trockenes Handtuch. Die Wolldecke wird noch mit einem Federbett bedeckt. Meist tritt die Schweißbildung nach einer Stunde intensiv auf.

Prießnitzsche Kaltbäder im Wasser von 5 bis 6 Grad Celsius werden heute nicht mehr verordnet und sind auch nach den heutigen Gegebenheiten und Konstitutionen der Patienten nicht zu verantworten.

Die feuchte Ganzpackung nach Prießnitz besteht aus einem feuchten, stark ausgewundenen Leinentuch, das eng um den Körper herum angelegt wird. Darüber wird eine Decke geschlagen und ein Federbett gelegt. Manchmal werden unterhalb dieser Packung einzelne Körperteile wie Brust oder Leib zusätzlich mit feuchten Leinenteilen bedeckt. Wird das Tuch zu wenig ausgewunden, verfehlt die Packung ihre Wirkung, weil das Blut dann verdrängt und nicht in die Haut geholt wird. Besonders wichtig ist, daß die Füße bei all diesen Packungen warm sind. Prießnitz-Wickel und Prießnitz-Packungen sollen zwischen 15 und 60 Minuten angelegt werden, wenn es nicht speziell anders verordnet wird.

Ein wesentlicher Hinweis:

Niemals darf ein Patient ohne Aussprache mit dem Arzt und ohne genaues Wissen seiner Krankheit einen Prießnitz-Wickel anlegen oder daheim eine Prießnitz-Kur durchführen. Die Kontrolle durch den erfahrenen Mediziner ist unumgänglich. Am besten wäre es überhaupt, wenn ein naturheilkundlich interessierter Patient bei Wasserkuranstalten anfragt und dann dort einen Prießnitz-Wickel oder eine Prießnitz-Packung anlegen läßt.

Kapitel III

THEODOR HAHN
1824–1883

Der Apotheker und seine vegetarischen Heilkuren

Das Gardegrenadier-Bataillon exerziert seit einer Stunde im Rahmen einer Generalinspektion. Den Soldaten steht der Schweiß auf der staubbedeckten Stirn. Unbarmherzig brennt die Sonne auf die Kaserne in der Stadt Ludwigslust im deutschen Großherzogtum Mecklenburg. Es ist Vormittag, der 20. Juni des Jahres 1828.

Ober-Auditeur Friedrich Hahn mißt die Reihen mit scharfem und strengem Blick. Dann hebt er den Kopf und stößt mit spitzer Stimme seine Kommandos hervor.

„Soldaten ... haabt ...acht! Prääää-sen-tiert das Gewehr!"

Zufrieden überblickt der Ober-Auditeur seine Männer. Schon setzt er zum nächsten Kommando an. Da nähern sich ihm eilige, zackige Schritte im Kies des Kasernenhofes.

Unwillig erwartet Friedrich Hahn die Meldung des Untergebenen, der seine vorbildliche Grußbezeugung leistet und dann erst aufgeregt hervorsprudelt: „Melde gehorsamst: Der neue Militärarzt wünscht Herrn Ober-Auditeur unverzüglich zu sprechen. Es geht um den Sohn des Herrn Ober-Auditeurs!"

Friedrich Hahn schrickt zusammen. Dr. Meissel hat vor Tagen seinen Dienst in der Kaserne angetreten. Er wollte erst morgen nach Theo sehen. Wenn er jetzt am Krankenbett des Jungen im Offizierswohntrakt stand und nach dem Vater seines kleinen Patienten rufen ließ, dann konnte das nichts Gutes bedeuten. Dann mußte mit Theo etwas Schlimmes passiert sein.

Binnen weniger Sekunden vergißt der Ober-Auditeur seine vorbildliche militärische Haltung. Seine Schultern sinken zusammen. Er murmelt seinem Adjutanten zu:

„Lassen Sie die Männer abtreten. Ich muß sofort in die Wohnung...!"

Schnellen Schrittes überquert Friedrich Hahn den Hof. Er hastet die Treppe zu seiner Dienstwohnung im zweiten Stock hoch und stößt abrupt die Tür zum Zimmer seines Jungen auf.

Der vierjährige Theo wälzt sich auf seinem Bettchen hin und her. Seine kleinen Hände verkrampfen sich im Bettlaken. Das Kind ringt keuchend und röchelnd nach Luft. Sein Gesicht ist blau verfärbt. Die Lippen zucken. Der Mund ist weit aufgerissen.

„Was ist geschehen...?"

Zitternd fragt es der Ober-Auditeur.

Dr. Meissel verneigt sich leicht zum Gruß, Mutter Hahn, die neben dem Bett des Sohnes steht, schluchzt auf.

Da donnert die Stimme des Militaristen durch den Raum: „So redet doch endlich! Was ist passiert?"

Der Arzt räuspert sich: „Ein plötzlicher Anfall. Erstickungskrämpfe und Atemnot. Der Bub leidet an schwerstem Bronchialasthma. Vermutlich eine Folge seines kränklichen Allgemeinzustandes."

Vater Hahn stützt sich auf die Bettkante. Seine Stimme bebt: „Sehen Sie nicht, wie das Kind leidet? Herrgott, Doktor, so tun Sie doch endlich etwas dagegen!"

Dr. Meissel zeigt eine steinerne Miene: „Herr Ober-Auditeur: Sie brauchen mir nicht in diesem Ton vorzuschreiben, was ich in einem Krankheitsfall zu tun habe. Der Junge hat bereits Beruhigungsmittel bekommen. Wir müssen abwarten... Aber, sagen Sie mir doch: Wie kommt denn das Kind zu so einem entsetzlichen Ausschlag? So etwas habe ich noch niemals erlebt. Die häßlichen Ekzeme bedecken den ganzen Körper. Die Haut übt ja bald kaum mehr ihre natürliche Funktion als Giftausscheider und Atmungsorgan aus. Sie ist sehr krank."

Leise und betroffen antwortet Friedrich Hahn: „Theo war eineinhalb Jahre, als er zum ersten Mal hier in der Kaserne geimpft wurde. Er hat das Serum nicht vertragen. Eine Woche später begann der Ausschlag. Niemand konnte bisher etwas dagegen tun. Verschiedene Ärzte haben Salben verschrieben. Nichts hat geholfen. Und jetzt noch dieser entsetzliche Anfall dazu."

Dr. Meissel zieht den Kasernenkommandanten zur Seite: „Es wird nicht bei diesem einen Anfall bleiben. Das wiederholt sich immer wieder. Die Erstickungsgefahr steigt von Mal zu Mal. Wir müssen mit allem rechnen!"

„Was wollen Sie damit sagen, Doktor?" fährt Friedrich Hahn sein Gegenüber an, greift fahrig in die Tasche, holt ein Tuch heraus und wischt sich damit immer wieder über das fahle und schweißnasse Gesicht.

Wieder räuspert sich der Arzt verlegen: „Denken Sie einmal nach: Ihr Sohn ist vier Jahre alt und schwer krank. Seine Haut ist kaputt, seine inneren Atmungsorgane sind schwer angegriffen. Wenn Sie von mir ein ehrliches Urteil wollen: Er wird die Krise nicht lange durchstehen. Ich werde selbstverständlich die besten Medizinen verabreichen: Belladonna und Höllensteinpillen. Aber – machen Sie sich keine Hoffnung. Ihr Kind ist so gut wie verloren...!"

Dichtgedrängt stehen auf dem Korridor des Gymnasiums in Ludwigslust die Schüler der vierten Unterstufe.

Man schreibt Mai 1840.

Die Jungens fiebern vor Aufregung. In Gruppen zu viert werden sie in den Physiksaal gerufen. Nur wenn sie diese Prüfung bestehen, dürfen sie in die Oberstufe aufsteigen und haben Chancen für das Abitur.

Bleich und zitternd lehnt der 16jährige Theodor Hahn am Fenster. Immer wieder trocknet er seine verschwitzten Hände im Taschentuch. In der Brust spürt er einen stechenden Schmerz. Er hat panische Angst vor den Fragen des Professors.

Ein Kommilitone fragt ihn spöttisch: „Sag' einmal, Hahn: Bist du schon so oft sitzengeblieben, weil du mit 16 noch in die vierte Unterstufe gehst?"

Theodor Hahn antwortet gefaßt und ruhig: „Ich war schon als Kind sehr krank. Bronchialasthma. Ich leide heute noch darunter. Und dann war da ein gefährlicher Hautausschlag, der erst im neunten Lebensjahr zurückging. Ich fehlte viel in der Schule und lag oft im Krankenhaus. Drum bin ich so hintennach."

Er greift sich an den Hals. Wieder schnürt ihm die Atemnot die Kehle zu.

Erst nach einer Pause erzählt er weiter: „Die Ärzte hatten mich schon aufgegeben. Ich bin wie durch ein Wunder am Leben geblieben."

Die hohe Türe des Physiksaales geht auf. Der kleine dürre Schulpedell ruft eisig vier Namen.

Theodor Hahn ist diesmal dabei. Wie in Trance wankt er mit den anderen drei Schülern zur Prüfung. Er steht vor dem Katheder, verneigt sich höflich und merkt sofort, daß sich alles um ihn dreht. Er schwankt in seinem Schwindelanfall hin und her. Er preßt die Hände in die Seiten und bemüht sich, den Fragen des Professors zuzuhören. Nur mühsam kann er den Worten folgen.

„Also, Hahn", setzt Professor Thesselkraut scharf an, „welche mathematischen Zeichen habe ich denn da an die Tafel geschrieben . . .?"

Theodor Hahn atmet auf. In Mathematik kann er eine Menge. Er strengt seine Augen an. Doch die Schrift an der schwarzen Tafel verschwimmt vor seinen Augen.

Immer wieder starrt er hin. Er vermag beim besten Willen nichts zu entziffern.

„Verzeihung", ringt er sich in seiner Atemnot aus den Lippen ab, „ich kann plötzlich nichts sehen!"

Höhnisch lacht der Professor. Die anderen Schüler fallen mit ein. „Dumme Ausreden hast du, mein Lieber. Und frech bist du obendrein. Lies' die Zeichen an der Tafel, oder ich laß dich rausschmeißen."

Der Professor greift mit einer drohenden Geste zum Rohrstab.

Da röchelt Theodor Hahn, verzieht den Mund und verdreht die Augen. Er stöhnt: „Ich ersticke! Hilfe, ich ersticke! Und ...ich sehe wirklich nichts mehr. So... glaubt mir doch. Helft mir! Tut etwas... Holt, bitte, einen Arzt...!"

Der Schüler reißt sich mit beiden Händen das Hemd am Hals auf und stürzt im selben Augenblick rücklings zu Boden. Der Pedell eilt nach dem Schularzt. Die Prüfung muß unterbrochen werden.

Minuten später liegt Theodor Hahn auf eine Schulbank gebettet.

Der Doktor untersucht ihn gründlich. Über eine Stunde horcht er die Brust ab, betastet den Körper des Jungen, besieht sich die Augäpfel und kontrolliert die Atemstöße. Dann begibt er sich auf den Korridor und meint zu den Eltern des Gymnasiasten, die in aller Eile herbeigeholt wurden: „Die starken Medizinen der vergangenen Jahre gegen seine schweren Bronchialasthma-Anfälle haben sein Nervensystem geschädigt. Und an seinem Augenleiden, das ihn zeitweise blind macht, ist dieses verdammte Belladonna schuld. Er hat zuviel davon bekommen. Allerdings: Er wird nicht ganz erblinden. Er wird nur sein ganzes Leben sehr schlecht sehen können."

Mutter Hahn weint vor sich hin. Sie wendet sich der

Türe zu. Der Arzt hält sie zurück: „Wenn Sie jetzt zu Ihrem Sohn hineingehen, dann bringen Sie ihm schonend bei, daß es mit dem Gymnasium vorbei ist. Der Schulbesuch ist seiner Gesundheit abträglich. Er muß einen einfacheren Beruf ergreifen . . .!"

Die Mutter nickt. Sie begibt sich leise in den Physiksaal und setzt sich zu Theodor. Er öffnet die Augen und lächelt matt. Sanft redet die Mutter auf ihn ein. Sie erklärt ihm, daß er ein anderes Leben ohne Schule führen muß. Theo nickt.

Sie schweigen eine zeitlang.

„Was willst du denn für einen Beruf erlernen? Denk einmal nach", fragt die Mutter den Sohn.

Er denkt kurz nach. Dann rafft er sich hoch und antwortet: „Ich möchte Apotheker werden. Da lerne ich alle Arzneien kennen. Vielleicht kann ich mich dann eines Tages selbst kurieren. Denn die Ärzte, Mutter, die mich da behandelt haben, das sind erbärmliche Stümper . . .!"

Es regnet in Strömen. Die Straßen von Lehsen gleichen wilden Bächen. Der Himmel ist dunkelgrau und bedrükkend. Der Kalender zeigt den 1. Oktober 1847.

Der 23jährige Theodor Hahn muß vor der Wasserheilanstalt seines Vetters, des Forstmannes, Schriftstellers und Naturheilers Johann Heinrich Rausse aus der Postkutsche direkt in eine tiefe Pfütze steigen. Es macht ihm nichts aus. Er spürt gute Laune in sich und hat zum ersten Mal in seinem Leben das Gefühl, daß es jetzt endlich mit ihm gesundheitlich aufwärts geht.

Der Pförtner öffnet dem jungen Mann und führt ihn direkt in die Studierräume Rausses.

Der Naturheiler breitet die kräftigen Arme aus, als er seinen Cousin im Türrahmen stehen sieht: „Theo! Ich freue mich, daß du zu mir gefunden hast. Sei willkommen in meinem Haus. Ich habe deine Briefe mit großem Interesse gelesen. Komm, setz' dich . . .!"

Theodor Hahn legt Mantel, Hut und Reisestiefel ab. Dann lehnt er sich wohlig im Polstersessel zurück: „Du hast es wunderschön hier. Ich hörte ja schon so viel von deiner Heilanstalt."

„Nur kein voreiliges Lob, Theo, bevor du alles gesehen hast. Erzähl' mir lieber, wie es mit dir steht."

Theodor Hahn holt aus: „Also, du weißt ja: Als ich schon fast erblindet war, mußten mich die Eltern aus dem Gymnasium nehmen. Ich habe als Apothekerlehrling angefangen und vor drei Jahren die Prüfung zum Apothekergehilfen bestanden. Ich habe in Ludwigslust sofort eine Stellung angenommen. Aber ich mußte sehr oft um freie Tage ansuchen. Mein Bronchialasthma wurde immer stärker und unerträglicher. Und auch mit der Sehkraft war es trotz intensiver ärztlicher Behandlung nicht weit her. Ich fühlte mich todunglücklich."

Rausse fragt neugierig: „Und wie bist du dann auf die Idee gekommen, mir zu schreiben? Unsere Familien waren doch seit Jahrzehnten nicht mehr zueinander in Kontakt."

Theodor Hahn nickt: „Mein Bruder ist Apothekerlehrling in Grabow. Dort hat man ihm von dem Apotheker Schreiber erzählt, der todkrank war und auf dem Gräfenberg von diesem Vinzenz Prießnitz geheilt worden ist. Und zwar bloß mit Wasser. Das hat mich fasziniert. Ich habe nach Literatur gesucht und dein Buch über die Heilwirkung des Wassers in einer Bibliothek entdeckt. Da hat mir Vater gestanden, daß du mein Vetter bist. Bevor ich dir jedoch schrieb, hab' ich versucht, mich mit Wasser zu behandeln."

„Was hast du getan?"

„Ich habe Tag und Nacht feuchte Rumpfumschläge getragen. Dadurch ist meine unreine kranke Haut vollends gesundet. Dann bin ich fleißig ins Dampfbad gegangen. Aber dies alles genügt mit nicht. Darum habe ich gestern früh meine Stellung gekündigt, meine Koffer gepackt und bin zu dir gefahren. Ich möchte von dir lernen und dich über meine bescheidenen Beobachtungen unterrichten."

„Welche Beobachtungen meinst du?", fragt Rausse.

Theodor Hahns Gesicht wird ganz ernst: „Durch Versuche bin ich dahintergekommen, daß sich mein Bronchialasthma wesentlich gebessert hat, nachdem ich täglich Turnübungen gemacht habe. Aber nicht genug dessen: Weißt du, seit wann es mir besonders prächtig geht ...?"

„Sag' es schon ...!"

„Seit ich kein Fleisch mehr esse und nur mehr Pflanzenkost zu mir nehme. Früher bekam ich nach jeder Fleischspeise einen Asthmaanfall. Außerdem habe ich das Rauchen, Kaffeetrinken und Alkoholtrinken aufgegeben ...!"

„Das ist hochinteressant", überlegte Rausse. „Das gibt der Naturheilkunde ganz neue Aspekte. Du mußt mir Genaueres darüber sagen."

Engumschlungen stapft ein Liebespaar durch das winterliche Leipzig des Jahres 1849. Theodor Hahn hat seine letzte Vorlesung an der Universität absolviert. Er will in den nächsten Tagen heiraten und in Schwerin als Laienbehandler in einer Kuranstalt zu arbeiten beginnen. Sein Vetter Rausse, mit dem er die neue Anstalt in Alexandersbad bei Wunsiedel führte, ist 1848 qualvoll zugrundegegangen.

Hahn hat das letzte Buch seines schriftstellernden Verwandten fertiggeschrieben, damit es erscheinen konnte.

Johann Heinrich Rausse: Er war der Vetter von Theodor Hahn und unterstützte ihn in der fleischlosen Naturheilmethode

Zärtlich küßt Theodor Hahn sein Mädchen und sinkt mit ihr auf eine verschneite Bank im Park hin. Sekunden später fahren beide entsetzt wieder in die Höhe. Ein markerschütterndes Quieken zerschneidet die Winterluft. Immer lauter dringt es aus einem von hohen Mauern umgebenen Hof herüber. Dann echot ein grausiger Schrei einer gequälten Kreatur gegen den Himmel und scheint kein Ende mehr zu nehmen.

„Mein Gott! Diese armen Tiere!“ flüstert Theodor Hahn.

Das Mädchen erschauert und klammert sich ängstlich an ihn: „Theo, was ist das? Wer schreit denn da so?“

Hahn murmelt angeekelt: „Das sind Tiere, meine Liebe. Sie werden geschlachtet und müssen vorher zusehen, wie ihre Artgenossen getötet werden. Ich frage mich oft: Warum sind Menschen so böse, und bringen so etwas zuwege? Warum begreifen sie nicht, daß diese Art von Nahrungsbeschaffung widernatürlich sein muß. Gott kann doch nicht beschlossen haben, daß sich Frauen und Männer solcher Methoden bedienen, um zu leben und satt zu werden. Diese Quälerei ist ein Beweis für meine Theorie: Fleisch ist ungesund und macht den Körper krank. Es bringt Säure ins Blut und in den Organismus. Nur derjenige, der sich von Pflanzen nährt, erhält den Darm und alles übrige gesund!“

Ungläubig fragt das Mädchen: „Bist du denn so sicher, daß du dein Leiden mit der Pflanzenkost, wirklich nur mit ihr, kuriert hast?“

Theodor Hahn nickt überzeugt: „Ich habe meine Krankheit ohne Ärzte geheilt. Ich bin heute kerngesund. Das ist erwiesen. Und diese Tatsache habe ich dem Wasser und meiner fleischlosen Kost zu verdanken. Ich werde deshalb alles dransetzen, meinen Mitmenschen die Augen zu öffnen . . .!“

Ein stattliches Gebäude erhebt sich in dem prächtigen Kurpark von Oberwaid bei St. Gallen in der Schweiz.

Die herrlichen Sträucher und Bäume hat Theodor Hahn selbst gesetzt. Er liebt Gartenarbeit. Stolz spaziert er jeden Morgen mit seiner Frau und seinen sieben Kindern durch die Parkanlage. Nach jahrelangem Herumziehen durch Deutschland und durch die Schweiz, nach verschiedenen Anstellungen in führenden Naturheilanstalten hat sich Theodor Hahn endlich seinen Traum erfüllen können: eine eigene Kuranstalt, in der er seine ureigene Methode zur Anwendung bringen kann.

1864 hat er sein Haus „für naturverbundene Patienten" eröffnet. Es heißt „Auf der Waid" und erfreut sich regen Zuspruches. Männer und Frauen aus allen Bevölkerungsschichten kommen: aus Österreich, aus deutschen Landen und aus den schweizerischen Kantonen.

Hahn verzeichnet mit seiner Gräfenberger Wasserkur, mit den russischen Dampfbädern, einer eigenen Kräutersäfte-Kur und gymnastischen Übungen beachtliche Heilungserfolge bei Rheumatismus, Gicht, Blasensteinen und Asthma. Der ehemalige Apotheker ist der erste, der in seiner Anstalt dem Ernährungsprinzip beim Genesen des Körpers größte Bedeutung zumißt. Er will seine Patienten grundsätzlich zum vernünftigen Essen erziehen. Während andere höchstens während einer Behandlung eine Diät vorschreiben, verlangt Hahn generell eine enthaltsame Nahrungsaufnahme.

Doch er stößt dabei auch immer wieder auf Ablehnung.

Am 6. April 1875 verliert Theodor Hahn endgültig die Geduld. Er stürmt kurz nach 12 Uhr mittags in den Speisesaal seines Kurhauses. Seit Jahren gibt es da zwei getrennte Tischreihen. Eine für Vegetarier, die andere für Konsumenten gemischter, also auch fleischlicher Kost.

Die Vegetarier-Plätze sind unbesetzt.

Kein einziger bekennt sich zu Hahns Idealkost.

„Was soll denn das bedeuten?"

Hahn schreit es empört in den Raum: „Wie könnt Ihr nur alle so dumm und genußsüchtig sein? Keiner will sich an meine pflanzlichen Diätanweisungen halten? Dann werdet Ihr auch niemals richtig gesund. Ich weiß, was ich in Eurem Interesse zu tun habe: Ich ordne ab sofort in meiner Kuranstalt an, daß mit meiner Behandlung der Genuß von Fleisch absolut verboten ist. Wer zu mir kommt, muß vegetarisch essen. Nur die alleinige Pflanzenkost macht gesund, hilft uns, gegen Krankheiten abwehrfähig zu sein, erquickt die Seele und macht fröhlich und lebensstark!"

Zuerst herrscht eisige Stille im Speisesaal.

Dann erhebt sich eine Dame aus Wien: „Seien Sie kein Narr, Hahn. Wir können auf das Fleisch nicht ganz verzichten. Gehen Sie doch einen vernünftigen Mittelweg. Der Mensch ist auch zum Fleischessen geboren!"

Theodor Hahn hat in seinem Zorn ein hochrotes Gesicht bekommen: „Bei mir werdet Ihr Euch von jetzt ab das Fleischessen abgewöhnen . . .!"

Kaum hat er diese lautstarken Worte ausgesprochen, da weiß er, daß er zu weit gegangen ist.

Von den 70 anwesenden Kurgästen erheben sich 41 vom Mittagstisch, begeben sich auf ihre Zimmer, packen die Koffer und reisen ab.

Von diesem Tag an stehen „Auf der Waid" immer viele Räume leer . . .

Mit eingefallenen Wangen, knochigen Armen und verschleierten Blicken liegt Theodor Hahn in seinem Bett und dämmert vor sich hin. Seit Wochen kann er nicht mehr lesen und schreiben. Der nunmehr 59jährige

Begründer des Vegetarismus leidet an Mastdarmkrebs.

Seine Frau und seine Kinder lösen einander am Bett des unheilbar Kranken ab. Die Tage des Apothekers und Naturheilers sind gezählt. In der Kuranstalt ist kaum zu tun. Seit Jahren kommen nur wenig Patienten, um sich der vegetarischen Kur zu unterwerfen. Mitunter zählt die Familie nur zehn Kurgäste. Das Fleischverbot schreckt Männer und Frauen ab. Sie empfinden das Vorgehen Hahns als zu fanatisch.

Am 3. März 1883 fühlt sich Theodor Hahn etwas besser. Seine Wangen leuchten rosig. Zitternd liest er den Brief eines Freundes. Seine Mundwinkel zucken nervös. Tränen quillen ihm aus den Augen.

Leise meint er zu seiner Frau: „Ich mache mir Sorgen um Euch, wenn ich jetzt sterben muß. Der Aufruf um Spenden für meine Kuranstalt hat keinen Erfolg gezeitigt. Ich dachte, es würde dadurch Geld für Euch hereinkommen. Jetzt kann ich Euch nichts außer Sorgen hinterlassen . . .!“

Seine Frau erstickt seine Worte mit zärtlichen und liebevollen Küssen. Seine Hände versuchen an ihrem Hals Halt zu finden. Plötzlich wird sein Griff ganz locker. Er sinkt zurück.

Theodor Hahn hat ausgelitten. Er wird vier Tage später auf dem Friedhof St. Vieden in St. Gallen begraben.

Eine Woche danach läßt seine Frau von einem Handwerker aus dem Ort im Park des Kurhauses beim Eingang einen Gedenkstein für ihren Mann errichten. Sie fühlt, daß sie ihm das schuldig ist. Denn sie weiß, daß die Lehre ihres verstorbenen Mannes immer umstritten und von vielen angefeindet sein wird . . .

Der Vegetarismus als Heilmethode

Theodor Hahn versuchte, in seinem Buch „Das Paradies der Gesundheit, das verlorene und das wiedergewonnene“, das 1879 erschien, den Beweis zu liefern, daß die fleischfreie Kost der gemischten und fleischreichen Kost in vieler Beziehung überlegen ist und daß die Pflanzennahrung für den Menschen von der Natur bestimmt sei. Hahn nannte seine Lehre Vegetarismus, weil er sie von dem lateinischen Wort vegetus ableitete, was er gleichbedeutend für lebhaft, munter, kräftig und rüstig setzte. Er verwies darauf, daß bereits die Hygieniker der alten Inder, die Perser und Ägypter mehr oder weniger vollständige Fleischenthaltung predigten. Auch der weise Pythagoras von Samos in Griechenland empfahl zur Gesunderhaltung Wasser und Fleischenthaltsamkeit.

Immer wieder betonte Hahn in seinen Schriften: „Ausschließliche Pflanzenkost regt den Darm an und fördert damit die Entgiftung des Körpers. Fleischkost übersäuert den Organismus und hinterläßt Harnsäure im Körper, die Gicht, Rheumatismus und Blasensteine erzeugen.“

Theodor Hahn war der Ansicht, daß der Mensch ursprünglich ein ausschließlicher Früchteesser war und erst unter dem Einfluß von Erdkatastrophen zur Fleischnahrung übergegangen sei. Er nannte die Zunahme des Fleischgenusses eine Begleiterscheinung der Zivilisation und vertrat die Ansicht: „Wenn jeder Mensch das Tier, das er ißt, selbst töten müßte, gäbe es viel mehr Vegetarier, denn der Anblick des Tierschlachtens hat für viele Menschen etwas Grauenvolles.“

Zusätzlich rechnete der vormalige Apotheker den Mitmenschen vor, daß eine vegetarische Ernährung billiger sei als gemischte Kost, und daß vom Ertrag vegetarischer Nahrungsstoffe auf einer bestimmten Bodenfläche mehr Menschen leben könnten, als vom fleischlichen Ertrag auf derselben Fläche. Denn die Tieraufzucht benötige weiteren Boden für den Futteranbau.

Theodor Hahn schätzte bestimmte vegetarische Nahrungsmittel ganz besonders wertvoll ein. Das natürliche Essen nannte er die Erzeugnisse des Korn- und Getreidebaues, vor allem das Brot. Hahn zog das Weizenbrot dem Roggenbrot vor, weil es weniger Säure hat und größeren Nährwert besitzt. Besonders empfahl er das Grahambrot. Das Brot, das Hahn seinen Kurgästen vorsetzte, wurde folgendermaßen zubereitet: Mehl wurde mit Wasser angerührt, das eine Temperatur von 31 Grad Celsius aufwies. Der Teig wurde geknetet und zwei bis drei Stunden am warmen Ofen stehengelassen und dann gebacken. Dadurch entstand keine eigentliche Gärung und keine richtige Säuerung.

Obst war in den Augen Theodor Hahns eine köstliche Nahrung, die roh und mit Kerngehäuse gegessen werden sollte. Gemüse stellt den Kernpunkt der vegetarischen Erziehung dar. Nur bei Hülsenfrüchten gebot er wegen der Blähgefahr Vorsicht.

Theodor Hahn führte in der Geschichte der Naturheilkunde die vegetarische Ernährung als gleichbedeutende Maßnahme zum Wasser ein. Für ihn war der Verzicht auf Fleisch die Grundlage aller seiner Therapien. Vollbäder, Sturzbäder, Übergießungen, Duschen und Schwitzpackungen, Dampfbäder und das Sonnenbad lehnte er ab.

Im Fleisch sah er einen großen Feind der menschlichen Gesundheit. Er wies nach, daß seine vegetarischen Patienten weniger anfällig für fieberhafte und entzündliche Krankheiten waren, daß bei ihnen Wunden und Krankheiten schneller heilten. Hahn schätzte Nahrungsmittel umso wertvoller ein, desto weniger ihre Verdauung die Lebenskraft beanspruche und desto weniger Müdigkeit sie erzeugen. In seinen Vorträgen hob sich Hahn zuguter letzt als wirkungsvollen Schluß die Behauptung auf, daß die Exkremente und Urinausscheidungen fleischessender Menschen viel übleren Geruch als jene von Vegetariern hätten.

Das ist heute aus der Lehre geworden

Auch heute noch gibt es auf der ganzen Welt Anhänger und Verfechter des Vegetarismus. Der Vegetarier lehnt alle aus dem Schlachttier gewonnenen Nahrungsmittel ab. Dagegen werden Milch und Milcherzeugnisse sowie Eier von dem Gesichtspunkt aus betrachtet, daß sie im Körper des Pflanzenfressers zum Zweck der Ernährung und Aufzucht von heranwachsenden Pflanzenfressern erzeugt werden. Ganz strenge fanatische Vegetarier lehnen jedoch auch die Milch ab und die Eier. Sie greifen nur zu Gemüse, Obst und Wurzeln.

Es ist wissenschaftlich erwiesen, daß Menschen zweifellos vegetarisch leben können. Man kann dies bereits in mehreren Generationen verfolgen. Die Schwierigkeit wird von Medizinern vielfach darin gesehen, daß es mit der landläufigen heutigen pflanzlichen Ernährung nur schwer möglich ist, alle notwendigen Aminosäuren zur Deckung des Eiweißbedarfes zu gewinnen, zumal die Pflanzeneiweiße im menschlichen Darm nicht voll ausgenutzt werden können. Diese Schwierigkeit besteht aber nur scheinbar. Da nur der pflanzliche Organismus imstande ist, Aminosäuren aus den Grundelementen aufzubauen, muß es bei einer entsprechend richtigen Auswahl der Pflanzenkost möglich sein, den anfallenden Bedarf zu decken. Außerdem ist durch die Untersuchung von C. Röse festgestellt worden, daß der Eiweißbedarf bei streng vegetarischer Kost niedriger als bei gemischter oder vorwiegender Fleischernährung ist. Der Naturheilfachmann Dr. Ernst Meyer-Camberg betont: Es kann nicht bestritten werden, daß der Kulturmensch auch der früheren prähistorischen Zeiten nicht ganz fleischlos gelebt hat. Der Mensch, der das Feuer zur Nahrungszubereitung verwendete, lebte aber nicht mehr ganz naturgemäß. Die Behauptung der Wissenschaft, daß der Mensch auf Grund seines Gebisses eine Kombination von Fleisch- und Pflanzenesser, also ein Allesesser sei, ist offensichtlich falsch. Das Gebiß des Menschen ist demnach offensichtlich eine Sonderform für Wurzel- und Früchteesser. Es gleicht dem Gebiß des Menschenaffen.

Kritiker der vegetarischen Kost bezweifeln, ob es heute dem Menschen möglich wäre, mit nur pflanzlicher Kost die von ihm geforderten Leistungen zu erbringen. Schwerarbeiter schaffen das nachweislich nicht.

Wichtig ist die Erkenntnis, das Vegetarismus nicht das Beibehalten der gewohnten Kost, allein unter Weglassung des Fleisches darstellt. Es muß eine zweckmäßige, harmonische und abwechslungsreiche Zusammensetzung der Nahrung unter Vermeidung jeglicher Einseitigkeit einsetzen. Die überwiegende Nahrung müssen Blattgemüse, Wurzelgemüse, Mehl und Obstfrüchte sein, und zwar vorwiegend in ungekochter Form, also Rohkost. Die Verwendung von Kochsalz wird abgelehnt. Wenn das Gemüse gekocht wird, muß sein Mineraliengehalt und der Vitaminreichtum bewahrt werden. Das erreicht man durch bloßes Schmoren und Dämpfen anstelle des Kochens im Wasser. Schwere Infekte, Stoffwechselstörungen werden bei solchen Ernährungsmaßnahmen leichter überwunden, Verletzungen heilen rascher und der Kreislauf wird entlastet. Bei ernsten Erkrankungen stellt die vegetarische Kost die Grundform der Ernährungsbehandlung dar. Der Heilwert beruht nach modernen Untersuchungen auf der starken Basenüberschüssigkeit dieser Ernährung. Bei schweren Krankheiten ist nachweislich immer ein Säureüberschuß im Körper vorhanden.

Besondere vegetarische Kostformen stellen die Ewerskost und die Waerlandkost dar. Dr. Ewers-Hachen, ein fanatischer Bekämpfer der Multiplen Sklerose, legte den Schwerpunkt seiner Behandlung auf natürliche Rohkost. Und der schwedische Ernährungsforscher Are Waerland forderte strengen Vegetarismus ohne das geringste Tierprodukt.

Die Interessengemeinschaften, die sich für den Vegetarismus einsetzen, sind verhältnismäßig beachtlich. Die Idee des Apotheker Theodor Hahn ist also keineswegs in Vergessenheit geraten oder von den Menschen der späteren Zeit verworfen worden. Die Zahl der Vegetarier steigt sogar, wie internationale Statistiken beweisen. In vielen Städten gibt es vegetarische Restaurants.

Einige wichtige Adressen

Wer sich mit der vegetarischen Ernährung auseinandersetzen will und dazu Ratschläge von erfahrenen Vertretern dieser Naturheiltherapie bekommen möchte, wer die pflanzliche Kost in verantwortungsvoller Weise versuchen will, der kann sich an einschlägige Institutionen wenden:

Deutscher Waerland-Bund e.V.
D-6800 Mannheim, S – 1, 12
Postfach 2530

Schweizerischer Waerland-Bund
Ch-308 Bern
Schanzenstraße 4

Österreichische Waerland-Bewegung
A-1050 Wien
Grüngasse 32

Österreichische Vegetarier-Union
A-8010 Graz
Leechgasse 2

Bund für Lebenserneuerung
Ingrid und Rudolf Meyer
D-3000 Hannover,
Munzelstraße 18B

Kapitel IV

JOHANN SCHROTH
1798–1856

Johann Schroth: Er heilte seine Patienten mit Fasten- und Schwitzkuren

Der Fuhrmann mit den Fasten- und Schwitzkuren

Der sommerliche Morgennebel lichtet sich allmählich auf dem Gräfenberg im österreichischen Schlesien. Die kräftigen Sonnenstrahlen dringen durch das Geäst der Bäume. Es ist ein Julitag des Jahres 1836.

Der 38jährige Fuhrmann Johann Schroth sitzt hoch oben auf dem Kutschbock seines Viergespannes und hält die Zügel in Händen. Er ist von seinem Heimatdorf Lindewiese am Fuß des Gräfenbergs über Freiwaldau gekommen. Er will seinen ehemaligen Schulkameraden, den 36jährigen Bauern und Naturheiler Vinzenz Prießnitz, besuchen.

Der Pferdewagen nimmt die letzte Bergkurve. Johann Schroth läßt seine Tiere anhalten. Vor ihm liegt das Gut des Vinzenz Prießnitz. Es wurde in den Jahren davor durch viele Zubauten vergrößert und modernisiert. Zwei regelrechte Kurhäuser stehen da. Und das Badehaus erfreut sich schon früh am Morgen – wie man sehen kann – großen Zuspruches von Seiten der Kurgäste.

Der hochgewachsene, kräftige Vinzenz Prießnitz tritt neugierig aus dem Wohnhaus und geht auf das Pferdefuhrwerk zu.

Sofort erhellt sich sein Gesicht: „Ja, das ist aber ein lieber Besuch zu früher Stunde! Der Johann! Komm herein. Ich freu' mich sehr!"

Beide Männer schütteln einander die Hände. Der schmächtige, hagere Johann Schroth folgt Prießnitz in die Wohnstube. Bewundernd murmelt er: „Du bist ein berühmter und wohlhabender Mann geworden, Vinzenz. Alle reden von dir. Und vor allem freue ich mich für dich, daß du sehr hohe Herren zu Gönnern hast. Jetzt kann dir keiner mehr beikommen. Ich gratuliere dir vom ganzen Herzen ..."

Prießnitz nickt lächelnd. Versonnen meint er, indem er sich hinsezt: „Das waren noch Zeiten, Johann, als wir noch miteinander in die Dorfschule von Freiwaldau gegangen sind ..."

Schroth lacht: „Ich erinnere mich genau. Du hast schon damals immer mit deiner Kaltwasserkur experimentiert. Ich weiß sogar noch, wie du dahintergekommen bist. Du hast ein verletztes Reh an einer frischen, klaren Quelle beobachtet. Und jetzt machst du mit einer ähnlichen Methode so viele Leute gesund."

Vinzenz Prießnitz unterbricht den Schulfreund: „Schluß mit dem vielen Lob, Johann. Wir sind ehrliche, aufrechte Menschen. Wir müssen nicht um den Brei reden. Du bist doch sicher nicht gekommen, nur um mir das alles zu sagen. Was kann ich für dich tun?"

„Ja, also ... weißt du ... Vinzenz, da gibt es einige Dinge, die du für mich tun könntest. Private und berufliche."

„Na, dann sag' deine Verse schon auf!"

Gedehnt kontert Johann Schroth: „Du darfst nicht böse sein, Vinzenz. Aber ich hab' unlängst lange über dich und deine Behandlungsmethoden nachgedacht. Ich muß endlich einmal mit dir darüber reden. Ich befasse mich mehr und mehr mit deiner Therapie. Und ich möchte dir ehrlich und offen sagen: Ich glaube, du machst da einen Fehler."

Vinzenz Prießnitz sieht den Schulfreund erstaunt an: „Wie meinst du das?"

Johann Schroth erklärt seine Bedenken: „Du behandelst alle kranken Leute mit kaltem Wasser. Du wäscht sie damit, du badest sie damit und du gibst es ihnen zu trinken."

„Und was hast du dagegen?“ will Vinzenz Prießnitz wissen. Er schmunzelt dabei.

Schroth hebt beschwörend die Hände empor: „Vinzenz, du darfst mich nicht mißverstehen. Ich will dich wirklich nur zum Nachdenken anregen, ob du nicht ein wenig deine Behandlung ändern solltest. Deine Methode ist zweifellos gut. Die Erfolge beweisen es. Aber ich glaube, kleine Änderungen in der Kur könnten noch mehr Menschen glücklich machen. Ich habe da eine nicht uninteressante Theorie entwickelt...“

„Du willst also mit mir zusammenarbeiten?“ fragt Vinzenz Prießnitz.

Schroth nickt: „Vielleicht wäre das eine Idee. Doch so weit habe ich es noch gar nicht überlegt. Ich glaube, daß es eine Naturheilbehandlung gibt, die bei vielen Menschen unter Umständen besser wirkt.“

„Was ist das für eine Behandlung?“

„Ich bin der Ansicht, daß nicht das kalte Wasser, sondern die feuchte Wärme heilt. Überlege doch einmal: Die Saat auf dem Feld gedeiht durch die feuchte Wärme, nicht durch das kalte Wasser. Das Kind im Mutterleib ist von feuchter Wärme umgeben. Wir sollten versuchen, kranke Leute mit feuchten, warmen Tüchern schwitzen zu lassen. Außerdem denke ich, müßte man die Ernährung der Patienten nach neuen Grundsätzen regulieren und kontrollieren.“

„Ich weiß nicht recht...“, murmelt Prießnitz und schüttelt den Kopf. Gleich darauf fügt er hinzu: „Ich möchte dir nicht weh tun, Johann, aber ich halte nicht viel davon. Versuch’ es, von mir aus...“

Leise antwortet Schroth: „Vinzenz, ich hab es bereits versucht. Schon als Kavallerist beim Militär. Ich war einem Tierarzt zugeteilt. Wir haben mit Schwitzwickeln Pferde kuriert. Später habe ich mir dann eine schwere

Kniegelenksverletzung selbst damit geheilt. Und auf noch etwas bin ich draufgekommen. Nicht die Haut, wie du immer meinst, scheidet die Krankheit durch die Ausschläge aus, sondern das tun der Magen und die Niere. Weißt du, was ich glaube, wie man das am besten fördern kann? Indem man eine Zeitlang fastet und dürstet...!"

Prießnitz lehnt sich in seinem Sessel zurück: „Ich glaube nicht, daß es gut wäre, wenn wir beide in dieser Richtung zusammenarbeiten. Meine Patienten würden deine Methoden ablehnen."

Johann Schroth sieht seinen Schulfreund offen an: „Vinzenz, ich dachte, wir könnten vielleicht eine Kuranstalt von ungeheurer Größe aufbauen, in der sich die Patienten verschiedene Heilmethoden aussuchen können. Ich habe so überlegt, weil ich doch hoffe und glaube, daß wir... doch... ohnehin... vielleicht bald verwandt sein werden...!"

Prießnitz springt von seinem Sessel auf: „Ach, so ist das. In Wahrheit bist du meiner Schwester wegen zu mir gekommen?"

Schroth hat sich ebenfalls erhoben und geht in Gedanken versunken durch den Raum. Schnell blickt er nach einer Pause auf: „Vinzenz, die Sache ist mir nicht aus dem Kopf gegangen. Du weißt, wie sehr ich deine bildhübsche Schwester seit Jahren verehre. Ich liebe sie. Sie wäre die ideale Frau für mich. Ich möchte sie heiraten. Darum habe ich dich vor drei Monaten gebeten, ein bißchen Vermittler in dieser Herzenssache zu spielen. Vinzenz, hast du ganz offen mit deiner Schwester über mich geredet?"

Vinzenz Prießnitz legt den rechten Arm um die Schultern des Fuhrmannes: „Mein Lieber, mach' dir keine Hoffnungen. Ich habe ausführlich mir ihr diskutiert. Sie will nicht. Sie hat nur gelacht. Johann, schlag dir das

Mädchen aus dem Kopf. Und schick ihr nicht immer Blumen auf den Gräfenberg herauf. Sie will das nicht und wird langsam unwillig . . .!"

Johann Schroth geht zur Türe. Er wirkt blaß und abgekämpft. Die Niederlage trifft ihn hart. Enttäuscht murmelt er: „Dann ist es wohl am besten, wenn ich gehe . . .!"

Die beiden Männer verlassen das Haus. Draußen vor dem Tor verliert Johann Schroth die Nerven. Er behauptet lauthals: „Ich sage dir, Vinzenz: Du hast nicht allein recht mit deiner Naturheilmethode. Meine feuchtwarmen Wickel bringen gezielte Heilung. Ich sehe ein: Du willst mit mir nicht zusammenarbeiten. So sage ich es dir jetzt: Unter diesen Umständen werde ich eine eigene Kuranstalt eröffnen. Und ich werde auch Menschen heilen. Vielleicht werde ich auch berühmt. Ich hoffe, daß deine Schwester es eines Tages noch bereuen wird, daß sie mich so hochfahrend abgefertigt und mich nicht einmal selbst vorgelassen hat, mit ihr zu sprechen."

Prießnitz drängt den Freund zum Pferdegespann: „Wir wollen nicht streiten. Ich sage, daß nur kaltes Wasser richtig heilt . . ."

Schroth beharrt auf seiner Theorie: „Du wirst sehen, wie erfolgreich ich sein werde, wenn ich meine Methode anwende . . ."

Prießnitz will nicht länger debattieren. Er schätzt Johann Schroth zu sehr. Und er nimmt sich auch vor, in Hinkunft niemals schlecht über ihn nach außen hin zu reden.

Ähnliche Gedanken beseelen Johann Schroth, als er wieder auf den Kutschbock seines Gespannes steigt.

Schon will er die Peitsche knallen lassen und den Pferden das Zeichen zum Loslaufen geben, da hält er inne. Er blickt herab. Da steht ein kleiner, dürrer Mann vor ihm, eingehüllt in einen dicken Morgenrock: Er zittert am ganzen Körper und meint: „Entschuldigen Sie, mein Herr. Ich hörte, daß Sie mit Herrn Prießnitz eine Kontroverse hatten. Sie sind tatsächlich gegen kaltes Wasser in der Krankenbehandlung? Sind Sie auch ein Naturheiler?"

Schroth antwortet erstaunt: „Ja, aber ich stehe erst am Anfang. Ich habe erst ein paar bescheidene Erfolge zu verzeichnen. Mein Name ist Johann Schroth. Ich wohne in Lindewiese, ganz in der Nähe. Dort will ich auch eine eigene Heilanstalt eröffnen."

„Wissen Sie", meint der kleine, schmächtige Mann, „mein Körper verträgt diese schrecklich kalten Bäder bei Prießnitz nicht. Meine Nervenschwäche und meine Hysterie werden daher nicht besser. Die Behandlungen bereiten mir kein Wohlbehagen. Ich weiß, daß ich diese harte Kur einfach nicht durchstehen kann. Erlauben Sie, daß ich noch heute hier die Koffer packe und zu Ihnen komme? Würden Sie es mit Ihren Schwitzpackungen und Ihrem warmen Wasser bei mir versuchen?"

Schroth nickt erstaunt und erklärt dem Fremden den Weg zu sich.

Dann fährt er mit seinem Pferdegespann davon und freut sich insgeheim, daß er dem Vinzenz Prießnitz den ersten Patienten abgeworben hat.

Zugleich aber hat er Angst in seiner Brust. Panische Angst. Er weiß, daß es für ihn eine schreckliche Blamage ist, wenn er den Mann nicht heilen kann...

Der kleine, dürre Patient liegt entspannt auf einer Holzpritsche im Behandlungsraum des Johann Schroth.

Früher war das eine Scheune. Schroth hat sie mit einfachen Mitteln sehr geschickt umgebaut. Ein angrenzender Stall wurde zum Gästehaus umfunktioniert. Jetzt gibt es hier einige schmucke Zimmer. Mehr braucht der Fuhrwerker für seine Heilmethode nicht. Vorerst zumindest. Die Männer und Frauen, die zu ihm finden, müssen drei bis sechs Wochen streng fasten und sich auch mit der Einnahme von Flüssigkeiten zurückhalten. Und mehrmals am Tag bekommen sie feuchtwarme Tücher um den Leib. Damit müssen sie ruhen.

Johann Schroth betritt die Scheune.

Er neigt sich fürsorglich zu seinem Patienten hinunter: „Wie fühlen Sie sich?"

Die Augen des kleinen Mannes leuchten begeistert auf: „Wunderbar, Herr Schroth. Ganz vorzüglich. Sie sind ein Genie. Diese warmen Wickel, die mich auf so angenehme Weise zum Schwitzen bringen, beruhigen mich ungemein. Schrecklich ist für mich nur am Anfang das Fasten gewesen. Und Trinken würde ich auch gern mehr. Aber immerhin halte ich das nun schon drei Wochen durch. Sie müssen wissen, ich bin kein Freund von altbackenen Semmeln, von Hafergrütze und von Gerstenschleim."

„Sie haben es jetzt überstanden", lächelt Schroth und wickelt den Patienten aus den Decken aus. „Ziehen Sie sich jetzt sofort an. Gehen Sie auf Ihr Zimmer. Dort hat meine Magd ein Tablett mit einem köstlichen Bauernessen vorbereitet. Essen Sie langsam davon. Kauen Sie gut. Und wenn Sie sich nachher wohl fühlen, dann sind Sie kerngesund und können nach Hause gehen."

Im Nu ist das Männchen angezogen und verschwindet.

Schroth wandert unruhig in seinem Garten auf und ab. Nach zwei Stunden eilt er dem Patienten entgegen, der gerade sein Zimmer verläßt. Der dürre Kleine sagt feierlich: „Schroth, Sie sind in meinen Augen der größte Naturheiler, den es gibt. Ich fühle mich wie neugeboren. Kein Zittern, kein Zucken der Augen. Mein Nervenleiden ist wie weggeblasen. Ich kann es kaum glauben: Ich bin wirklich bei Ihnen gesund geworden. Ich werde heute noch abreisen. Meine Kollegen werden staunen, wenn ich denen von Ihrer ungewöhnlichen neuen Kur erzähle ..."

Zögernd fragt Schroth: „Ich will zwar nicht allzu neugierig erscheinen. Aber: Welchen Beruf üben Sie denn aus, mein verehrter Herr?"

Der Mann schmunzelt: „Ich bin Arzt, mein Lieber ...!"

Schroth wird im nachhinein aschfahl im Gesicht: „Arzt?"

„Ja, Arzt. Ich habe Ihnen bisher meinen wahren Namen verschwiegen. Ich heiße Dr. Czybulka und verehre Sie, mein Bester. Ich werde über Ihre Schwitz- und Fastenkuren ein Buch schreiben. Und mein Freund Dr. Lorenz Gleich muß auch herkommen und sich Ihre Kuranstalt ansehen. Ich habe es ihm bereits geschrieben. Sie werden in nächster Zeit noch von mir hören. Sie sind ein großer Mann. Von Ihnen kann unsere Medizin viel lernen. Und ich werde dafür sorgen, daß dies auch geschieht."

Fürst Alexander von Bariatinsky sitzt am Waldesrand und malt ein Ölbild von der Landschaft. Ein schwüler Nachmittag des Jahres 1847 brütet über dem Ort Lindewiese.

Plötzlich läßt der Fürst den Pinsel fallen und stöhnt auf. Seine Gesellschafterin beugt sich zu ihm: „Durchlaucht, was ist mit Ihnen?"

„Ach, wieder diese verdammten Kopfschmerzen und das teuflische Kreuzweh. Ich brauch' sofort einen Arzt. Ich geh' sonst zugrunde ...!"

Aufgeregt winkt die Gesellschafterin dem vorbeirasselnden Pferdefuhrwerk. Johann Schroth, der gerade

Strohsäcke transportiert, hält an: „Was ist los? Kann ich Ihnen irgendwie helfen, Herrschaften?"

Die Gesellschafterin erkundigt sich: „Guter Mann, wo treffen wir hier den nächsten Arzt?"

„Im Ort gibt es keinen. Und bis Freiwaldau ist es weit", entgegnet Johann Schroth, „aber vielleicht darf ich den hohen Herren in meine Kuranstalt bringen?"

„Kuranstalt ...?" fragt der Fürst verwundert.

„Ich heile Menschen mit Wasserschwitzkuren und Fastenkuren. Ich darf gestehen, daß meine Erfolge vortrefflich sind!"

Johann Schroth verneigt sich.

Der Fürst läßt sich von dem Fuhrmann zum Pferdewagen geleiten. Dabei flüstert er: „Ich hab' es im Kopf und im Kreuz. Und außerdem ist da diese verflixte Männerschwäche. Er weiß schon, was ich meine ... Kann Er da überall helfen?"

Johann Schroth nickt optimistisch: „Ich denke schon, Euer Durchlaucht."

Da murmelt der Fürst: „Wenn Er mich wirklich gesund macht, belohne ich Ihn reich und mache Ihn fürwahr berühmt ...!"

Seit Tagen gibt es an der schlesischen Grenze Unruhen mit preußischen Truppen.

Die Österreicher haben bereits zugeschlagen. Soldaten aus dem verbündeten Württemberg sind anmarschiert. In einem vierstündigen Gefecht werden die Preußen in die Flucht geschlagen.

Das Lager der Württemberger Verbündeten liegt am Waldrand. Es ist eine stockdunkle, mondfinstere Nacht des Jahres 1848. Im Feldherrnzelt brennt noch Licht. Auf seiner breiten Bettstatt liegt Prinz Wilhelm von Württemberg, der Bruder des regierenden Königs. Drei Militärärzte stehen um ihn herum.

Mit einem gellenden Schrei fährt der Prinz wieder hoch und preßt seine beiden Hände an das rechte Knie: „Diese Saupreußen! Schießen mir einfach eine Kugel ins Kniegelenk. Ich werde lahm werden oder gar sterben müssen."

Er verzerrt sein Gesicht und sinkt wimmernd ins Bett zurück: „Wie schaut die Verletzung aus, Doctores? Reden Sie doch endlich ...!"

Die Ärzte blicken einander ratlos an. Der Leibarzt des Prinzen übernimmt das Wort: „Königliche Hoheit. Die Wunde hat stark geblutet und ist sehr angeschwollen. Sehnen und Nerven sind durchtrennt worden. Das Fleisch verfärbt sich gefährlich. Eine Vergiftung ist vermutlich im Anzuge. Es gibt nur mehr eine Rettung: Wir müssen amputieren!"

Die Augen des Prinzen treten vor Entsetzen weit aus den Höhlen und werden starr. Er brüllt: „Nein, nein und wieder nein! Gott im Himmel, laß diese entsetzliche Verstümmelung nicht zu."

Der Prinz kann sich nicht zurückhalten. Er weint haltlos in sein Kissen. Plötzlich richtet er sich wieder auf. Seine Miene ist wie versteinert. Er mustert die Ärzte: „Ihr hilflosen, verdammten Einfaltspinsel. Ich gebe mein Bein nicht eurem Messer preis. Niemals. Raus, sage ich. Raus. Ich will keinen Arzt mehr sehen."

Er denkt nach, richtet seinen Blick in die Ferne. Dann fällt es ihm ein: „Wir sind doch in Schlesien. Natürlich, in Schlesien. Das ich nicht gleich daraufgekommen bin: Da gibt es doch einen wunderbaren Naturheiler ... diesen Johann Schroth. Habe viel von ihm gehört. Ja, ich weiß es ganz genau: Schroth, Johann Schroth heißt er. Er hat voriges Jahr den Fürsten Batiatinsky vollkommen gesund gemacht."

Beim Militär erlebte Johann Schroth die raschen Heilerfolge mit Schwitzwickeln an den Tieren. Er übertrug die Methode auf die Menschen

Der Prinz klatscht in die Hände. Sein Adjutant steht sofort neben seinem Bett.

„Ich will auf der Stelle den schlesischen Naturheiler Johann Schroth sprechen. Bringt ihn zu mir!“

Mit raschen Schritten stellt sich der Leibarzt dem Adjutanten in den Weg, als dieser davoneilen will: „Hoheit! Das darf ich nicht zulassen. Ich kann es nicht mit meinem Gewissen vereinbaren, daß ein dahergelaufener Quacksalber . . .“

„Doktor . . .!“ brüllt der Prinz mit sich überschlagender Stimme. „Sie sind auf der Stelle Ihrer Dienste bei Hof entledigt. Ich will Ihr Gewissen nicht länger diesen Belastungen aussetzen . . .!“

Die Sonne schickt ihre Strahlen durch die hohen Fenster in das Gemach des Prinzen. Am Hof in Stuttgart herrscht noch Morgenruhe. Nur Johann Schroth wacht am Bett Wilhelm von Württembergs. Er wird niemals die Nacht vergessen, als man ihn, den Naturheiler, aus dem Schlaf läutete und ihn ins Feldherrnzelt des Prinzen brachte. Schroth ließ seine Patienten ungern allein in der Kuranstalt. Doch sein Sohn Emanuel und seine Frau waren ja bestens über die Fasten- und Schwitzmethoden unterrichtet und konnten ihn vertreten.

Schroth reiste mit dem Württembergschen Prinzen im Schutze der Truppen nach Stuttgart und nimmt täglich an seinem adeligen Patienten Wasserwickel vor. Er kontrolliert streng, daß Seine Hoheit wenig und nur ausgewählte Speisen ist und fast nichts trinkt.

Müde lächelt Schroth. Er nimmt einen kräftigen Schluck aus einer Weinflasche: Die Ärzte sind sehr böse. Sie hassen den Naturheiler. Sie können es nicht verstehen, daß das Bein des Prinzen ohne Amputation innerhalb von vier Wochen gesund geworden ist.

Prinz Wilhelm schlägt die Augen auf.

Vorsichtig tastet er nach seinem Knie. Erleichtert murmelt er: „Ich spüre nichts. Gar nichts. Ich kann mich ohne Schmerz bewegen. Wie haben Sie das nur gemacht, Schroth?“

Der ehemalige Fuhrwerker erklärt es: „In Ihrem Blut, Hoheit, hatten sich durch die Verletzungen giftige und schädliche Stoffe angesammelt. Ich mußte Ihren Körper vorsichtig durch die Schwitzwickel zur natürlichen Heilung anregen. Durch Fasten und geregelte Flüssigkeitszufuhr trieb ich die inneren Organe wie Nieren und Magen, aber auch den Darm in eine Krise, welche eine Absonderung der Giftstoffe beschleunigte. Mit dem gestrigen Durchfall ist diese Krise abgeklungen. Die Wunde sieht prächtig aus. Hoheit: Sie sind wieder gesund ...“

Prinz Wilhelm ergreift die rechte Hand Schroths: „Bleiben Sie doch für immer in Stuttgart. Holen Sie Ihre Familie her. Ich baue Ihnen ein eigenes Kurhaus, in dem Sie arbeiten können.“

Johann Schroth überlegt keine Sekunde und schüttelt den Kopf: „Ich weiß die große Ehre zu schätzen, Hoheit. Aber das geht nicht. Hunderte Kranke warten daheim auf mich. Ich muß zu ihnen. Sie brauchen mich. Für manche bin ich die letzte Hoffnung.“

Prinz Wilhelm fragt eindringlich: „Was kann ich dann für Sie tun, mein lieber Schroth?“

„Beten, Hoheit! Beten, daß endlich die Gehässigkeiten und gerichtlichen Verfolgungen wegen Kurpfuscherei aufhören. Und wenn ich wieder Schwierigkeiten habe, dann legen Sie doch ein gutes Wort für mich ein.“

Der Prinz setzt sich im Bett auf: „Darauf können Sie sich verlassen, Schroth. Ich werde mit dem Kaiser in Wien ausführlich über Sie sprechen.“

Müde entsteigt Johann Schroth der Postkutsche.

Die Reise nach Wien zu Aussprachen mit einigen adeligen Persönlichkeiten hat viel Erfolg gebracht, den Naturheiler aber auch sehr angestrengt. Er betritt das Dorfwirtshaus und bestellt an der Theke ein Glas Wein.

Einige Gasthausbesucher begrüßen ihn devot und prosten ihm zu. Die anderen tun, als würden sie den ehemaligen Fuhrmann nicht sehen. Viele, die anfangs gegen ihn waren, ärgern sich, daß er soviel Erfolg hat und so vielen Kranken helfen kann. Viele verstehen einfach die Grundidee des Fastens nicht.

Johann Schroth fühlt sich unter den Leuten nicht wohl. Er trinkt aus und eilt nach Hause zu seiner Familie. Er freut sich über seine zufriedenen Patienten, kränkt sich über manch gehässiges Wort von Neidern.

Abgekämpft umarmt Schroth die Frau und den Sohn.

Dann setzt er sich hin und berichtet: „Wien war ein Triumph. Meine Lehre ist anerkannt. Ich kann keine Schwierigkeiten mehr haben. Ärzte haben mir in Gesprächen ihre Anerkennung gezollt ..."

Er bricht jäh ab und greift sich ans Herz: „Da ist es wieder, dieses schlimme Stechen in der Brust. Ich fühle mich sehr krank. Ich muß etwas dagegen tun. Die Reise war zu anstrengend. Emanuel, bitte, hole mir einen feuchtwarmen Wickel. Ich denke, ich muß ein wenig schwitzen."

Der Sohn eilt ins Kurhaus hinüber.

Als er mit dem Wickel zurückkommt, ist es zu spät. Der Vater liegt leblos über der Tischplatte. Er ist tot. Der Arzt, der den 58jährigen Schroth an diesem 28. März 1856 untersucht, stellt Herzversagen und ein Leberleiden fest ...

Die Behandlungslehre des Johann Schroth

Johann Schroth begann seine naturheilkundlichen Versuche mit der feuchten Wärme. Sie stand am Anfang seiner Arbeit. Er legte den Patienten feuchte Packungen an, weil er erkannte, daß die Patienten daraufhin schneller gesund wurden. Schroth behauptete, daß der Blutstrom des Menschen während der feuchten Packung sich mit der Zeit umkehre und nach dem Darm hinziele. So könne der Körper Gifte schnell ausscheiden. Das Dürsten in Verbindung mit der feuchten Packung erzeugte nach Schroths Ansicht einen Flüssigkeitsstrom von der Haut zu den Schleimhäuten des Magens und des Darms.

Die zweite Behandlungsmethode, die Schroth später hauptsächlich berühmt machen sollte, war das Fasten. Der Naturheiler verlangte von seinen Patienten, daß sie sich zeitweise nicht nur des Getränkes, sondern auch der Nahrung enthielten. Für kürzere Zeit durften die Kranken nichts anderes genießen als trockene Semmeln, besonders jene, die vorher viel Flüssigkeit zu sich genommen hatten.

Schroth sah seine Methode folgendermaßen: Durch Fasten und Dürsten muß sich der Organismus vollkommen umstellen. In dieser Phase schafft er – mit dem Heilwillen des Patienten – enorme Kräfte zum Austreiben der Krankheit. Erkannte Schroth an einem Patienten Widerwillen an der Kur, dann wurde diese sofort abgebrochen.

Die Schroth-Kur war vor allem bei chronischen Krankheiten zur Umstimmung des Körpers bestimmt, wurde aber auch bei akuten Störungen mit Erfolg angewandt. Schroth verordnete eine Vorkur von drei Wochen, eine Kurpause und eine Hauptkur, die je nach

Stärke des Leidens angesetzt wurde. Die Kurpause dauerte zwischen einer und zwei Wochen.

Der ehemalige Fuhrmann war sehr verantwortungsvoll. Er testete seine Patienten, ob sie auch körperlich der Kur gewachsen waren. Er ließ sie einen Tag lang nur trockene Semmeln essen und gab ihnen nichts zu trinken. Den Urin, der von diesem Tag stammte, setzte er der Kälte aus und schaute nach, ob sich ein Niederschlag wie rötliches Ziegelmehl zeigte. Wenn ja, war es höchste Zeit für eine Schroth-Kur. Dann mußten die Patienten 12 Stunden fasten, durften nur trinken. Niederschläge im Urin verrieten wieder die Notwendigkeit einer Kur. Hielten die Patienten diese ersten Perioden nicht durch, dann waren sie für die Kur nicht geeignet. Diese Maßnahmen mußten damals getroffen werden, weil es ja die ständige ärztliche Kontrolle nicht gab.

Johann Schroth erzielte die meisten Erfolge mit seinen Maßnahmen bei Gicht, Rheumatismus, seelischer Depression, Nervenschwäche, Hysterie, Nervosität, Gedächtnisschwäche, Nachlassen der Leistungsfähigkeit, Kopfdruck, Schwindel, Kreuzschmerzen, bei chronisch-kalten Füßen, verminderter geschlechtlicher Leistungsfähigkeit. Keine Behandlungen führte Schroth durch bei Herz- und Kreislaufstörungen, bei Zuckerharnruhr, bei Lungentuberkulose und Gehirnerweichung sowie bei bösartigen Geschwülsten. Auch bei Vitaminmangelleiden nahm Schroth die Patienten nicht an.

Johann Schroth ist es gelungen, durch seine Therapie viele Menschen vor Siechtum und frühem Tod zu bewahren.

Das ist heute aus der Lehre geworden

Das schönste Denkmal für den Naturheiler Schroth ist wohl die Tatsache, daß seine Lehre aus Lindewiese von der neuzeitlichen Heilkunde übernommen wurde. In vielen naturheilkundlichen Werken wird die Schroth-Kur beschrieben und erklärt. Ja, es werden sogar genaue Fastenpläne angegeben.

Das allerdings ist gefährlich. Schon bald nach Johann Schroth haben ernsthafte Ärzte erkannt, daß die Kur nur dann weiter Bestand haben kann, wenn die Patienten sie unter medizinischer Fachaufsicht durchführen. Wer an sich selbst die Schroth-Kur daheim durchführt, ohne mit einem Arzt darüber gesprochen zu haben, kann sich selbst in große Gefahr bringen.

Darum ist es so erfreulich, daß sich gerade ein Arzt weltweit für die Schroth-Kur eingesetzt hat und sie – der heutigen Zeit angepaßt – nach modernsten ärztlichen Gesichtspunkten ausgebaut und durchdacht hat. Es ist dies ein direkter Nachkomme des ehemaligen Fuhrmannes Johann Schroth. Er heißt Dr. Rainer Schroth und ist Doktor der Medizin. Er ist ein Ururgroßneffe von Johann Schroth. Er wurde am 17. September 1943 in Thann im Elsaß geboren. Die in der Familie seit über 100 Jahren überlieferten Naturheilmethoden überzeugten Dr. Rainer Schroth davon, daß ein der Naturheilkunde aufgeschlossener Arzt sich auch mit den anderen Heilmethoden befassen muß. Dr. Rainer Schroth ist daher einer der Ärzte, die für den Wert der natürlichen Heilmethoden eintreten.

Unter Heilfasten versteht man eine mehr oder weniger strenge Diät. Jede Diät ist grundsätzlich so aufgebaut, daß dem Körper hauptsächlich Eiweiß oder Fett oder Kohlehydrate oder gar nichts davon zugeführt werden.

Diese Diät kann sich von einigen Tagen bis zu vier oder sechs Wochen erstrecken. Ziel jeder Diät ist es, durch geringe Nahrungsaufnahme und Kalorienzufuhr eine Schonung aller Körperorgane herbeizuführen. Besonders die Verdauungsorgane können sich während der Fastenperiode erholen und oft auch ausheilen.

Da die Nahrungsaufnahme von außen fast eingestellt wird, wird der Körper gezwungen, auf seine eigenen Reserven zurückzugreifen. Er muß sogenannte Schlackenstoffe angreifen und verbrennen, um zu überleben. Dadurch wird das eigentliche Ziel, eine gründliche Reinigung des Körpers, erreicht, eine Entgiftung und Entschlackung.

Eines aber muß man wissen, und das betont Dr. Rainer Schroth immer wieder: Nicht jedes Fasten ist ein Heilfasten! Eine Fastenkur über eine längere Periode darf nur unter ärztlicher Betreuung durchgeführt werden. Der Körper benötigt nämlich während einer Fastenperiode ganz bestimmte Dinge in einer richtigen Zusammenstellung: Vitamine, Spurenelemente und das richtige Getränk.

Die Schroth-Kur erfaßt den ganzen Menschen, den gesamten Organismus mit Geist und Seele. Der Körper wird gezwungen, alle auch nur irgendwo abgelagerten Schlacken anzugreifen und auszuscheiden. Die Entgiftung ist so vollkommen, daß selbst langwierige und chronische Krankheiten zum Verschwinden gebracht werden können. Die Schroth-Kur der modernen Zeit ist eine strenge Heilfastenkur, vielleicht sogar die strengste, die es überhaupt gibt.

Die Schroth-Kur besteht aus drei Elementen. Sie unterstützen und ergänzen sich gegenseitig. Würde ein Element weggelassen werden, wäre die Wirkung der Schroth-Kur nur noch gering und würde den Namen

Schroth nicht mehr verdienen. Die Kur besteht aus der Heildiät, aus dem Dunstwickel und aus dem Flüssigkeitsentzug oder einem Wechsel von Trocken- und Trinktagen.

Woraus besteht die Schroth-Kurdiät? Während der Kur erhält der Patient beispielsweise Reis, Grieß, Haferspeisen, alles salz- und fettlos zubereitet, mit Schnittlauch, Petersilie oder Himbeersaft. Ferner gibt es Pflaumensuppe, Pflaumenkompott und Kurgebäck in jeder Menge. Es handelt sich dabei um altbackene, ungesalzene Wassersemmeln oder um Zwieback. Dazu gibt es einen Darmreinigungstee, der aus 50 Prozent Tee und 50 Prozent Wein besteht.

Der Schroth-Dunstwickel ist der zweite wichtige Bestandteil der Schrothkur. Jede strenge Diät verlangt nämlich dringend nach einer gleichzeitigen Hauptanwendung, welche hier die Ganz- oder Dreiviertelpackung darstellt. Der Dunstwickel bringt einen ganz entscheidenden Heilfaktor zur Anwendung: die feuchte Wärme. Diese wirkt auf das so überaus wichtige Ausscheidungsorgan, die Haut, und darüber hinaus reflexhaft auf die inneren Organe. Der Dunstwickel muß täglich durchgeführt werden. Er soll aber nur von geschultem Packungspersonal verabreicht werden. Es ist heute unbestritten, daß die Wärme zu den bedeutendsten Heilfaktoren gehört. Der Schroth-Wickel regt den Körper an, selbst Wärme zu produzieren, zu schwitzen und Schlacken abzustoßen. Am penetranten Geruch der Leintücher und oft auch an deren Farbe kann selbst der Laie erkennen, welche Giftstoffe und alte Schlacken aus dem Körper herausgeholt wurden. Nach zwei, vier oder sechs Stunden im Wickel fühlt man sich nach Dr. Rainer Schroths Aufzeichnungen wie ein neuer Mensch.

Der dritte Teil der Schroth-Kur ist der wichtigste und

typische für diese Methode überhaupt. Durch gezielten Flüssigkeitsentzug werden die gelösten und gelockerten Schlacken im Körper zur Ausscheidung gebracht, wodurch erst die volle Wirkung einer Heilfastenkur erzielt wird. Der Körper gleicht dabei einem Schwamm, einem schmutzigen Schwamm, der immer und immer wieder ausgepreßt wird, bis er vollkommen sauber ist.

An Dursttagen oder sogenannten Trockentagen erhält der Körper wenig Flüssigkeit. Diese Dursttage sind so enorm wichtig, weil ansonsten die Ausscheidungen fehlen. Dafür kann der Patient an den Trinktagen trinken, soviel er will. Und zwar Wein. Denn nur der naturbelassene Wein ist es, der sich bei der Schroth-Kur bewährt hat. Er fördert die Ausscheidung über die Niere, hilft über leichte psychische Krisen hinweg und kann während der Schroth-Kur als Medikament bezeichnet werden. Fruchtsäfte beispielsweise würden die Ausscheidung erschweren und sind daher nicht in der Kur enthalten.

Dr. Rainer Schroth ist der Ansicht: „Wenn ein Einzelorgan krank ist, so ist nicht nur dieses Organ zu behandeln, sondern der ganze Körper. Das kranke Organ ist nur in der Kette das schwächste Glied. Hier bricht das Leiden durch. Es muß also der gesamte Organismus regeneriert werden. Viele Krankheiten haben ihre Ursachen in der Vergiftung des Körpers. Eine isolierte Behandlung von Einzelorganen kann daher nur befristet zum Erfolg führen."

Der genaue medizinische Ablauf einer Schroth-Kur ist seit Emanuel Schroth, dem Sohn des Fuhrmannes Johann Schroth, im sogenannten Kur-Regulativ festgelegt. Die Kur beginnt mit einem Trockentag, wobei während des ganzen Tages Kurgebäck in beliebiger Menge gegessen werden kann. Trockentage sind Montag, Mittwoch, Freitag. Dienstag und Samstag sind kleine Tranktage. Mittags gibt es als Kurspeise eine Weinsuppe oder Haferbrei und wieder beliebig Kurgebäck. Abends darf der Patient bis zu einem halben Liter Wein trinken. Donnerstag und Sonntag sind große Trinktage, an denen es viel zu trinken und viel zu essen gibt.

Das Hungergefühl ist bereits ein bis zwei Tage nach Kurbeginn vollkommen verschwunden, und viele Kurgäste wundern sich, mit wie wenig Nahrung der Mensch auskommen kann. Der Schroth-Dunstwickel wird jeden Abend verabreicht und wirkt umso intensiver, desto länger man ihn anbehält. Der Patient bestimmt selbst die Zeitdauer des Wickels. Mindestens sollte die Prozedur drei Stunden dauern.

Den Rest des Tages kann der Patient selbst gestalten, alles sollte aber der Entspannung und Erholung dienen. Mitentscheidend für die Kur ist die ständige ärztliche Betreuung und Untersuchung.

Die Original-Schroth-Kur dauert mindestens drei Wochen, zuzüglich dreier Aufbautage. Bedeutend wirkungsvoller allerdings ist eine Kur von fünf oder sechs Wochen Dauer. Die gewünschten Kurreaktionen treten oft erst nach 14 Tagen auf. Dann beginnt erst die Heilungsphase. Wichtig sind die Aufbautage nach der Kur, damit der Patient wieder in die Ernährung des Alltags schadlos zurückfindet.

Und das sind die Krankheiten, die mit einer Schroth-Kur geheilt werden können: Stoffwechselkrankheiten wie Übergewicht, Fettsucht, Gicht, Zuckerkrankheit mittleren und leichten Grades; Gelenks-, Muskel- und Knochenerkrankungen wie Arthritis, Polyarthritis, Rheuma, Gelenks- und Muskelrheumatismus, Arthrosen der Knie- und Hüftgelenke, Kreuzschmerzen, Bandscheibenschäden; Herz- und Kreislauferkrankungen wie Kopfschmerz, kalte Füße, Schwindel, Herzrhythmusstörungen, hoher Blutdruck, niederer Blutdruck, Unterschenkelgeschwüre, beginnende Arterienverkalkung, Konzentrationsschwäche; Erkrankungen der Verdauungsorgane, Erkrankungen des Nervensystems, Hautkrankheiten, Krankheiten der Atmungsorgane, Augenleiden, Ohrenkrankheiten, Erkrankungen der Harn- und Geschlechtsorgane sowie Frauenleiden, chronische Vergiftungserscheinungen von Nikotin und Arzneimittel und ständiges Unwohlsein.

Mit der Schroth-Kur nicht heilbar sind alle Krankheiten im akuten Stadium, bösartige Geschwülste, dekompensierte Herzfehler und sehr starke Herzmuskelschwäche, Tuberkulose, Gehirnerweichung, Psychosen, Niereninsuffiziens und weit fortgeschrittene Leberzirrhose und hochgradige Zuckerkrankheit.

Eine wichtige Adresse:

Bis zum Jahr 1945 gab es in Nieder-Lindewiese bereits 50 Kurhäuser, in denen man die Schroth-Kur absolvieren konnte. Nach dem Zweiten Weltkrieg fand die Kur an mehreren Stellen in Österreich und der Bundesrepublik eine neue Heimat. Doch die Methoden wurden verändert und verfälscht. 1950 baute der Nachkomme Dr. Rainer Schroth in Österreich wieder ein Original-Schroth-Kurhaus auf. Er vereint naturheilkundliche Überlieferungen mit modernen medizinischen Erkenntnissen.
Wer eine Schroth-Kur machen möchte, wendet sich an das:

Schrothsche Kurheim
Original-Schroth-Kur
A-9821 Obervellach/Kärnten
Österreich

Kapitel V

SEBASTIAN KNEIPP
1821–1897

Sebastian Kneipp: Er verhalf der Wasserheilmethode zum weltweiten Durchbruch

Der „Wasserdoktor" von Wörishofen

In der kleinen Dachkammer des uralten Bürgerhauses am Hauptplatz der bayerischen Stadt Dillingen an der Donau brennt noch karges Licht. Mit einem Lehrbuch in der Hand geht der 24jährige Sebastian Kneipp auf und ab. Er paukt für sein Abschluß-Examen. Wenn er es geschafft hat, dann kann er die Akademie in Dillingen besuchen und darf später in München Priester werden, wie er es sich immer schon gewünscht hat.

Ein scharfer Winterwind fegt durch die Stadt. Schneetreiben behindert die Sicht in den verwinkelten Gäßchen. Türklinken und Stiegengeländer sind von einer dicken Eisschicht überzogen.

Es ist ein später Dezemberabend 1848.

Sebastian Kneipp muß gerade in seinem Buch umblättern. Mit einemmal dreht sich alles um ihn. Ein jäher Schmerz durchfährt seinen Kopf. Das Stechen in der Brust wird immer hartnäckiger. Unter den Rippen scheint es im Körper zu brennen und zu glühen. Der Gymnasiast sucht Halt an einer Sessellehne. Der Stuhl gibt nach und fällt um. Kneipp taumelt und stürzt kraftlos zu Boden. Auch das Buch ist ihm aus der Hand geglitten. Verzweifelt greift er sich mit beiden Händen an die Brust. Seinen Rücken rinnen dicke, eiskalte Schweißperlen herab.

Die Tür zur Dachkammer wird aufgerissen.

Im Schein der Öllampe taucht das entsetzte Gesicht der 67jährigen Hauswirtin Genoveva Bauer auf: „Um Gottes Willen, Herr Studiosus! Ist Ihnen etwas passiert? Geht's Ihnen schon wieder so schlecht?"

Sebastian Kneipp nickt. Stöhnend preßt er zwischen seinen Lippen hervor: „Bitte, Frau Bauer – den Arzt! Es ist ... wieder ... die Lunge!"

Kaum hat er es gesagt, da muß er erbrechen. Dunkelrotes Blut ergießt sich über sein Hemd und über seinen zerschlissenen Morgenmantel.

Genoveva Bauer schreit auf und hastet polternd die Holztreppe nach unten. Sie wirft sich schnell ein Wolltuch über und läutet im Haus gegenüber den Doktor aus dem Schlaf.

Doktor Stephan Wirlinger packt seine Arzttasche und eilt im Morgenrock über die Straße. Minuten später steht er vor dem jungen Patienten. Sebastian Kneipp liegt immer noch auf der Erde. Er hat nicht die Kraft, sich von alleine aufzurichten. Sein Körper ist durch die regelmäßigen Lungenanfälle stark geschwächt. Das Gesicht des Studenten trieft vor Schweiß.

Gemeinsam mit Genoveva Bauer hilft der Arzt dem jungen Mann ins Bett. Erschöpft sinkt dieser in die Kissen zurück. Er flüstert: „Bitte, helfen Sie mir, Doktor. Ich... halte... das nicht... mehr... aus. Ich muß für mein Absolutorium gesund sein!"

Doktor Wirlinger streicht dem Patienten beruhigend über die Stirn: „Nur keine Panik, lieber Kneipp. Sie dürfen von einem Arzt keine Wunder erwarten...!"

„Was hab' ich denn eigentlich?"

Der Arzt horcht Sebastian Kneipp wieder ab und schaut ihm in die Augen und in den Mund: „Nach meinen vier Besuchen bei Ihnen und nach Ihren Anfällen gibt es für mich keinen Zweifel. Es sind Lungenblutungen. Sie arbeiten neben Ihrem Studium zu hart. Sie sind nicht zum Taglöhner in der Markthalle geboren."

Kneipp wehrt schwach mit der rechten Hand ab: „Das ist es nicht. Ich hab' mir das Leiden in meiner Kindheit geholt. Ich bin im Allgäu als Sohn armer Webersleute geboren. Schon als Kind mußte ich am Webstuhl mithelfen. Er stand im Keller unserer Wohnung. Dort bekam ich immer Hustenanfälle. Ich war froh, wenn Vater mich Schafe hüten schickte oder mich für andere Gelegenheitsarbeiten einteilte."

Doktor Wirlinger hat sich ans Bett gesetzt: „Ihre Eltern haben recht gehabt, Sie studieren zu lassen. Sie sind der harten Arbeit nicht gewachsen."

„Vater und Mutter wollten nichts davon wissen, wenn ich vom Priesteramt träumte. Aber dann setzte sich Kaplan Matthias Merkle, ein ferner Verwandter, für mich ein. Er lehrte mich vieles und übte mit mir, sodaß ich im Gymnasium von Dillingen aufgenommen werden durfte. Und jetzt ... gerade jetzt ..., wo ich vor dem Abschluß stehe, muß das Leiden so schwer ... und schmerzhaft werden."

Der Arzt meint leise: „Bleiben Sie im Bett! Frau Bauer soll Ihnen kalte Aufschläge auf die Brust machen. Ich lasse Ihnen Gänseblütentee da. Den bereiten Sie sich und trinken ihn schluckweise."

Sebastian Kneipp richtet sich auf: „Doktor, das hilft doch alles nichts. Diese Maßnahmen haben keine Besserung gebracht. Sie werden auch weiterhin nutzlos sein. Tun Sie doch endlich etwas, damit ich schnell wieder gesund werde. Ich kann es auch sicher bald bezahlen ... Ich werde die Behandlung restlos bezahlen ..."

Der Arzt sieht seinen Patienten mitleidig und ernst an: „Das Geld ist doch so unwichtig!"

Er nimmt aus seiner Doktortasche ein Portemonnaie, fischt einige große Geldstücke heraus und legt sie auf Kneipps Nachttisch.

Der Studiosus sieht ihn fragend und überrascht an.

Doktor Wirlinger flüstert heiser: „Hören Sie auf zu studieren, Kneipp. Lassen Sie es sich noch ein bißchen gut gehen. Das hier spendiere ich dazu ...!"

„Was soll das heißen, Doktor Wirlinger?"

Es klingt wie ein Schrei aus dem Mund des Studenten.

Der Arzt wendet sich um und sieht gegen die Wand. Dabei sagt er: „Sie sind unheilbar krank. Ich kann Ihnen nicht helfen."

Kneipps Augen weiten sich. Der Student ringt nach Luft, ehe er etwas sagen kann: „Bedeutet das, daß die Medizin mich aufgegeben hat, vollkommen aufgegeben?"

Doktor Wirlinger nickt betreten und geht schweigend aus dem Zimmer. Als er die Treppe hinuntersteigt, steigt Übelkeit in ihm hoch.

Der Student tut ihm verdammt leid...

Bleiche Sonnenstrahlen bahnen sich einen Weg durch die schmutzigen Fensterscheiben der Königlichen Hof- und Staatsbibliothek zu München. Im großen Lesesaal lehnt Sebastian Kneipp, blaß, hohlwangig und zitternd, an einem Bücherregal. Er ist vom Gymnasium in Dillingen hergeschickt worden, um einschlägige Literatur über Naturgeschichte zu studieren. Aber er hat keinen Sinn dafür. Die offenen Worte des Arztes einige Tage zuvor sind ihm in die Knochen gefahren.

Er weiß: Sein Leben hängt nur noch an einem Strohhalm.

Er will nicht lernen. Er will irgend etwas lesen, das ihn von seinen trüben Gedanken ablenkt. Kneipp sieht zu den Büchern hoch und greift nach einem dicken Band, auf dessen Rücken der Name seines Naturgeschichtsprofessors geschrieben steht. Der Student zieht das Buch heraus, läßt es aber sofort aus. Ein dünnes Bändchen ist dabei hervorgeglitten und zu Boden gefallen.

Unter Beschwerden beugt sich Sebastian Kneipp herab und hebt es auf. Sein Blick fällt auf den Titel: „Unterricht von der Heilkraft des frischen Wassers". Als Verfasser wird ein gewisser Dr. Johannes Siegmund Hahn genannt.

Mit Teilbädern erzielte Kneipp mitunter sensationelle Heilungen

Schon will der todkranke Student den Band wieder einordnen, da schwingen irgendwelche Seiten auseinander und ein paar Worte prägen sich dem Gymnasiasten ein: „Wunderbare, schier unglaubliche Genesungserfolge bei schwersten Krankheiten..."

Sebastian Kneipp reißt das Buch an sich, schleppt sich zu einem der Lesetische und beginnt den Text mit den Augen zu verschlingen. Er kann nicht mehr aufhören mit dem Lesen. Diese Fibel gibt ihm plötzlich wieder Hoffnung. Es heißt darin, daß man mit Wasser sogar einen menschlichen Körper an der Schwelle des Todes wieder zurückholen kann. Fiebrig blättert sich Kneipp durch den interessanten Inhalt.

„He, junger Studiosus!" hört er plötzlich sagen. Der Bibliothekar steht hinter ihm und rüttelt ihn an der rechten Schulter: „Wir sperren. Die anderen sind längst fort. Auf, auf, ab mit Ihnen, junger Freund."

Wie in Trance verläßt Kneipp die Bibliothek. Er schlägt wenige Häuser weiter gegen die verschlossenen Läden einer Buchhandlung. Brummig öffnet ihm der Geschäftsmann. Aufgeregt trägt Kneipp seine Bitte vor: „Sie müssen mir sofort ein Büchlein verkaufen. Bitte, sagen Sie nicht nein. Ich kann nicht bis morgen warten. Es ist ein Unterrichtsbuch über das Wasser von einem gewissen Dr. Hahn. Ich muß es haben. Bitte, lassen Sie mich jetzt noch in den Laden."

Kneipp hat Glück. Er bekommt die Fibel. Er trägt sie wie einen Schatz nach Hause. In seiner Dachkammer angekommen, vergißt er in der Aufregung, Feuer zu machen. Er ißt nichts. Er trinkt nichts. Er setzt sich bloß hin, liest, liest und liest.

Plötzlich schrickt er zusammen. Die Öllampe ist ausgegangen. Aber es ist trotzdem hell im Raum. Sebastian Kneipp merkt jetzt erst, daß es bereits Morgen geworden ist. Der Student klappt das Buch zu. Er hat eine ganze Nacht darin gelesen.

Genoveva Bauer steht in der Tür: „Ist Ihnen wieder übel? Ich hab' ununterbrochen Ihren Bretterboden knarren gehört. Sie haben nicht geschlafen . . .!"

Kneipp springt auf. Er lächelt: „Es geht mir ganz gut. Und wissen Sie warum? Ich habe eine letzte Chance für mich entdeckt."

Er holt sich drei Handtücher aus dem Schrank, steckt das Buch in den Mantel und verläßt den Raum.

Die Hauswirtin ruft ihm erschrocken nach: „Wohin laufen Sie, Herr Kneipp?"

„Zur Donau!" hört sie seine Antwort die Treppe herauf und erschauert.

„Nein!" schreit sie. „Versündigen Sie sich nicht an Ihrem Leben."

Sebastian Kneipp hört die Worte nicht mehr. Genoveva Bauer kniet nieder: „Herrgott im Himmel: Laß nicht zu, daß er ein sündiger Selbstmörder wird. Er soll einmal als anständiger Christ sterben . . .!"

Eine Dreiviertelstunde muß Sebastian Kneipp in flottem Tempo ausschreiten, bis er bei der Donau angelangt ist. Am Ufer liegt Schnee. Im Wasser treiben Eisschollen vorbei. Weit und breit kein Mensch an diesem unwirtlichen Wintertag zu sehen.

Sofort wirft der Student – wie es im Buch des Dr. Hahn steht – alle seine Kleider ab und legt sie auf einen vereisten Stein. Dann läuft er solange auf dem Schnee hin und her, bis er erschöpft ist. Blitzschnell steigt er in den Fluß. Immer wieder, bis ihm das kalte Wasser an den Hals reicht. Der Kopf muß trocken bleiben. Kneipp glaubt, sein Körper friert ihm ab. Er hält das Bad nur vier, fünf Sekunden aus und springt dann sofort ans Ufer.

Er weiß, daß das eine Roßkur ist und daß ein Herzkranker an seiner Stelle längst tot wäre. Im Nu fährt Kneipp wieder ins Gewand und eilt im Laufschritt nach Hause.

Er heizt sich in der Dachkammer ein und legt sich ins Bett.

Der ganze Körper beginnt zu hitzen. Schweiß bricht aus allen Poren. Als Kneipp zur Donau lief, fühlte er sich schwach, müde und abgespannt. Er merkt nun, wie seine Kräfte zurückkehren. Frische Spannung beseelt ihn und macht ihn froh. Er steht auf und kritzelt in sein „Wasserbuch": „Schon das erste Bad in der Donau überzeugte mich, daß ich auf dem richtigen Weg bin. Die Kraft des Wassers ist sensationell. Ich weiß, daß ich wieder gesund werde."

Von diesem Tag an eilt Kneipp dreimal in der Woche zur Donau. Er fühlt sich immer besser. Doch er spricht zu niemandem von seiner Gewaltkur. Er hat Angst, man könnte ihn auslachen oder ihm die Bäder verbieten.

Ein sonniger Frühlingstag des Jahres 1850. Der Anstaltsarzt des Gregorianums in München setzt immer wieder sein Abhörgerät an Sebastian Kneipps Rücken und schüttelt wiederholt den Kopf: „Junger Mann, Sie sind für mich ein Rätsel. Sie weisen mir da mit Ihren Personalpapieren ein Attest ihres Arztes in Dillingen vor, in dem ausdrücklich steht, daß Sie unheilbar krank sind. Schon beim Eintritt in unsere Akademie waren Sie jedoch kerngesund. Und jetzt ist es ebenso."

Sebastian Kneipp hat sein Absolutorium in Dillingen glänzend geschafft und studiert am Gregorianum. Nach den Gepflogenheiten des Priesterseminares muß er als vollkommen gesund gelten, um die Weihe durch den Bischof zu bekommen. Und wie der Doktor bestätigt, ist er gesund.

Der Arzt meint beeindruckt: „An Ihnen ist ein Wunder geschehen, Kneipp!"

Der Student strahlt. Er sagt aber kein Wort von seiner Wasserkur in der Donau. Er verläßt leichten Schrittes das Untersuchungszimmer. Versonnen lehnt er sich an ein Fenster auf dem Korridor. Da wird er Ohrenzeuge eines Gespräches zwischen dem Doktor und seinem Kommilitonen Alumnus Langmeyer.

„Langmeyer, ich kann Ihnen das nötige Gesundheitsattest für die Weihe nicht ausstellen. Ich hab' Ihnen das schon vorige Woche gesagt. Sie haben ein Rückenmarkleiden und Bronchialkrämpfe. Diese Krankheiten werden Sie Ihr ganzes Leben nicht mehr los."

„Ich flehe Sie an, Doktor, ich stehe vor dem Ziel meines Lebens. Und jetzt soll alles zu Ende sein? Bitte, haben Sie doch Erbarmen."

„Handeln Sie nicht mit mir. Ich bin Arzt. Und jetzt gehen Sie, bitte . . .!"

Alumnus Langmeyer taumelt verstört auf den Korridor. Er erblickt Kneipp. Seine Augen leuchten auf. Er klammert sich an den Studienkollegen: „Sebastian! Der liebe Gott hat dich hergeschickt. Leugne nicht: Wir wissen alle im Gregorianum, daß du dich in Dillingen selbst mit geheimnisvollen Wasserkuren geheilt hast. Man spricht unter den Studenten in ganz München davon. Ich bitte dich um alles in der Welt: Rette mich. Hilf mir, meinen Lebenswunsch zu erreichen. Ich will die Priesterweihe erhalten."

Langmeyer will sich vor Kneipp niederknien. Sebastian reißt den Kommiltonen hoch und murmelt: „Weil du es bist, der mich bittet. Aber sprich mit keinem darüber. Wir treffen uns heute um Mitternacht im Hof beim Brunnen . . .!"

Vier Wochen später.

Mit festen Schritten durchmißt der Leiter des Gregorianums sein Direktionszimmer. Bei der Türe steht Sebastian Kneipp, die Augen zu Boden gesenkt.

„Kneipp! Er ist wohl übergeschnappt? Er wagt es, der medizinischen Wissenschaft mit billigen Jahrmarktmethoden und Quacksalberei Konkurrenz zu machen. Ich habe Ihm, als ich von Seinen Wasser-Narreteien hörte, schon einmal verboten, derlei Dummheiten zu machen. Und was muß ich erfahren? Daß Er sich mit dem Kommilitonen Langmeyer regelmäßig des Nachts im Hofe trifft und diesem in nacktem Zustand mit einer Gießkanne eiskaltes Wasser über den Körper schüttet. Mein Pedell glaubte, er sieht Gespenster. Er kann von Glück reden, daß Langmeyer dabei nicht gestorben ist. Dann wäre Er jetzt ein Mörder."

Sebastian Kneipp wagt einen Einspruch: „Euer Gnaden. Der Langmeyer war schwerkrank. Ich habe ihn täglich einen Monat lang behandelt. Der Arzt hat ihn gestern für gesund erklärt...!"

„Quatsch", fällt der Direktor dem Studenten ins Wort, „Das war reiner Zufall und ein wahres Glück. Vermutlich hat sich der Doktor damals mit der Krankheit geirrt. Ich muß Ihr Vergehen, Kneipp, an höherer Stelle vermelden. Ihre Priesterweihe wird strafhalber aufgeschoben."

„Euer Gnaden", entfährt es Kneipp entsetzt.

„Mund halten, Wasserprophet!" brüllt der Direktor. „Er wird mir hier feierlich versprechen, nie wieder so dreist und frevelhaft zu sein, einen anderen Menschen oder sich selbst mit leichtfertigen Methoden, vor allem mit Wasser, zu kurieren. Sonst sorge ich dafür, daß Er Seine Priesterweihe niemals bekommen wird..."

Sebastian Kneipp nickt. Dann tritt er vor. Sein Ziel, Priester zu werden, will er nicht aufs Spiel setzen.

Wassertreten in Wörishofen zur Zeit Pfarrer Kneipps

Er murmelt: „Ich verspreche es!“

Dann verläßt er langsam das Zimmer, begibt sich in den Schlafsaal der Studenten, nimmt hinter seinem Kopfpolster zwei Briefe hervor. Er hat sie heute morgen von der Poststelle des Gregorianums erhalten. Zwei Verwandte von Studienkollegen bitten ihn darin, ihnen mit der wunderbaren Wasserkur zu helfen.

Sebastian Kneipp betrachtet die Briefe lange und liest sie immer wieder. Dann zerreißt er sie in hunderte kleinwinzige Stücke und läßt sie in den Papierkorb fallen. Er preßt die Stirn gegen die kalte Wand und unterdrückt seine Tränen...

Monoton klatschen die dicken Regentropfen gegen die Scheiben der Pfarrhausfenster in dem bayrischen Dörfchen Boos. Die alte Wanduhr im Zimmer des Kaplans zeigt eine Stunde vor Mitternacht. Es ist ein schwüler Augustabend des Jahres 1854. Sebastian Kneipp, hochgewachsen, 30 Jahre alt, steht hinter dem Stehpult in seinem Wohnraum und setzt gerade einen Brief an den Priester Matthias Merkle in Grönenbach auf.

Matthias Merkle war es, der ihm seinerzeit das Gymnasium in Dillingen und später das Studium an der Akademie in München ermöglichte. Er soll jetzt auch als erster erfahren, daß Kneipp die Priesterweihe erhalten hat und als Kaplan in Boos eingesetzt worden ist.

Lautes Gegröhle läßt Sebastian Kneipp von seiner Schreibarbeit hochfahren. Er tritt ans Fenster, öffnet es und blickt in die Regennacht hinaus. Da ziehen sie singend vorbei: eine Horde betrunkener Wanderburschen aus München, die im Wirtshaus des Dorfes wieder über Gebühr gefeiert haben. Sie finden es alle sehr lustig, daß ihnen das Wasser in Strömen über die Köpfe in den Hals hineinrinnt. Zwei von ihnen schleppen einen Holzkarren hinter sich her. Darauf haben sie drei ihrer Kumpels gebettet, die sich im Wirtshaus nicht mehr auf den Beinen halten konnten.

Kneipp will gerade das Fenster wieder zuschlagen, da hört er hinter sich die unwillige Stimme der Pfarrersköchin: „Schauen Sie sich nur das Gesindel an, Herr Kaplan. Man will gar nicht glauben, daß aus den Burschen einmal anständige Handwerksleut' werden sollen. Die glauben, ganz Boos gehört ihnen. So ein albernes Gegröhle. Ich bin froh, wenn die wieder fort sind!"

Sebastian Kneipp dreht sich zur Köchin um und nickt: „Ich kann's auch nicht mehr erwarten, bis die jungen Herren weg sind. Aber nicht wegen ihres allabendlichen Besäufnisses. Ich hab' zwei von ihnen gestern bei Tag gesehen. Die haben krank ausgesehen. Das kann für uns gefährlich werden..."

„Wie meinen Sie das, Herr Kaplan?"

„Die Wandergesellen kommen aus München. Und dort tobt seit Wochen die Cholera. Wenn die zwei, die ich gesehen hab', auch daran leiden, dann Prost Mahlzeit für unser Dorf...!"

Die Köchin Luise Lanz zieht die Vorhänge vor das geschlossene Fenster. Der Lärm draußen wird vom Regen übertönt.

„Herr Kaplan, ich hab' noch nach Ihnen gesehen, weil ich fragen möcht', ob Sie noch etwas brauchen."

„Danke, danke, liebe Luise. Ich geh' bald schlafen", antwortet der junge Kaplan.

„Vielleicht noch eine kleine Maß Bier?" will die Köchin wissen.

Sebastian Kneipp fährt ablehnend mit beiden Händen durch die Luft: „Himmel, ich und eine Maß Bier? Sie sollten sich für die Zukunft merken, Luise: Ich lehne den

Alkohol in jeder Form strikte ab. Alkohol ist ungesund und vergiftet unseren Körper."

„Aber Herr Kaplan, unser Herr Pfarrer trinkt jeden Tag seine drei Maß und ist jetzt auch schon 70 Jahre alt!"

„Dafür ist er auch unentwegt krank", murmelt Sebastian Kneipp unwillig vor sich hin.

Die Köchin schneidet schnell ein anderes Thema an: „Wie g'fallts Ihnen denn bei uns in Boos, Herr Kaplan?"

Kneipp setzt sich an den Tisch und ordnet ein paar Bücher: „Gut, sehr gut, Luise. Ich habe nur ein Problem. Was kann ich tun, damit mich die Bevölkerung nicht wie einen Fremden mustert? Ich möchte, daß man mich mag und wie einen Ortsansässigen behandelt. Irgendetwas wird mir schon einfallen."

„Aber, Herr Kaplan. Die Frauen und Männer schätzen Sie doch ohnehin sehr nach den paar Tagen, die Sie bei uns sind... Und jetzt, gute Nacht, ich geh'!"

Die Köchin will die Türe von außen zuziehen. Sie hält inne. Unten am großen Tor der Pfarrei klopft jemand zaghaft gegen das beschlagene Holz. Ein dünnes Stimmchen ruft etwas. Doch die Worte schluckt der Regen.

Sebastian Kneipp ist mit wenigen Schritten am Fenster. Leise sagt er: „Seltsam: Da unten steht ein kleiner, zitternder Bub. Luise, schau nach, was er will, und bring ihn zu mir herauf."

Mit einem leichten Knicks entfernt sich Luise Lanz. Minuten später schiebt sie einen dünnen Jungen mit bleichem Gesicht zur Tür herein.

„Da ist der Bub, Herr Kaplan. Er wollte unbedingt den Herrn Pfarrer sprechen. Ich hab' ihm gesagt, daß er krank ist und daß Sie ihn vertreten."

Lächelnd geht Kneipp dem Jungen entgegen: „Was machst du denn so spät auf der Straße? Was willst du denn vom Herrn Pfarrer?"

Angstgeweitete Augen sehen den Kaplan an: „Herr Kaplan, Sie müssen gleich hinüber zum Schwenninger-Hof kommen. Wenn es auch noch so regnet. Meine Mutter ..."

Der Junge macht eine Pause und bricht in ein lautes Schluchzen aus.

Sebastian Kneipp zieht ihn an sich: „Was ist mit deiner Mutter?"

„Sie liegt im Sterben! Sie möchte ... die Sterbesakramente empfangen. Sie sagt, das ist das Letzte, was ich für sie tun kann ...!"

Der schmale Weg zum Schwenninger-Hof nimmt kein Ende. Die Erde ist schlammig. Kaplan Kneipp und der Junge versinken bis zu den Knöcheln im Dreck. Der Regen läuft den beiden übers Gesicht. Sorgsam hält Sebastian Kneipp das Metallköfferchen unter seiner Kutte verwahrt, in dem sich die Ölkännchen für die Sterbesakramente befinden. Der Pfarrer hat ihm den Koffer anvertraut. Sebastian Kneipp spürt, wie feierlich ihm zumute ist. Er wird zum ersten Mal amtieren, einer Sterbenden den Weg hinüber erleichtern.

Über zwei Stunden stapfen Kneipp und der Junge durch die Nacht. Endlich tauchen Lichter auf: der Schwenninger-Hof.

Weinend zerrt der Bub den Kaplan mit sich: „Da drüben in der Scheune liegt meine Mutter. Sie ist Magd beim Schwenninger-Bauern."

Sebastian Kneipp klopft kurz an die rohgezimmerte Holztüre und tritt gebeugt in den niederen Raum, der nur von einigen dünnen Kerzen erhellt wird. Auf einem Strohlager windet sich die Magd in Krämpfen. Rundum sieht man Spuren von Erbrochenem.

Ein hagerer Mann von 38 Jahren eilt an Kneipps Seite: „Sie kommen sicher anstelle des Herrn Pfarrers! Ich danke Ihnen! Wir leben seit zehn Jahren hier. Ich bin der Knecht Max Döllriegel. Wir haben sieben Kinder. Und jetzt muß meine Marie sterben. Sehen Sie nur, wie sie leiden muß. Bitte, Herr Kaplan, erleichtern Sie ihr mit den Sterbesakramenten ihren Abgang von uns."

Der Knecht setzt sich gleich wieder an die Seite seiner Frau und hält ihr die Hand.

Sebastian Kneipp hat immer schon eine Schwäche für das Erkennen von Krankheiten gehabt. Er liest medizinische Bücher lieber als die Bibel. Er weiß mehr als so mancher Arzt seiner Zeit. Mit sicherem Blick beobachtet er die Magd Maria Döllriegel. Sie hat eingesunkene, schwarzumrandete Augen, eine spitze Nase, welke Haut und eine tonlose Stimme, wenn sie im Schmerz etwas sagt. Sie hat erbrochen und leidet an Krämpfen. Deutlich sind Symptome von Kreislaufversagen an ihr zu erkennen.

Der junge Kaplan wehrt sich in seinem innersten Inneren dagegen, diese hübsche, junge Magd fürs Sterben vorzubereiten. Er will nicht glauben, daß Gott so ein blühendes Leben zu sich nimmt. Rasch tritt er an die Liegestatt und fragt: „Hat die Kranke Durchfall?"

Der Ehemann nickt: „Wie Wasser!"

„Klagt sie sonst über etwas?"

„Sie leidet unter Wadenkrämpfen und hat immer Durst!"

Sebastian Kneipp sieht der Frau in die Augen. Und plötzlich kommt ihm ein schrecklicher Verdacht, als er fragt: „Waren in letzter Zeit Fremde hier?"

Verwundert antwortet der Knecht: „Ja, zwei Wanderburschen aus München haben bei uns ein paar Tage im Heu übernachtet. Das war vor zehn Tagen."

Wörishofen zu Lebzeiten von Sebastian Kneipp: Der Kurort weitete sich immer mehr aus

„Cholera!“ stößt Kneipp hastig hervor. „Ihre Frau hat die Cholera. Das bedeutet: Ganz Boos wird in den nächsten Tagen und Wochen von dieser Epidemie heimgesucht werden. Ihre Frau braucht sofort einen Arzt.“

Der Knecht sieht den Kaplan mit ausdruckslosen Augen an: „Ein Arzt kann nicht mehr helfen. Sie muß sterben. Es würde vier bis sechs Stunden dauern, bis wir einen Doktor hier hätten.“

Wieder schreit Maria Döllriegel auf und wirft sich von einer Seite auf die andere. Kneipps Gedanken wandern in seine Studienzeit zurück, als er selbst mit dem Tod rang und die Gewaltkur in der eiskalten Donau wagte...

„Es gibt noch eine Hoffnung“, murmelt er, richtet seinen Blick auf den Ehemann und meint dann: „Ich kenne da eine Methode, die schon vielen Menschen das Leben gerettet hat. Soll ich Sie versuchen?“

Der Ehemann und die umstehenden Kinder nicken.

Sebastian Kneipp hebt seine Kutte und steckt sie in die Hose. Jetzt kann er sich besser bewegen. Er krempelt die Ärmel hoch und ruft: „Ich brauche ein großes, dickes Leinentuch, einen Bottich mit heißem Wasser und einen Krug Essig. Aber rasch...!“

Während die Familie zum Schwenninger-Bauern hinüber eilt, entkleidet Kneipp die kranke Frau.

Keuchend betritt der Knecht Döllriegel die Scheune. Er bringt das Leinentuch. Hinter ihm die Kinder mit dem heißen Wasser und dem Essig. Kneipp mischt die Flüssigkeiten miteinander, legt das Tuch viermal zusammen und taucht es ein. Es ist brennheiß, als er es der Magd auf den Leib legt.

Es vergehen keine sechs Minuten, und die Krämpfe lassen nach. Erschöpft lehnt sich Maria Döllriegel ins Kissen zurück. Sebastian Kneipp taucht das Tuch wieder in den heißen Bottich und macht neuerlich Umschläge. Zwanzigmal während der ganzen Nacht müssen die Kinder das Wasser beim Bauern nebenan neu erhitzen. Alle Viertelstunden erneuert Kneipp die Leibauflage. Im Morgengrauen hören Durchfall und Erbrechen auf. Neun Stunden später konstatiert der Dorfarzt: „Die Frau ist wie durch ein Wunder außer Lebensgefahr!"

Als Sebastian Kneipp müde und abgekämpft den Schwenninger-Hof verläßt, küssen ihm die Frau und die Kinder des Anwesens die Hände. Für sie ist der neue Kaplan wie ein Heiliger.

Langsam wandert er ins Dorf zurück. Sein erster Weg führt ihn direkt in die Kirche. Vor dem Altar kniet er nieder. Sebastian Kneipp fühlt sich schuldig. Er hat vier Jahre zuvor am Münchner Gregorianum sein Wort gegeben, niemals mehr mit Wasser Krankheiten zu bekämpfen. Jetzt hat er dieses Wort gebrochen.

Kneipp blickt zum Gekreuzigten hoch. Da tauchen vor ihm die Augen des kleinen Jungen auf, der durch die Wasserkur seine Mutter wieder hat. In diesem Augenblick weiß der Kaplan, daß er niemals im Leben aufhören wird, seinen Mitmenschen mit der Heilkraft des Wassers zu helfen.

„Herrschaft noch einmal. Was glaubt's Ihr denn eigentlich?"

Der Dorfarzt von Boos, Dr. Deltzhammer, läßt seine rechte Faust auf den Wirtshaustisch sausen. Gespannt blicken ihn Männer und Frauen im „Goldenen Lamm" an. Der Arzt ist erregt: „Unser Dorf wird von der gefährlichen Cholera heimgesucht. Die Epidemie breitet sich aus und fordert Tote und Kranke. Und was macht Ihr? Ihr rennt zum Pfarrhof und bittet den jungen Kaplan um Hilfe. Wozu habt Ihr einen Doktor? Warum hört Ihr nicht auf meine Ratschläge?"

Ein Knecht springt auf einen Sessel und lacht: „Doktor, wir haben zu unserem Cholera-Kaplan mehr Vertrauen. Er hat schon viele von uns vor dem Tod gerettet. Euch, Doktor, sind gleich in der ersten Woche vier Leute unter der Hand weggestorben!"

Dr. Deltzhammers Stimme zittert vor Wut: „Ihr glaubt also einem Pfaffen mehr als einem studierten Mediziner! Ich kann über diese Dummheiten mit den Wasserumschlägen nur lachen. Und dann seine Predigten über Sauberkeit und Absonderung der Kranken. Lauter lächerlicher Mumpitz."

„Und die Heilerfolge?" Die Frage kommt aus mehreren Kehlen zugleich.

„Zufall, reiner Zufall, sonst nichts", wettert der Doktor und zieht sich gekränkt in eine Ecke des Gasthauses zurück, wo seine Freunde sitzen: der Großgrundbesitzer Julius Bäuerl und der Müllermeister Conrad Zahnrader.

Bei einer kräftigen Brotzeit halten sie Kriegsrat gegen Sebastian Kneipp.

„Das geht net so weiter", murmelt der Arzt. „Ich sitz' arbeitslos da, und der Kaplan geht seit vier Wochen von Haus zu Haus und wickelt die Leute in heiße, nasse Tücher ein und wird vergöttert. Der junge Pfaff muß weg. Ich sollte ihm ein Mißgeschick in seiner Methode nachweisen können, damit sich die Menschen nimmer von ihm behandeln lassen."

Julius Bäuerl brummt: „Aber da müssen wir uns beeilen, bevor die Epidemie vorbei ist. Sie flaut ja schon ab!"

„Und der Kneipp macht alle gesund. Der Teufel soll den Kerl holen. Wenn er doch einmal Pech hätte, damit alle wieder mehr an mich glauben."

Der Doktor lehnt sich zurück und blickt zur Zimmerdecke.

Kichernd fällt ihm der Müller Conrad Zahnrader ins

Wort: „Da seht Ihr es halt wieder. Ich bin ein echter Freund und denk an alles. Ich liefere Euch so einen Fall. Ihr wißt doch, daß der Kneipp vor ein paar Tagen bei uns war und meinen Knecht Siegfried Braxler behandelt hat. Er ist auch cholerakrank. Jetzt geht's ihm noch schlechter als vorher ..."

Dr. Deltzhammer fährt hoch: „Was hat der Kneipp falsch gemacht?"

„Gar nix. Aber das muß ja niemand wissen. Er hat dem Kranken die üblichen nassen Tücher aufgelegt. Aber meine Frau hält nichts davon. Sie hat sie dem Braxler nachher gleich wieder heruntergerissen. Wir haben dann den Kneipp auch nicht mehr ins Haus gelassen."

Der Doktor fragt: „Und was ist jetzt?"

Im selben Augenblick schwingt die Türe zur Wirtsstube weit auf. Kaplan Sebastian Kneipp steht vor den Leuten. Seine sonst so gütigen Augen sind ernst und eisig auf die Männer gerichtet. Dann heftet sich sein Blick auf den Müller: „Zahnrader, ich such Euch schon überall. Ich hab' gerade Schreckliches erfahren. Euer Knecht, der Braxler, ist vor einer halben Stunde verstorben. Es soll ein qualvoller Tod gewesen sein ..."

Der Arzt sieht seine Stunde gekommen. Er erhebt sich und ruft den Wirtshausgästen pathetisch zu: „Diese verdammte Wasserkur. Da habt Ihr's, Leute! Euer vielgepriesener Cholera-Kaplan hat einen Mann getötet. Ich hab's gewußt, daß es einmal so kommen wird. Kneipp, Sie gehören vor Gericht gestellt oder mit Schimpf und Schande aus dem Dorf gejagt. Der Braxler ist tot. Der Kaplan gibt es selbst zu ..."

Der Müller wimmert theatralisch: „Mein armer Knecht. Kneipp, was hast du getan?"

Sebastian Kneipps Gesichtszüge verhärten sich. Seine Stimme bebt leicht: „Der Herrgott im Himmel weiß, daß ich unschuldig bin am Tod des Braxler. Ich hab' getan, was in meiner Macht stand. Doch man hat mich nicht mehr zu dem Kranken gelassen. Ich weiß nicht, was mit ihm geschehen ist. Der Schuldige wird sich vor dem Allmächtigen eines Tages für diese verantwortungslose Tat rechtfertigen müssen."

Der Müller ist kalkweiß im Gesicht. Seine Lippen zittern: „Einmal wirst du für deine verfluchte Selbstherrlichkeit noch büßen müssen, Kneipp. Das schwöre ich dir . . .!"

Sebastian Kneipp macht kehrt und geht davon. Er weiß genau: Man wird in Boos vor keiner Intrige und Gemeinheit zurückschrecken, um ihn zu vertreiben.

„Seine Exzellenz lassen bitten!"

Die Stimme des Oberkämmerers hallt über den langen Korridor des Palais. Sebastian Kneipp betritt mit gesenktem Haupt den Prunksaal des Bischofs. Über München ziehen sich düstere Gewitterwolken am Himmel zusammen. Es ist ein Aprilmorgen des Jahres 1855.

Der Zorn des Bischofs entlädt sich über den jungen Kaplan wie Donnergrollen: „Kneipp, wir sind sehr befremdet über seine Affäre in Boos. Er hat ein ganzes Dorf in Aufruhr gebracht und das Ansehen der Kirche in ein dunkles Licht gezerrt. Er hat vergessen, daß Er Priester ist . . ."

Leise und zerknirscht entgegnet Sebastian Kneipp: „Exzellenz, ich bin mir keiner Schuld bewußt."

„Schweig' Er. Er hat gegen sein Versprechen wieder mit diesen albernen Wasserpritschlereien begonnen, hat Menschen vielleicht falsche Hoffnungen gemacht . . ."

„Aber Exzellenz! Ich habe Hunderte von Menschen gesundmachen können. Und Hunderte warten noch darauf. Das kann doch dem Herrn im Himmel nicht unerwünscht sein."

„Und die fahrlässige Tötung an dem Knecht Siegfried Braxler?"

„Exzellenz, das ist eine Verleumdung. Die gerichtliche Untersuchung hat meine Unschuld bewiesen. Der Knecht wurde nicht nach meinen Anordnungen behandelt. Man hat mir den Zutritt zu ihm verweigert!"

Der Bischof schneidet dem Kaplan das Wort ab. Er sieht ihn strafend an: „Tatsache ist, daß Er im Dorf Boos Unruhe gestiftet hat. Er hat sich nicht beliebt gemacht. Er ist Priester und kein Arzt. Das sollte Er sich merken. Die Cholera wäre auch ohne Ihn besiegt worden. Ein Kaplan soll im Stillen beten und dienen, nicht aber den Helden und Heiligen spielen. Wir haben beschlossen, Ihn aus Boos abzuziehen und Ihn zu versetzen. Er hat am 2. Mai seinen Dienst als Beichtvater bei den Dominikanerinnen in Wörishofen anzutreten. Er möge sich bessern. Und jetzt geh' Er...!"

Im Studierzimmer des Prof. Felix von Ziemseen im Gebäude der Münchner Universität brennt noch Licht. Dabei zeigt die Uhr schon weit über Mitternacht. Der Professor blättert nervös in einigen alten Büchern. Endlich hört er draußen hastige Schritte die Treppe hochkommen. Er erhebt sich und öffnet die Türe. Angetan mit einem Reisemantel, mit Zylinder und Schal, betritt sein junge Assistent Dr. Klaus Wevenitz den Raum.

„Endlich!" stößt der Professor hervor und hilft Dr. Wevenitz, den Mantel abzulegen. „Setzen Sie sich, mein Lieber. Sie kommen reichlich spät aus Wörishofen. Wozu habe ich für Sie das schnellste Gespann in München gemietet? Also los: Erzählen Sie. Was haben Sie herausbekommen über das Treiben des Kneipp?"

Dr. Wevenitz läßt sich erschöpft in einen Sessel fallen: „Herr Professor, es ist unfaßbar. Sie machen sich keinen Begriff, was sich in Wörishofen abspielt. Der Beichtvater hat den Ort auf den Kopf gestellt. Dabei ist er erst zwei Jahre dort in Amt und Würden. Er hat es tatsächlich fertiggebracht, in der Waschküche des Dominikanerklosters eine Kurbadeanstalt einzurichten. Man hat dort Brunnen gebaut und Bassins geschaffen, in denen die Leute mit nackten Füßen im kalten und heißen Wasser umherlaufen, sich abspritzen und Umschläge machen."

„Was sind das für Leute, die da mittun?" fragt der Professor, der zu den erbittertsten Feinden Sebastian Kneipps zählt.

Eifrig berichtet der Assistent: „Ich traute meinen Augen nicht. Sogar die Klosterschwestern sind begeistert und waten durchs Wasser, wenn sie krank sind. Sie loben Kneipp über den grünen Klee. Von weit und breit pilgern die Landwirte und Knechtsleute heran. Mitunter lagern sie tagelang rund um das Kloster, bis sie drankommen. Alle bringen ihre Leiden vor und werden mit Wasser und Kräutern behandelt."

„Was, mit Kräutern arbeitet er jetzt auch schon, der unechte Herr Doktor?" empört sich der Professor.

„Ja, und er hat so spezielle Verbote. Die Patienten müssen versprechen, den Alkohol und das Nikotin zu meiden. Er warnt vor fetten Speisen und wettert gegen die Medikamente. Er findet, daß der kranke Körper selbst Kraft finden muß, mit den Leiden fertigzuwerden. Er läßt die Leute auf nassen Steinen, auf frischgefallenem Schnee barfuß laufen. Er verbietet ihnen Strümpfe, gibt Diätanweisungen und stopft die Besucher mit Tees voll. Und sie himmeln ihn dafür an und müssen, wenn sie arm sind, nichts bezahlen!"

„Und seine Erfolge?"

Zögernd murmelt der Assistent: „Die sind enorm. Die Leute erzählen ungeheure Dinge. Sie glauben an die Wunderwirkung des Wassers..."

„Alles Schwindel, elender Schwindel. Ich werde diesem Kneipp das Handwerk legen. Wie kommen die Ärzte dazu, daß ein Nichtmediziner sich derart aufspielt? Wir müssen den Mann unschädlich machen."

Der Assistent nickt: „Das sagen der Apotheker und der Kreisarzt Dr. Stephan in Wörishofen auch. Ich habe mich mit den beiden zusammengetan. Sie werden mich schriftlich über die Geschehnisse im Dominikanerkloster auf dem Laufenden halten."

Die Augen des Professors leuchten auf: „Das ist gut. Das ist sehr gut. Wir brauchen Verbündete."

Dr. Wevenitz fällt ihm ins Wort: „Es gibt genug Leute, die den Beichtvater auslachen. Wenn er etwa die armen Waisenkinder barfuß über Wiesen und Felder laufen und sie im Bach Wassertreten läßt. Allerdings: Die Kleinen haben seither eine gesündere Gesichtsfarbe und sind weniger krankheitsanfällig."

„Zufall, nichts als Zufall, lieber Wevenitz."

Dr. Wevenitz richtet sich auf: „Es wird gar nicht schwer sein, den Kneipp zu erledigen. Man nennt ihn in Wörishofen den Wasserdoktor. Das ist eine strafbare Anmaßung."

Prof. Ziemssen klopft seinem Assistenten auf die Schulter: „Sie haben gute Arbeit verrichtet, mein Bester. Ich bin sicher: Die Ärzte werden geschlossen gegen Kneipp vorgehen. Wir werden diesen Priester wie einen Strohhalm knicken..."

Ächzend und stöhnend schlurft Erzherzog Joseph von Österreich durch sein Arbeitszimmer im Sommerschlössel am Rande von Budapest. Er hält sich mit beiden Händen den rechten Schenkel und stützt dann die Fäuste in die Hüften. Verärgert läßt er sich in einen Sessel sinken und betätigt die Tischglocke.

Der Diener ist sofort zur Stelle und verneigt sich: „Hoheit?“

„Geh’, sag’ Er meiner Tochter, der Prinzessin, sie soll sofort zu mir kommen und das Schreibzeug mitbringen.“

Zwei Minuten später erscheint Prinzessin Aglaja im Zimmer ihres Vaters: „Geht es dir net gut, Papa? Was kann ich für dich tun?“

Der Erzherzog deutet seiner Tochter, sich zu setzen: „Dieser verdammte Ischias bringt mich noch ins Irrenhaus. Du mußt dem Kaiser nach Wien schreiben. Ich kann net zur Audienz kommen. Ich sterb’ fast vor Schmerzen . . .“

Besorgt fragt die Prinzessin: „Soll ich den Dr. Tökölly aus Budapest kommen lassen?“

Der Erzherzog winkt ab: „Der Dr. Tökölly, das ist ein Depp. Der redet so viel und hilft mir net.“

„Vater“, bittet die Prinzessin mit ernster Miene, „dann erfüll’ mir doch endlich meinen Wunsch: Fahr doch einmal zu dem berühmten Sebastian Kneipp. Probier’s mit seiner Wasserkur. Man erzählt sich wunderbare Dinge über ihn. Ich glaub’ daran.“

Erzherzog Joseph seufzt gelangweilt: „Ja, ich hab’ gehört davon. Er hat angeblich Todgeweihte wieder gesund gemacht. Das sind doch Schauermärchen. Überall im Dominikanerkloster watscheln die Leute barfuß durch Wasserbecken; in der Waschküche und im Garten. Das muß ja heiter ausschauen. Ich hab’ gelesen, daß sie den Kneipp jetzt sogar zum Pfarrer von Wörishofen gemacht haben. Aber er hat auch viele Feinde. Die Ärzte wollen ihn unmöglich machen. Auch jetzt, wo in Deutschland die Kurierfreiheit für Naturheiler ausgerufen worden ist.“

„Vater, geh hin zu dem Pfarrer. Das ist mein einziger Geburtstagswunsch."

Der Erzherzog überlegt: „Also, recht gescheit schreiben tut er ja, der Kneipp. Ich hab' da ein paar Aufsätze von ihm übers Kranksein gelesen. Er soll ja auch in seinen Sprechstunden so gute Vorträge halten. Also, in Gottes Namen, fahr'n wir halt zum Kneipp nach Wörishofen. Vielleicht hilft's. Und wenns nix nützt, so kanns eigentlich net viel schaden...!"

Das Vierergespann mit der vergoldeten Karosse des österreichischen Erzherzogs Joseph trifft an einem Sommernachmittag des Jahres 1888 in Wörishofen ein. Die bayrische Gemeinde hat sich bereits zu einer schmucken Fremdenverkehrsstadt entwickelt. Überall reiht sich Gasthof an Gasthof. Man sieht Fremde aus ganz Europa. Die Wasserkuren des Pfarrer Kneipp haben den Ort berühmt gemacht.

Auf dem Weg zum Dominikanerinnenkloster erleidet der Erzherzog wieder einen bösen Ischiasanfall. Der Kutscher muß anhalten. Der Erzherzog windet sich in Schmerzen. Da horcht er auf und blickt zum Fenster aus der Kutsche hinaus.

Gegröhle und Schreie von Menschen nähern sich dem Wagen. Ein junges dunkelhaariges Mädchen wankt die Straße entlang. Ihr Kleid ist zerrissen, die Haare hängen ihr wirr ins Gesicht. Sie ist an den Armen und Beinen blutig. Männer und Frauen verfolgen sie und werfen Steine nach ihr. Und dann hört der Erzherzog eine Stimme brüllen: „Freche Hure, verschwinde! Aussätzige Teufelsbrut..."

Ganz nahe der königlichen Karosse bricht das Mädchen zusammen. Verzweifelt blickt es auf. Erzherzog Joseph sieht ihr ins Gesicht und erschrickt. Ihre Haut ist über und über mit Pusteln und Eitergeschwüren bedeckt.

Da hält ein Pferdewagen neben der vornehmen Kutsche. Ein stämmiger, hochgewachsener Priester mit dunklen, buschigen Brauen und einem geistvoll bewegten Gesicht springt heraus: „Was ist hier los?"

Seine Augen blitzen die Verfolger des Mädchens an. Sie weichen zurück. Einer stottert: „Sie ist eine Hexe. Sie ist aussätzig. Wir wollen sie vertreiben."

Der Priester hilft dem Mädchen auf die Beine. Sie murmelt: „Ich heiße Vera und bin Italienerin. Arbeite seit einer Woche als Kellnerin in einem Gasthaus. Vor drei Tagen begann diese böse Krankheit..."

Der Geistliche nickt: „Das ist ein hartnäckiger Hautausschlag. Komm mit mir. Ich mache dich gesund. Du hättest sofort Rat bei mir holen sollen."

Der Pfarrer steigt mit dem Mädchen ein. Die Pferde traben davon.

Prinzessin Aglajas Augen leuchten: „Ich kenne ihn von Bildern. Das war Pfarrer Kneipp, Vater."

Der Erzherzog wiegt seinen Kopf hin und her: „Also, ein Gehaben hat er wie ein Bierkutscher. Aber er scheint ein guter Mensch zu sein."

Pfarrer Sebastian Kneipp klopft dem Erzherzog freundschaftlich auf die Schulter: „Hoheit, es war höchste Zeit, daß Sie zu mir gekommen sind. Sie sind sehr krank. Der Ischias hat bereits den ganzen Körper erfaßt. Wir müssen eine Gewaltkur ansetzen. Sie hätten gleich am ersten Tag Ihrer Ankunft in Wörishofen damit beginnen sollen."

„Ich wollte mich eine Woche von der Reise erholen!"

Der Pfarrer lacht mit seiner Bärenstimme: „Sie haben Nerven, Hoheit. Also, jetzt los: Hosen ausziehen, Strümpfe und Schuhe runter und dann Wassertreten im

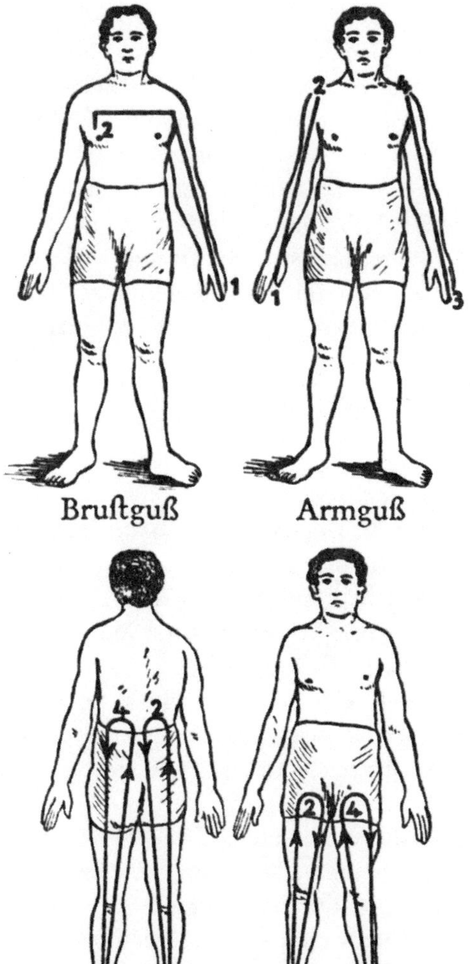

Kneipps Wassergüsse werden heute noch vielfach daheim und in Kurheimen angewandt eiskalten Wasser. Eine Schwester wird Sie in die Waschküche führen. Nachher werden Sie zwei Stunden im nassen Gras im Garten umherhüpfen. Die heißen Umschläge am ganzen Körper sind am Nachmittag an der Reihe!"

Der Erzherzog entgegnet laut: „Augenblick: Ich muß punkt zwölf Uhr im Gasthof ‚Zum Goldenen Kalb' sein. Dort habe ich Rebhühner zur Mittagstafel bestellt."

Pfarrer Kneipp hält sich den Bauch vor Lachen: „Hoheit, Sie machen wohl Spaß! Rebhühner? Daraus wird nix. Ab heute gibt's für Sie in Wörishofen Haferbrei, Milch und Brot, ein bißchen Honig und Sauerkraut, vielleicht ein paar Erdäpfel. Und von alledem nicht sehr viel. Verstanden?"

Der Erzherzog knurrt den Geistlichen an: „Was erlaubt er sich denn eigentlich? Wie redet er mit mir?"

Kneipp vergißt, wen er vor sich hat: „Jetzt paß' einmal auf, Hoheit. Du bist da, um gesund zu werden, gell? Wenn du nicht bald etwas gegen dein Ischias tust, dann bist du in zwei, drei Jahren ein toter Mann. Also hör auf mich, geh' brav in die Waschküche und hungere dich gesund. Oder geh' gleich wieder und stirb bald ..."

Dem Erzherzog Joseph bleibt die Sprache weg. Dann murmelt er: „Er hat wirklich das Benehmen eines Bierkutschers."

Er geht in die Waschküche. Dichtgedrängt waten dort Männer und Frauen aller Gesellschaftsschichten. Der Erzherzog zögert. Da steht Sebastian Kneipp hinter ihm: „Los, Hoheit, reih dich ein. Bei mir sind alle gleich, ob Bettler oder König."

Zornesröte steigt im Gesicht des Erzherzogs auf. Er steht schon im Wasser, macht wieder kehrt und stößt den Pfarrer beiseite: „Ich gehe! So eine Behandlung muß ich mir nicht bieten lassen von einem Landpfarrer."

Er will zur Umkleidekabine. Da sieht er ein Mädchen

mit schwarzen Haaren und einem Engelsgesicht. Der Erzherzog denkt nach und fragt das zarte Ding: „Bist du die kleine Italienerin Vera?“

Sie nickt verlegen.

„Wo ist dein schrecklicher Ausschlag geblieben?“

„Hochwürden Kneipp hat mich binnen einer Woche geheilt, mit der Wasserkur. Ich bin noch zur Nachbehandlung da“, antwortet sie leise und glücklich.

Erzherzog Joseph wendet sich bewundernd zu Sebastian Kneipp: „Herr Pfarrer, ich bin sprachlos. Ich muß Abbitte leisten. Sie sind ja ein Genie.“

Er steigt ins Wasserbecken und watet hinter einer alten Bäuerin auf und ab...

Drei Wochen später. Die königliche Karosse ist angespannt. Die Koffer sind schon aufgeladen. Prinzessin Aglaja und der Erzherzog verabschieden sich von Pfarrer Kneipp. Der Geistliche lacht: „Hoheit, Sie waren ein vorbildlicher Patient. Darum sind sie auch gesund geworden.“

Der Erzherzog schmunzelt: „Es ist ein wunderbares Gefühl, keine Schmerzen mehr zu haben. Mein Doktor in Budapest wird staunen. Lieber Kneipp, ich danke Ihnen. Und ich danke vor allem dem Bischof in München, der vor Jahren schließlich doch nachgegeben und die Experimente mit der Wasserkur in Wörishofen erlaubt hat. Sie werden sehen: Bald haben Sie gar keine Feinde mehr. Und wir beide bleiben Freunde. Mein Dank ist das hier...!“

Neugierig nimmt Pfarrer Kneipp aus der Hand des Erzherzogs eine Pergamentrolle. Er entfaltet sie. Darauf steht: „In Anerkennung der Verdienste Pfarrer Sebastian Kneipps um die Volksgesundheit haben Wir, Erzherzog von Österreich, uns entschlossen, in Wörishofen für die

Kosten einer modernen Badeanstalt aufzukommen. Sie soll 1890 fertiggestellt sein."

Sebastian Kneipp strahlt vor Glück. Er stammelt einige Dankesworte. Der Erzherzog besteigt schnell mit seiner Tochter die Kutsche und fährt ab. Immer wieder liest Kneipp das Pergament.

Da stürzt ein Laienbruder aus seinem Mitarbeiterstab auf ihn zu. In höchster Erregung vermeldet er: „Herr Pfarrer, etwas Entsetzliches ist geschehen. Eine Depesche vom Bischof ist eingetroffen. Sie müssen sofort zu ihm. In München hat man gegen Sie ein Gerichtsverfahren eingeleitet. Es wird einen Prozeß geben. Wegen Kurpfuscherei. Jetzt haben die Ärzte doch noch ihr Ziel erreicht."

Sebastian Kneipp atmet schwer und faltet die Hände. Leise sagt er: „Was keinen Kampf kostet, taugt nichts!"

Dichtgedrängt sitzen an die 300 Menschen im Tanzsaal des Wirtshauses „Zum Goldenen Kalb" in der bayerischen Gemeinde Wörishofen. Der Richter hat die Verhandlung gegen den Pfarrer Sebastian Kneipp von seinem kleinen Amtszimmer wegen des Andranges hierher verlegen müssen. Männer und Frauen sitzen auf Sesseln, Bänken, Fässern und Kisten. Sie haben Würste, Brote und Getränke mitgenommen. Keiner aus der näheren und weiteren Umgebung will sich das Schauspiel entgehen lassen. Die Bauern, die Kaufleute, die Pensionsbesitzer und die Fuhrwerker: Sie halten dem Pfarrer die Daumen. Sie lieben ihn. Sie verehren ihn. Irgendwann hat Kneipp jedem von ihnen einmal mit seiner Wasserkur geholfen.

In der vordersten Reihe sitzen die Feinde, die Neider: der Apotheker Max Broninger und der Kreisarzt Dr. Johann Stephan samt Frauen und Gesinde. Neben ihnen Prof. Felix Ziemssen aus München mit seinem Assistenten Dr. Klaus Wevenitz. Sie wollen die Verurteilung Kneipps miterleben. Sie wollen Zeuge sein, wenn der Kurbetrieb in Wörishofen ein für allemal verboten wird.

Sebastian Kneipp, stämmig, mit dunklen, buschigen Augenbrauen, sieht bleich aus. Er ist nervös, kann sich aber beherrschen. Er hält die Hände gefaltet und betet leise vor sich hin. Er hat über eine Stunde zum Richter gesprochen. Er hat von seinen Erfahrungen mit der Wasserkur berichtet, hat von den Erfolgen erzählt und Fälle genannt. Dann haben seine Feinde, danach die Anhänger gesprochen. Insgesamt waren es 113 Zeugen, die für ihn aussagten, und 23 Zeugen, die gegen ihn sprachen.

Die Leute im Tanzsaal sind schon unruhig. Die Beratung des Gerichtes im Extrazimmer des Wirtshauses dauert schon über eine Stunde.

Endlich wird die Türe aufgestoßen. Das Publikum beginnt zu raunen. Der Richter erreicht seinen Tisch als erster. Er bittet seine Beamten, die Sachverständigen aus München und Wien sowie die Schreiber, stehenzubleiben. Dann schlägt er mit der rechten Faust auf die Tischglocke und gebietet Ruhe. Er angelt aus seinem weiten Talar ein Schriftstück und beginnt feierlich zu lesen: „Nach reiflicher, ehrlicher Überlegung und nach gewissenhafter Beratung des Falles Sebastian Kneipp unter Zuziehung fachmännischer medizinischer Experten und unter Anhörung von Zeugen für und gegen den Angeklagten ist das Hohe Gericht zu der Meinung gekommen: Pfarrer Kneipp ist für seine Ausübung der sogenannten Wasserkur zur allgemeinen Volksgesundheit nicht als Kurpfuscher, Quacksalber oder Scharlatan zu bezeichnen. Es ist ihm in keiner seiner Handlungen ein Vergehen gegen das Leben und die Moral des Menschen anzulasten. Das Hohe Gericht spricht Pfarrer Sebastian Kneipp daher für nicht schuldig . . .!"

Einen Augenblick ist es totenstill im Saal. Die selbstsicheren, sonst so triumphierenden Gesichter des Apothekers, des Kreisarztes und des Professors erstarren zu grimmigen Masken. Die Herren erheben sich spontan und bahnen sich fluchend, gefolgt von ihren Frauen, einen Weg durch die Menge.

Dann bricht ein Begeisterungssturm los. Männer und Frauen erheben sich gleichzeitig von ihren Sitzen. Sie stürzen zum Richtertisch. Sie umarmen den glücklichen Pfarrer. Sie packen ihn und drehen ihn wie im Tanz. Sie drängen sich an ihn und küssen ihn. Plötzlich haben viele von ihnen Blumen in Händen und bewerfen den Pfarrer damit. Sie lachen und weinen vor Freude. Sie rufen immer wieder: „Es lebe Pfarrer Kneipp! Es lebe Pfarrer Kneipp ...!"

Ehe sich Kneipp versieht, wird er auf die Straße getragen. Draußen warten Tausende Menschen und jubeln ihm zu. In einem triumphalen Zug trägt man den Wasserdoktor durch Wörishofen und setzt ihn vor dem neuen Kurhaus ab. Kneipp ist gerührt. Er, der sonst bei seinen Vorträgen kein Lampenfieber zeigt, bringt kein Wort hervor. Er winkt nur dankend und geht durch seine prächtige Badeanstalt mit den Auskleidekabinen, den Warte- und Bewegungsräumen, den Wandelräumen und dem Speisesaal, dem Turnplatz und dem Untersuchungszimmer. Sebastian Kneipp lehnt sich gegen die Wand des Gebäudes und schließt die Augen: Er hat sein Ziel erreicht. Er ist anerkannt. Vor Gericht sind zehn Ärzte für ihn eingetreten und haben sich zu einer Wasserkur bekannt. Wörishofen ist ein Pilgerzentrum für Kranke und Hoffnungssuchende geworden.

Jäh aber verspürt Kneipp einen Schmerz im Herzen. Die Kirche ist ihm nicht gut gesinnt. Sein bisheriges Werk wird nicht geschätzt. Man will ihm nun von Seiten des Klerus seine Kurtätigkeit verbieten. Das weltliche Gericht hat Kneipp freigesprochen. Doch das letzte Wort hat der Bischof. Der aber will den Pfarrer gleich nach der Verhandlung in München sehen. Sebastian Kneipp weiß: Das ist vielleicht das Ende. Er will Priester bleiben. Also muß er sich dem Willen des Vorgesetzten beugen. Der Pfarrer von Wörishofen wird von sorgenvollen Gedanken gequält. Er hat unter der Hand erfahren, daß da der Plan besteht, ihn in ein einsames Kloster in den Bergen zu versetzen...

Es ist sieben Uhr morgens, als Pfarrer Sebastian Kneipp zum dritten Mal in seinem Leben das prunkvolle Zimmer des Bischofs betritt. Wieder stehen einander zwei Erzfeinde gegenüber.

Der Bischof ist hochrot im Gesicht: „Kneipp, wir haben Ihn hierherbitten lassen, weil wir ein für allemal ein ernstes Wort mit Ihm zu reden haben. Wir sind von Ihm zutiefst enttäuscht. Wir hatten gedacht, daß Er aus freien Stücken seine Wasser-Forschungen aufgeben würde. Aber Er ist ein Dickschädel...!"

Sebastian Kneipp murmelt flehend: „Exzellenz, darf ich darauf hinweisen, daß mich das Gericht freigesprochen hat. Ich bin ein anerkannter Naturheiler. Ärzte schicken mir Glückwunschtelegramme..."

Die Stimme des Bischofs klingt zornig: „Das weltliche Urteil ist mitunter voller menschlicher Irrtümer und gilt nicht vor Gott. Er, Kneipp, lebt nicht das Leben eines wahren Priesters. Er ist von Eitelkeit verdorben. Er läßt sich von den Menschen feiern, umjubeln und anbeten. Er besitzt die Unvermessenheit und schreibt Bücher über Seine Wassermethode. Und wie Er diese nennt: Mein Testament. Meine Wasserkur. Immer nur heißt es: Ich, ich, ich! Und dieser Dr. Alfred Baumgartner, den Er in seiner

Anstalt beherbergt, stiftet Ihn noch zu weiteren Schriften an. Ich verstehe das nicht, Kneipp. Er hält Vorträge in großen Städten. Er hat sich nach der Gerichtsverhandlung wie ein Monarch feiern lassen. Findet Er das nicht auch höchst unpriesterlich und sensationslüstern? Kann Er nicht im Stillen wirken?"

„Exzellenz", bemüht sich Kneipp zu erklären, „mein Name ist mit der Wasserkur eng verbunden. Die Menschen glauben an mich. Sie hören auf mich. Und sie werden gesund. Da ist es doch meine Pflicht . . ."

„Schluß mit der Debatte", unterbricht ihn der Bischof, „Wir haben uns den Fall genau durch den Kopf gehen lassen. Und wir sind zu dem Schluß gekommen, daß eine höhere Stelle die endgültige Entscheidung treffen soll. Wir haben seinen Fall an den päpstlichen Sekretär in Rom weitergeleitet. Der Heilige Vater wird das Urteil sprechen."

„Exzellenz . . .!" entfährt es Kneipp entsetzt. Er weiß, daß man ihn in Rom verdonnern wird. Man kennt ihn dort gar nicht und ist auf die Berichte des Bischofs angewiesen.

Scharf klingt die Stimme des kirchlichen Vorgesetzten: „Wir haben schon Antwort aus dem Vatikan. Der Papst erwartet Ihn zur Audienz. Er hat sich am 17. Oktober in den Räumen des Heiligen Vaters einzufinden. Dort wird sich Sein künftiges Schicksal entscheiden."

Ein wunderschöner Herbsttag liegt über Budapest und Umgebung. Erzherzog Joseph von Österreich hat für die Abreise nach Wien, wo er überwintert, alles vorbereitet. Er sitzt an seinem zierlichen Schreibtisch und liest die Post. Sein Gesicht hellt sich auf, als er den letzten Brief vom silbernen Tablett nimmt.

„Das ist eine Freud'. Der Pfarrer Kneipp schreibt mir

wieder einmal. Wir müssen ihn eigentlich im kommenden Sommer besuchen!"

Prinzessin Aglaja blickt von ihrem Buch auf, in dem sie liest: „Was schreibt er dann, der Pfarrer Kneipp?"

Der Erzherzog überfliegt gerade den langen Text. Seine Miene verdüstert sich. Er beginnt zu murmeln, unwillig den Kopf zu schütteln und schimpft schließlich los: „Verflixte Teufelsbrut. Elende Welt. Zum Kuckuck mit den Neidern. So eine Frechheit."

Die Prinzessin sieht ängstlich ihren Vater an. Der Erzherzog erhebt sich und durchmißt mit weiten Schritten das Zimmer. Dabei schnaubt er: „Der Pfarrer ist mit den Nerven völlig herunter. Er fragt mich um Rat. Er trägt sich mit dem Gedanken, alles aufzugeben und sich in ein Kloster zurückzuziehen."

„Was ist denn geschehen, Vater?"

„Man hat ihn vor Gericht freigesprochen. Aber der Bischof hat ihn verdonnert und eine Beschwerde an den Papst weitergeleitet. Er will dem Heiligen Vater die Entscheidung abtreten. Und der Kneipp fürchtet, daß der Papst ihn rügen und strafversetzen wird. Dann ist die Wasserkur für immer gestorben."

„Was wirst du tun, Vater?"

„Ich werde dem Kneipp natürlich helfen. Er ist mein Freund. Und er wird ungerecht behandelt. Aglaja, hol' Tinte und Feder. Wir schreiben dem Kaiser in Wien, daß er uns einen reitenden Kurier zur Verfügung stellt. Der muß eine Depesche von mir zum Papst bringen. Der Heilige Vater muß rechtzeitig über die wunderbaren Heilungen des Pfarrers Kneipp aufgeklärt werden. Er muß wissen, was dieser Mann gegen Mißgunst und Neid für die Gesundheit der Menschen leistet."

Die Prinzessin steht in der Türe, als sie fragt: „Wann muß denn der Kneipp zum Papst?"

„Am 17. Oktober ist die Audienz. Wir müssen also in wenigen Tagen abreisen..."

Aglaja reißt die Augen auf: „Wir müssen reisen? Was bedeutet das?"

Die Stimme des Erzherzogs klingt selbstverständlich: „Wir reisen mit Sebastian Kneipp in unserer Kutsche. Er braucht in seiner schweren Stunde aufrichtige Freunde an seiner Seite...!"

Klirrend zersplittern die Auslagenscheiben der Apotheke in Wörishofen. Zahllose Steine krachen gleichzeitig gegen hölzerne Türläden. Verängstigt und zitternd tritt der Apotheker Broninger auf die Straße: „Seid ihr wahnsinnig geworden, Leute. Was wollt Ihr von mir? Ich hab' Euch doch nichts getan. Ist eine Revolution ausgebrochen?"

Ein junger Bauer tritt vor: „Halt dein Maul, Apotheker. Ich sag' dir gern, was wir von dir wollen. Du sollst dich aus unserem Ort rausscheren. Aber bald. Und nimm, wenn's geht, auch deine Freunde mit. Wörishofen steht geschlossen hinter dem Pfarrer. Er ist ein Retter der Menschheit. Und wer ihn net mag, der hat bei uns nix verloren."

Wieder fliegen einige Steine durch die Luft und landen vor den Beinen des Apothekers. Er flüchtet ins Haus, schreit aber zornig. „Paßt nur auf: Bald wird euer geliebter Pfarrer von seiner obersten Kirchenbehörde für sein Tun bestraft werden. Und dann ist es mit eurer Wasserkur zu Ende..."

Der Apotheker packt noch in der selben Stunde die Koffer und verläßt unter dem Spott und Gelächter der Bevölkerung den Ort...

Feierliches, brausendes Glockengeläute schwingt über dem Petersplatz in Rom. Es ist ein strahlender Vormittag des 17. Oktober 1893. Im Hof des päpstlichen Palastes warten Reisegruppen aus aller Welt auf die Massenaudienz. Noch aber sind die Privataudienzen nicht beendet. Die breite und hohe Flügeltüre des Audienzsaales öffnet sich langsam und leise. Mehrere Sekretäre des Heiligen Vaters winken dem bayrischen Pfarrer Sebastian Kneipp und dem österreichischen Erzherzog Joseph zu. Beide nähern sich mit gefalteten Händen und gesenkten Häuptern Papst Leo XIII., der sie auf seinem in Gold gearbeiteten Stuhl empfängt.

Der Pfarrer und der Habsburger küssen den Ring des Papstes und knien nieder. Leo XIII. winkt beiden und deutet ihnen, sie mögen sich erheben. Leise wendet er sich an Sebastian Kneipp: „Wir haben in den letzten Tagen viel von Ihm gehört...!"

Kneipp stammelt: „Ich bitte um Gnade, Euer Heiligkeit..." Unbeirrt fährt der Papst fort: „Wir haben Euer Wirken verfolgt und Kunde von kirchlichen Sendboten in Wörishofen eingeholt. Auch der Bischof in München und der österreichische Herzog haben Uns berichtet..."

Verwirrt blickt Sebastian Kneipp den Heiligen Vater an. Er ist auf ein hartes Urteil gefaßt.

Der Papst winkt einem seiner Sekretäre. Der tritt vor, öffnet deine Schatulle, entnimmt ihr einen Orden und eine Papyrusrolle. Er hängt den Orden dem Pfarrer um. Und der Heilige Vater spricht feierlich: „Wir haben beschlossen, Euch, Pfarrer Kneipp, in Anbetracht Eurer Verdienste und Eures ehrlichen Kampfes um das Leben der Menschen zum Geheimkämmerer zu ernennen und Ihm das Komturkreuz vom Orden des Heiligen Grabes zu verleihen. Trage Er den Titel und den Orden in Ehren. Seine Arbeit sei gesegnet!"

Pfarrer Sebastian Kneipp fällt auf die Knie. Dem so harten und robusten Mann, der jetzt 69 Jahre alt ist, laufen die Tränen der Freude und der Rührung über die Wangen. Die Feierlichkeit der Stunde bewegt ihn sehr. Und Erzherzog Joseph freut sich, daß er zu diesem Sieg Kneipps beitragen konnte. Sebastian Kneipp hat sein Ziel erreicht: Kirche und Mitwelt haben seine Wasserkur bestätigt. Sein unbeirrbares Ringen um seine Naturheilmethode hat sich gelohnt. Er weiß, daß er in Wörishofen wie ein König empfangen werden wird...

Vier Jahre darf Kneipp seinen Triumph auskosten.

Die berühmtesten Ärzte suchen Rat bei ihm und bestaunen seine Badeanstalt. Aus der ganzen Welt kommen Kranke und Heilungsuchende. Der Pfarrer schreibt noch mehrere Bücher und ist mit vielen Universitäten in schriftlichem Kontakt. Das „Kneippen" ist modern geworden. Ärzte schicken ihre Patienten nach Wörishofen.

Wenige Tage nach seinem 77. Geburtstag erleidet Sebastian Kneipp einen Erschöpfungsanfall. Wasserbäder helfen ihm nicht. Er muß sich hinlegen und mehrere Tage das Bett hüten. Die Ärzte, die nunmehr mit ihm in seiner Badeanstalt kurieren, untersuchen ihn gründlich. Sie erkennen, daß es keine Hilfe mehr gibt. Sebastian Kneipp leidet an Alterskrebs, der – unheilbar – sein Vernichtungswerk fortsetzt.

Am Morgen des 17. Juni 1897 weiß Kneipp, daß es mit ihm zu Ende geht. Stockend flüstert er seinem Arzt Dr. Alfred Baumgarten zu: „Ich hab' soviele Jahre meines Lebens um diese Badeanstalt und um die Wasserkur kämpfen müssen. Ich habe Angst, Doktor, daß mit meinem Tod alles wieder in Vergessenheit geraten könnte..."

Da lächelt der Doktor, deutet zum Fenster hinaus in

den Hof, wo bereits wieder zahllose Patienten Wassertreten und Übergüsse vornehmen: „Nein, lieber Pfarrer: Diese Sorge braucht Sie nicht zu bedrücken. Die Kneippsche Wasserkur ist nicht mehr unterzukriegen."

„Wie schön!" lächelt Sebastian Kneipp matt.

Dann sinkt sein Oberkörper im Bett zurück. Der „Wasserdoktor von Wörishofen" faltet mühsam seine Hände und stirbt in unhörbarem Gebet...

Die erfolgreiche Lehre von der Wasserheilkunde

Sebastian Kneipp war durch seine Würde als Priester, durch seine volkstümliche Sprechweise, durch seinen derben Humor, durch sein ungekünsteltes Benehmen und durch seine innere Sicherheit bestens geeignet, ein beliebter Volksgesundheitslehrer zu sein. So konnte er durch seine Methode, durch seine Vorträge und Bücher die körperliche und seelische Gesundheitspflege tief in die Bevölkerung hineintragen. Er verlangte die Rückkehr zu einfacheren Lebensbedingungen und betonte immer wieder, daß Vorbeugen besser als Heilen sei.

Es lag Kneipp nicht, gegen ärztliche Methoden oder ärztliche Persönlichkeiten kämpferisch vorzugehen. Im Gegenteil: Er suchte immer danach, Ärzte für die Wasserheilkunde und zur Mitarbeit anzuregen. Mehr noch: Er hätte die Wasserheilkunde gern den Schulmedizinern abgetreten. Einmal schrieb er: „Ich habe selbst nichts sehnsüchtiger gewünscht, als daß ein Mann, von Beruf ein Arzt, mir diese drückende schwere Last abgenommen hätte, und ich trage kein innigeres Verlangen und Wünschen, als daß endlich Leute vom Fach allgemeiner und umfassender auch die Wasserheilkunde gründlich studieren und in die Hand und Aufsicht nehmen mögen..."

Sebastian Kneipp sah seine Aufgabe vor allem darin, dort, wo weder Arzt noch Apotheker zur Verfügung standen, zu helfen: nämlich bei den einfachen und armen Leuten auf dem Lande.

Genau wie bei seinen naturheilkundlichen Vorgängern finden wir auch bei Kneipp eine Krankheitslehre, die von der Anerkennung einer Naturheilkraft und von der Bedeutung der Säfte ausgeht. Im Gegensatz zur naturwissenschaftlichen Medizin, die sich damals ausschließlich der Organbetrachtung widmete, predigte Kneipp, daß der menschliche Körper eine harmonische Einheit darstelle, was in der Behandlung stets zu berücksichtigen sei. Man müsse zwar das kranke Organ besonders gezielt behandeln, aber zugleich auch den übrigen Körper als mitleidenden Teil mitbehandeln.

Alle Krankheiten – behauptete Sebastian Kneipp – hätten ihre Ursache im Blut. Entweder zirkuliere das Blut mangelhaft, oder aber es sei falsch und schlecht zusammengesetzt oder mit schädlichen Stoffen angereichert. Die in den Säften und im Blut vorhandenen Schädlichkeiten entstünden durch Genuß von Alkohol, von Reizmitteln und von übermäßiger und unvernünftiger Nahrung. Eine besondere Voraussetzung der Krankheit sei die Verweichlichung des Körpers. Die Wasserheilkunde sieht es also als ihre größte Aufgabe an, den Organismus des Menschen zu kräftigen.

Kneipp probte alle Wasseranwendungen an sich selbst. Dadurch bekam er eine klare und sichere Beziehung zu seiner Methode. War er am Anfang mit dem Wasser sehr radikal und hart, so wich der Strenge eine Milde der Behandlung. Der „Wasserdoktor“ war der Ansicht, daß mit Wasser alle heilbaren Krankheiten aus der Welt geschafft werden können. Auch Geistes- und Gemütsleiden. Weiters vertrat er die Auffassung: Je kälter das Wasser sei, umso besser wirke es. Allerdings müßte man anfangs, weiters bei Schwächlichen und älteren Menschen sowie bei speziellen Leiden laues bis warmes Wasser einsetzen. Niemals durfte bei Kneipp jemand mit kaltem Wasser behandelt werden, wenn ihm kalt war oder ihn fröstelte.

Seine Erfahrungen und Erkenntnisse hinterließ Kneipp in seinen beiden grundlegenden Schriften „Meine Wasserkur", 1886, und „So sollt Ihr leben", 1888. Darin begründete und erläuterte er seine Heilmethoden mit dem ausdrücklichen Wunsch, sie nicht als Dogma aufzufassen, sondern zum Wohl der Menschen schöpferisch weiterzuentwickeln, wenn er auch darum bat: „Haltet mir meine Lehre rein!"

Sebastian Kneipp lehrte vor allem: Die Krankheit entsteht durch eine Schwächung der menschlichen Naturkraft, im Ganzen oder in einzelnen Teilen. Aufgabe der Krankheitsbehandlung sei es, die Naturkraft und ihre Gesamtleistung wieder herzustellen. Für Kneipp war die Heilung einer Krankheit ohne Mitwirkung der Natur nicht möglich. Und er war der Ansicht, daß dabei als optimales Heilmittel das Wasser einzusetzen ist. Er entwikkelte eine Reihe von Wassermethoden im Kampf gegen Schmerzen und Leiden. Diese einfachen Maßnahmen gibt es noch heute.

Das ist aus der Lehre heute geworden

Sebastian Kneipp und seine Wasserheilmethode darf als die erfolgreichste Naturheilmaßnahme bezeichnet werden, die sich bis in unsere Zeit erhalten und stark durchgesetzt hat. Heute werden die Lehrgrundsätze von Kneipp in Kneipp-Kurorten und in Kneipp-Sanatorien unter Aufsicht von ausgebildeten Fachkräften ausgeübt.

Die Ideen des Pfarrers Kneipp werden vor allem von begeisterten Anhängern seiner Lehre gepflegt. Dafür hat sich noch zu Lebzeiten Kneipps der Kneipp-Bund gegründet. Heute besteht dieser Verein aus über 80.000 Mitgliedern in rund 500 deutschen Ortsvereinen. Der Kneipp-Bund verfolgt ein Gesundheitsprogramm und fordert immer wieder bei seinen Gesundheits-Wochen und Seminaren: gesunde Ernährung, Anwendung von kaltem und warmem Wasser, die Schaffung von mehr Gesundheitseinrichtungen in Stadt und Land, Ausbildung von Pädagogen in der Gesundheitspflege durch die Einführung eines Pflichtfaches an den Hochschulen, Einschränkung der Werbung für Genußmittel, wirksame Maßnahmen zur Reinerhaltung von Wasser, Luft und Boden.

Mitglieder des Kneipp-Bundes haben die Möglichkeit für ermäßigte Naturheilkuraufenthalte, für Ferien mit Gesundheitslehrgängen, praktische Kurse für Ernährungslehre zu besuchen und an vielen einschlägigen Vorträgen teilzunehmen.

In der Bundesrepublik Deutschland existieren Kneipp-Heilbäder in folgenden Gemeinden: 6748 Bad Bergzabern, 5920 Berleburg/Sauerland, 8582 Bad Berneck, 4505 Bad Iburg/Teutoburger Wald, 3500 Kassel-Wilhelmshöhe, 5928 Laasphe/Sauerland, 3422 Bad Lauterberg/Harz, 2427 Malente-Gremsmühlen, 5439 Bad Marienberg/Westerwald, 5358 Bad Münstereifel im Rheinland, 7770 Überlingen am Bodensee, 8937 Bad Wörishofen als wohl berühmtester Kneipp-Kurort mit zwei Kurhotels, drei Kursanatorien, 18 Kurpensionen und 60 Kurheimen.

Als Kneipp-Kurorte in der Bundesrepublik Deutschland gelten 3118 Bevesen, 5407 Boppard/Rhein, 6277

Camberg/Taunus, 5568 Daun/Eifel, 3569 Endbach/Hessen, 3032 Fallingbostel/Lüneburger Heide, 8958 Füssen-Bad Faulenbach, 6412 Gersfeld/Rhön, 8944 Grönenbach im Allgäu, 8973 Hindelang im Allgäu, 7828 Neustadt/Schwarzwald, 8980 Oberstdorf im Allgäu, 8942 Ottobeuren im Allgäu, 8961 Oy im Allgäu, 7605 Bad Peterstal im Schwarzwald, 8210 Prien/Chiemsee, 7822 St. Blasien/Schwarzwald, 7294 Schönmünzach im Schwarzwald, 7730 Villingen im Schwarzwald, 7808 Waldkirch im Breisgau, 3391 Wildemann/Harz, 4401 Wolbeck bei Münster.

Kneipp-Sanatorien in der Bundesrepublik Deutschland gibt es in 5416 Arenberg üb. Koblenz, 3353 Bad Gandersheim/Harz, 6430 Bad Hersfeld/Fulda, 7341 Bad Überkingen/Württemberg, 7967 Bad Waldsee/Württemberg, 7292 Baiersbronn/Württemberg, 4924 Barntrup/Lippe, 2852 Bederkesa/Nordseenähe, 3389 Braunlage/Harz, 8801 Burgbernheim/Mittelfranken, 7290 Freudenstadt im Schwarzwald, 3130 Grabow über Lüchow, 4830 Gütersloh, 5238 Hachenburg/Westerwald, 3393 Hahnenklee/Oberharz, 8980 Hirschegg – Kleines Walsertal, 4931 Holzhausen-Externsteine, 8959 Hopfen am See im Allgäu, 8909 Krumbad üb. Krumbach, 3140 Lüneburg, 3550 Marburg/Lahn, 8961 Mittelberg-Oy, 7021 Musberg bei Stuttgart, 8203 Niederaufdorf am Inn, 2151 Nottensdorf/Niederelbe, 8974 Oberstaufen, 5455 Regensdorf üb. Neuwied, 3424 St. Andreasberg/Harz und 8124 Seeshaupt/Oberbayern.

In der Schweiz stehen Kneippanhängern folgende Kneipp-Sanatorien und Kurheime zur Verfügung: in 5707 Seengen/Kanton Aargau, 6263 Richenthal/Kanton Luzern, in Sernes bei Klosters/Kanton Graubünden und in Interlaken.

In Österreich gibt es in jedem Bundesland mehrere

Kneipp-Kuranstalten. Und zwar in 9322 Hirt, 9640 Kötschach, 9122 Klopeinersee, 9622 Weißbriach, 9521 Treffen bei Villach, 9435 Post Dellach im Gailtal, 9583 Faak am See, 2842 Edlitz, 2734 Puchberg am Schneeberg, 2680 Semmering, 3100 St. Pölten, 4813 Altmünster, 4190 Bad Leonfelden, 4810 Gmunden, 4902 Wolfsegg, 5422 Dürnberg/Hallein, 5084 Großgmain, 5412 Puchberg/Thurnberg, 5450 Werfen, 8990 Bad Aussee, 8301 Laßnitzhöhe bei Graz, 8983 Mitterndorf, 6080 Igls, 6370 Kitzbühel, 6060 Solbad Hall, 7123 Mönchhof, 6793 Gaschurn-Montafon, 6992 Hirschegg/Kleines Walsertal, 6800 Feldkirch-Nofels und 6942 Krumbach im Bregenzerwald.

Abgesehen von den vielen Anstalten, die heute die Lehre des „Wasserdoktors von Wörishofen" Sebastian Kneipp zum Wohle der Patienten anwenden, hat sich vieles vom Gedankengut dieses populären Naturheilers in den Privathaushalten erhalten. Viele unserer bewährten Hausmittel sind Kneippsche Kurmethoden. Sie werden heute mehr denn je praktiziert. Die klassischen Formen der Kneipp-Methode sollen darum hier angeführt werden. Sie sind alle aus der modernen Naturheilbehandlung nicht wegzudenken. Es ist längst nachgewiesen, welch feindosierten Einfluß alle Wasserverfahren auf das vegetative Nervensystem und auf den ganzen Organismus haben. Im Mittelpunkt der Wasserbehandlung steht die Reaktion. Kreislauf, Stoffwechsel und Nervensystem sowie seelische Verfassung werden positiv beeinflußt. Wichtig ist, daß der Körper vor der Kneipp-Anwendung sehr gut durchwärmt ist.

Die Ganzwaschung

Der Kranke steht außerhalb des Bettes. Außer Gesicht und Kopf wird der ganze Körper gewaschen. Nach dem Frottieren ist Bettruhe angebracht.

Die Oberkörperwaschung

Mit dem nassen Lappen streicht man sich den rechten Handrücken, gleitet an der Außenseite des Armes empor bis zur Schulter, kehrt auf der Innenseite des Armes zur Hand zurück und wäscht dann wieder an der Innenseite empor zur Achselhöhle. Dann wäscht man den Hals. Ihm folgen in Längsstrichen die Brust, der Leib, die Seiten und die Hüften. Zuletzt kommt die Rückenpartie dran. Der Lappen muß dabei immer wieder neu befeuchtet werden. Anschließend wird nicht abgetrocknet, sondern sofort das Bett aufgesucht. Diese Maßnahme hilft bei Bronchitis, Angina, Verkühlungen, Rachenkatharr, Schnupfen und Neurasthenie. Bei schweren Erkrankungen muß jedoch der Arzt zu Rate gezogen werden.

Die Unterkörperwaschung

Die Waschung beginnt am rechten Fußrücken. Man streicht mit dem nassen Lappen an der Außenseite des Beines bis zu den Hüften und kehrt über die Leistengegend an der Innenseite des Beines zum Fuß zurück. Nicht vergessen: Auch die Fußsohle muß mitbehandelt werden. In Auf- und Abwärtsstrichen wird die Rückseite des Beines gewaschen. Anschließend muß der Kranke fest ins Bett gepackt werden. Damit gibt es Erfolge bei Krampfadern, Stauungen, Beingeschwüren, Venenentzündungen, Stoffwechsel- und Blutzirkulationsstörungen.

Die Mantelabreibung

Die Mantelabreibung ist eine Ganzabreibung und sollte nur bei kräftigen Menschen durchgeführt werden. Ein großes Tuch, das vom Hals bis zu den Füßen reichen muß, wird in kaltes Wasser getaucht. Der Kranke steht mit erhobenen Armen neben dem Wasserbehälter. Ganz naß wird das Tuch einmal um ihn geschlungen. Dann senkt er die Arme und legt sie eng an den Körper. Jetzt wird das Tuch ein zweites Mal um ihn geschlungen und mit dem freien Ende derart am Hals befestigt, daß es ganz dicht anliegt. Mit kräftigen und langen Strichen reibt jetzt eine andere Person auf beiden Seiten des Körpers von oben nach unten. Dies geschieht solange, bis das Tuch warm ist. Auf der Haut entsteht dann eine wohltuende Erwärmung. Brust und Rücken werden abgeklatscht. Dann kommt das Tuch weg. Der Patient muß sofort ins Bett.

Zu den Abreibungen und Abwaschungen ist noch zu sagen, daß sie rasch durchgeführt werden müssen, sonst verkühlt sich der Patient. Die Idealbehandlung dauert zwei Minuten. Abgerieben wird mit einem Frottiertuch. Die Wirkung der Anwendung verstärkt sich, wenn man dem Wasser etwas Weinessig oder Arnika-Tinktur beifügt. Die Raumtemperatur muß 20 Grad Celsius oder mehr haben. Kälteempfindliche Patienten müssen Abreibungen und Abwaschungen mit heißem Wasser durchführen. Ideal beeinflußt können mit diesen Anwendungen Nervenleiden, Nervenschmerzen, Durchfall und Katarrhe werden.

Der kalte Wickel

Beim kalten Wickel handelt es sich um ein inneres feuchtes Tuch, das mehrfach zusammengelgt ist, dann um ein größeres äußeres Tuch, das trocken ist und das feuchte mit einem Rand überragen muß. Man kann dafür auch verschieden zusammengelegte Bettücher verwenden. Der innere Teil des Wickels muß gut ausgewunden sein. Er wird fest aufgelegt und mit dem äußeren Tuch abgedeckt. Dabei darf aber in keiner Weise die Blutzirkulation unterbunden werden. Das äußere Tuch kann aus Leinen,

Wolle, Flanell oder Barchent sein. Zwischen dem inneren und dem äußeren Tuch sollte man ein Stück wasserdichten Stoff legen. Das Zimmer muß beim kalten Wickel gut erwärmt sein. Der Patient bleibt eineinhalb Stunden damit liegen. Falls er zwischendurch aufstehen muß, empfiehlt es sich, das äußere Tuch mit einer Sicherheitsnadel festzustecken.

Beim wärmeentziehenden kalten Wickel wird das Innentuch nur leicht ausgedrückt und kurz aufgelegt. Beim wärmestauenden kalten Wickel wird der Innenteil stark ausgepreßt und bis zu 75 Minuten anbehalten. Nur bei Schweißbildung wird er vorher entfernt. Beim schweißtreibenden kalten Wickel wird das innere Tuch ebenfalls stark ausgedrückt und sollte dann unter der Bettdecke bis zu zwei Stunden auf den Organismus einwirken können.

Kalte Wickel wirken bei Schlaflosigkeit, Blutdruckerkrankungen, Blutergüssen, Ekzemen, Arteriosklerose, Entzündungen, Erkältungen, Stoffwechselstörungen. Nach jedem Wickel muß der Kranke bis zu einer halben Stunde ruhen. Wenn er stark schwitzt, dann noch länger. Schwitzt er zuwenig, dann kann man mit einem heißen Getränk nachhelfen.

Der warme Wickel

Der warme Wickel wird auch Auflage, Aufschlag oder Kompresse genannt. Er besteht in einem mehrfach gefalteten Leinentuch als Inneneinlage. Bei Aufschlägen wird dem Wasser Essig zugesetzt. Eine Dampfkompresse besteht aus einem mehrfach zusammengelegten Leinentuch, das eingerollt für ein paar Minuten in kochendes Wasser gelegt wurde und dann vorsichtig auf die kranke Körperstelle aufgelegt wird, selbstverständlich ausgepreßt und mit einem trockenen Tuch bedeckt. Der warme Wickel ist eine sehr beliebte Maßnahme bei Rheumatismus, Angina, Magen-, Darm-, Leber-, Galle- und Nierenbeschwerden sowie bei Blasenerkrankungen. Pfarrer Kneipp riet außerdem zu Wickelzusätzen, die dem Wasser beigegeben werden, ein Teil Haushaltessig auf drei Teile Wasser, ein Eßlöffel Meersalz, zwei bis drei Handvoll Heublumen, die allerdings aufgekocht werden müssen. Bei schlecht heilenden Wunden werden drei Handvoll Zinnkraut in drei Liter Wasser aufgekocht. Entzündungshemmende und schmerzlindernde Erfolge erzielt man mit zwei Handvoll Kamille, die in drei Liter Wasser aufgekocht werden. Halswickel, Brustwickel und Kopfwickel sind kalte oder warme Wickel, die – den Erkrankungen entsprechend – nur an den genannten Körperteilen angebracht werden.

Der Kreuzwickel

Ein Kreuzwickel ist etwas schwieriger anzulegen. Er besteht aus sechs Handtüchern und Plastikstreifen. Zwei Handtücher werden zu je einem Streifen zusammengelegt, sodaß sie die Schultern bedecken. Sie werden in warmem oder heißem Wasser angefeuchtet und ausgewunden. Die Tücher werden kreuzweise über die Schultern gelegt. Sie müssen die Lungenspitzen bedecken. Ein Handtuchende liegt am Rücken nahe der Wirbelsäule und gelangt über die Schultern nach vorn, wo das andere Handtuch auf den unteren Teil des Brustbeines zu liegen kommt. Befestigt werden die Tücher mit Plastikstreifen. Ein drittes Handtuch wird angefeuchtet und wie ein Brustwickel um die Brust gelegt. Nun folgen die nächsten drei Handtücher wie die ersten drei, nur trocken. Über alles legt man ein großes Frottiertuch, das nun den Oberkörper einschließt. Die Arme sollen dabei frei bleiben. Der Kreuzwickel muß zweimal am Tag angelegt werden. Der Kranke darf nachher nicht abkühlen. Am besten, er wird abfrottiert, warm gewaschen und warm angekleidet. Der Kreuzwickel wirkt bei Bronchialkatarrh, Enzündungen der Luftwege, Asthma, Keuchhusten und Herzasthma. Auf jeden Fall ist aber der Arzt zu Rate zu ziehen.

Der Hand- und Fußwickel

Beim Hand- und Fußwickel, der bei Kneipp sehr beliebt war, werden Hände oder Füße mit dreieckigen Tüchern umwickelt. Das bedeutet: Die Handfläche oder die Fußsohle wird auf das Tuch aufgesetzt. Die Enden werden heraufgeschlagen und zusammengebunden. Diese Wickel wirken gegen Kopfschmerzen, Unterleibsleiden und Angina. Sogenannte „Nasse Socken“ sind Wollsocken, die in kaltem Wasser ausgewunden und angezogen werden. Darüber kommen trockene Strümpfe. Der Patient sollte damit bis zu zwei Stunden im Bett liegen. Ähnlich werden die Wadenwickel vorgenommen. In diesem Fall werden keine Socken, sondern Wadenstrümpfe verwendet.

Die Dreiviertelpackung

Die Dreiviertelpackung wird auch Unterwickel genannt. Sie reicht von der Achselhöhle bis zu den Fußspitzen. Arme, Schultern und Kopf bleiben frei, werden aber am besten auch mit einem trockenen Tuch bedeckt. Die Dreiviertelpackung dauert ideal bis zu zwei Stunden. Sie wird verordnet gegen Gicht, Rheuma, Fettsucht, Erkältungen, Ekzeme und Katarrhe, aber auch bei Verdauungsschwierigkeiten und Wechselbeschwerden. Die Dreiviertelpackung kann kalt oder heiß angelegt werden.

Der Ganzwickel

Der Ganzwickel reicht vom Hals bis zu den Füßen und kann ebenfalls heiß oder kalt durchgeführt werden. Man braucht dazu zwei Wolldecken, von denen eine der Länge nach, die andere der Breite nach verwendet wird. Darauf wird ein großes, trockenes Tuch gelegt. Und darüber legt man das nasse Tuch, am besten ein Leintuch. Bevor der Kranke eingeschlagen wird, legt man ihm noch ein extra-nasses Handtuch auf die Brust, damit er genug Feuchtigkeit hat. Zuerst werden mit dem großen, nassen Tuch Hals und Nacken, dann erst Rumpf und Beine umwikkelt.

Der Spanische Mantel
Beim Spanischen Mantel wird anstelle des großen Wikkeltuches ein großes, mantelförmiges Leinentuch übergezogen, das bei den Ärmeln und am Kleidende über Finger- und Fußspitzen reicht. Dann wird der Patient wieder in die großen, trockenen Decken gelegt. Der Spanische Mantel sollte nur einmal in der Woche angewandt werden. Er ist gut gegen Stoffwechselerkrankungen, Fettsucht und Hauterkrankungen. Wichtig ist, daß das nasse Leinenkleid fest auf die Haut angedrückt wird.

Das nasse Hemd
Beim nassen Hemd handelt es sich um einen gekürzten Spanischen Mantel. Es wurde von Kneipp vor allem bei kranken Kindern angewandt. Ein nasses Leinenhemd dient als Innentuch. Dann kommt ein trockenes Zwischentuch und eine Wolldecke. Es gibt nun die Möglichkeiten, das Hemd in besonderer Form naß zu machen. Entweder als Lehmhemd (eine dickflüssige Lehmbrühe anstelle von Wasser), als Heublumenhemd (sechs Handvoll Heublumen auf drei Liter Wasser) oder als Salzhemd (300 Gramm Salz auf fünf Liter Wasser). Salz und Heublumen fördern die Ableitung von den inneren Organen, der Lehm bekämpft Hautkrankheiten. Das nasse Hemd kann bis zu einer Stunde angelegt werden.

Die Leibauflage

Sie wird – wie der heiße Lendenwickel – angewandt, allerdings mit Essigzusatz. Heiß wirkt die Auflage gegen Magengeschwüre, Gallenbeschwerden, Blähungen, Blasenkatarrh, Darmkrämpfe und nervöse Magenstörungen, aber auch gegen Monatsbeschwerden der Frau. Die Leibauflage wird mit einem mehrfach zusammengelegten nassen Leinentuch vorgenommen, das mit einem trockenen Tuch umhüllt wird.

Der Heublumensack

In einen großen Leinensack werden zu zwei Drittel Heublumen gefüllt, die man in der Apotheke kauft. Der Sack wird verschlossen und über Dampf auf eine Temperatur von 39 bis 40 Grad Celsius erhitzt. Die Hand muß bei Berührung eine angenehme Wärme empfinden. Der Sack wird nun auf den kranken Körperteil aufgelegt. Tücher werden darübergedeckt. Es darf keine Dunstwärme entweichen. Der Heublumensack kann bis zu eineinhalb Stunden am Körper bleiben. Bei älteren Patienten nur 45 Minuten. Nach dem Heublumensack ist Bettruhe bis zu einer Stunde zu empfehlen. Diese Anwendung, die mit einer Ganzwaschung abgeschlossen werden kann, wirkt bei Rheumatismus, Hexenschuß, Ischias, Entzündungen der weiblichen Unterleibsorgane, Verdauungsstörungen, Magen- und Darmleiden.

Die Güsse

Kneipp fand heraus, daß das Begießen bestimmter Körperzonen mit Wasser zu erstaunlichen Heilerfolgen führte. Der Patient darf dabei keinen vollen Magen haben. Sein Körper muß gut durchwärmt sein. Der Guß erfolgt in einem warmen Raum ohne Zugluft. Es wird immer langsam zum Herzen hingegossen. Der Guß wird erst beendet, wenn sich die Hautstelle leicht rötet. Der Patient muß sich dann sofort ohne Abtrocknen etwas überziehen und zur Wiedererwärmung Bewegung machen. Niemals sollte ein Guß länger als 50 Sekunden dauern. Der Wasserstrahl muß die Länge des Mittelfingers haben, soll also aus einem dicken Schlauch kommen. Die Schlauchmündung muß etwa zehn Zentimeter vom Körper entfernt gehalten werden. Sie muß immer nach unten gerichtet sein. Das Wasser muß beim Guß einen flüssigen Mantel um die betreffende Körperstelle bilden. Am wirkungsvollsten ist immer der kalte Guß. Er regt den Stoffwechsel an, unterstützt die Blutzirkulation, härtet ab und vertreibt Müdigkeit. Bei nervösen Störungen beginnt man den Guß warm und wird dann erst allmählich kälter.

Beim Knieguß wird der Unterschenkel mitsamt dem Knie behandelt. Der Kranke steht am besten in einer Wanne. Der Wasserstrahl setzt zuerst an der Ferse an, geht bis zum Kniegelenk hoch und senkt sich dann wieder an der Beinvorderseite bis zu den Zehen.

Der Schenkelguß ähnelt dem Knieguß, beginnt ebenfalls an der Ferse des rechten Beines, wird entlang der Rückseite des Beines hinaufgeführt und steigt dann vorn wieder ab.

Der Unterguß behandelt nicht nur die Füße und Beine, sondern auch das Gesäß und den Unterleib bis zu den Hüften. Auch hier beginnt der Wasserstrahl an der Ferse.

Der Armguß wird stehend vorgenommen. Der Kranke stützt sich mit beiden Armen auf ein über die Wanne gelegtes Brett. Der Wasserstrahl führt von der rechten Hand an der äußeren Armseite bis zur Schulter hinauf. Dort weilt er zehn Sekunden, damit das ablaufende Wasser den ganzen Arm umspülen kann, und geht schließlich an der Arminnenseite abwärts. Immer zuerst den rechten, dann den linken Arm behandeln.

Der Oberguß wird in der gleichen Stellung wie der Armguß verabreicht. Er beginnt wieder bei den Händen, reicht aber hinauf bis zu den Schultern und erstreckt sich dann über den Rücken bis zur Gürtellinie. Allerdings sollte das Rückgrat niemals direkt vom Wasserstrahl erfaßt werden. Haare und Kopf müssen trocken bleiben. Tiefes Atmen dabei ist von Vorteil. Der Oberguß ist gut gegen Atmungserkrankungen.

Der Rückenguß kann stehend oder sitzend vorgenommen werden. Der Patient erhält den Wasserstrahl vom rechten Handrücken an der Armaußenseite empor bis zu den Schultern und von dort an der Rückenseite bis zum Gesäß hinunter. Dann kommt die linke Seite dran. Der Patient selbst wäscht sich zwischendurch die Brust und die Herzgegend. Der Rückenguß steigert die Durchblutung, fördert die Atmung und hilft gegen Muskelrükkenschmerzen. Herzkranke sollten keinen Rückenguß erhalten. Kneipp kannte noch den Kopfguß, den Augen- und Ohrenguß sowie den Gesichtsguß, alles Prozeduren, die nur unter fachmännischer und ärztlicher Kontrolle in einem Kurheim durchgeführt werden sollten.

Die Bäder

Sebastian Kneipp kämpfte Zeit seines Lebens für die medizinische Anerkennung der Wasserbäder. Sie sind heute anerkannt und werden in vielen Sanatorien und Kuranstalten durchgeführt.

Das Kaltbad muß eine Temperatur von etwa 18 Grad Celsius haben. Die Raumtemperatur muß 20 Grad betragen. Die ideale Tageszeit ist der Morgen, gleich nach dem Aufstehen. Das Kaltbad darf höchstens 20 Sekunden vorgenommen werden. Der Patient muß sich vorher warm fühlen. Nachher muß er frottiert werden und das Bett aufsuchen oder Bewegung machen. Ideal bei Rheuma,

Ischias, Gicht und niedrigem Blutdruck sowie bei Kreislaufstörungen.

Das warme Bad muß eine Temperatur von 32 bis 38 Grad Celsius aufweisen. Es kann 15 bis 20 Minuten dauern. Heiße Bäder werden meist bis zu 40 Grad Celsius genommen. Manche Menschen vertragen sogar eine Wassertemperatur von 45 Grad. Heiße Bäder sollen 20 Minuten nicht überschreiten. Warme Bäder enstspannen, regen Herz und die Ausscheidung an. Sie fördern den Schlaf und beruhigen die Nerven.

Das Wechselbad besteht aus einer Aneinanderreihung eines warmen oder heißen Bades von fünf bis zehn Minuten und eines Kaltbades von acht bis zehn Sekunden. Man kann oft wechseln, sollte aber immer mit dem Kaltbad enden. Sehr wirkungsvoll zur Kreislaufanregung.

Ansteigende Bäder beginnen mit einer Anfangstemperatur von 34 bis 36 Grad Celsius und werden binnen einer halben Stunde auf 40 oder gar 45 Grad erhöht. Solche Bäder werden meist als Teilbäder für bestimmte Körperabschnitte eingesetzt.

Das Armbad ist eine wirkungsvolle Maßnahme gegen Gicht, Rheuma und Insektenstiche. Beide Arme müssen zum Ende des Oberarmes eingetaucht werden. Das kalte Armbad soll nie über 30 Sekunden dauern. Anschließend werden die Arme trockengebürstet. Das warme Armbad muß 36 bis 38 Grad Celsius warm sein. Er sollte 20 Minuten dauern. Anschließend sind ein Kaltarmguß und Trockenbürsten zu empfehlen. Das heiße ansteigende Armbad darf bis zu 41 Grad aufweisen. Bei Schweißausbruch muß es abgebrochen werden.

Das Fußbad war immer ein Lieblingskind in der Krankenpflege Sebastian Kneipps. Fußbäder werden nur leider heute von den Menschen in viel zu flachen Gefäßen genommen. Die Füße dürfen beim Fußbad nicht in einem niedrigen Becken stehen, sondern sollen bis zu den Waden oder gar bis zu den Knien in einem Bottich oder in einem Eimer stehen. Das Mißverständnis entstand, da man im bayerischen Raum die Bezeichnung Fuß für das ganze Bein verwendet. Das kalte Fußbad darf nur zwei Minuten dauern. Es hilft gegen Nasenbluten, Kopfschmerzen, Ohrensausen und Darmträgheit. Die einfachste Form des Fußbades ist das berühmte Kneippsche Wassertreten. Man schreitet im Storchenschritt in einer mit kaltem Wasser gefüllten Badewanne auf und ab. Nachher abtrocknen, Strümpfe anziehen und viel Bewegung machen. Das warme Fußbad kann bis zu 39 Grad Celsius haben. Es sollte nicht länger als eine Viertelstunde dauern. Es wirkt gegen Nervenschwäche. Das heiße Fußbad sollte nie über 12 Minuten dauern und kann 45 Grad Celsius haben. Es ist ein Labsal gegen Senk- und Spreizfuß, gegen Fußschwäche, Rachenentzündung, Schlaflosigkeit und Verkühlungen aller Art. Ansteigende Fußbäder beginnen mit 34 Grad Celsius. Das Wasser wird binnen 20 Minuten auf 45 Grad erhitzt. Ein probates Mittel gegen Erkältungen, zu hohen Blutdruck, Rheuma, Gicht, Ischias, Gehstörungen und Gefäßkrämpfe. Das Wechselfußbad besteht aus fünf Minuten Warmbad und zehn Sekunden Kaltbad. Die Temperatur sollte zwei bis drei Mal gewechselt werden. Ein Hausmittel gegen Kopfschmerzen, nervöse Erregungen und Wechselbeschwerden.

Das Sitzbad wird bei Unterleibsleiden und Durchblutungsstörungen der unteren Regionen angewandt. Es ist gut, wenn man für diesen Zweck eine eigene Sitzbadewanne hat. Das Sitzbad unterscheidet sich nämlich vom Halbbad dadurch, daß der Patient seinen Unterkörper leicht schräg im Wasser hat. Füße und Unterschenkel sowie die Knie sind jedoch nicht im Wasser. Beim

Halbbad befindet sich dagegen der gesamte Unterkörper bis zum Nabel im Wasser. Kalte Sitzbäder dürfen nicht länger als sechs Sekunden dauern. Anschließend braucht der Kranke Bettruhe. Magen- und Darmgeschwüre sprechen auf Sitzbäder gut an. Allerdings muß unbedingt vorher darüber mit dem Arzt gesprochen werden. Warme Sitzbäder müssen 37 Grad Celsius aufweisen und können 15 Minuten dauern. Zusätze von Heublumen, Zinnkraut und Haferstroh sind zu empfehlen. Auch beim Sitzbad gibt es heiße Bäder und Wechselbäder sowie ansteigende Bäder. Vielfach werden mit dem Sitzbad Steinleiden, Nierenleiden, Blasenleiden, Krampfbeschwerden im Unterleib bekämpft. In Kuranstalten wird das Sitzbad sehr oft gegen Unterleibsstauungen, Darmerschlaffung und Hämorrhoiden eingesetzt.

Dampfbäder werden jeweils örtlich am Körper angewandt. Der Dampf soll einen ganz bestimmten Körperteil erwärmen. Er soll die Gefäße erweitern und die Durchblutung fördern. Dadurch wird das Herz entlastet. Das Kopfdampfbad wird gegen Schnupfen, Bronchialkatarrh, Mittelohr- und Nebenhöhlenentzündung angewandt. Das Fußdampfbad gegen Fußschweiß, Rheuma, Gicht, das Unterleibsdampfbad gegen Unterleibsbeschwerden, Prostata, Blasenkatarrh und Nierenkoliken. Das Volldampfbad dient der allgemeinen Entschlackung. Und so wird ein Dampfbad nach Kneipp heute noch bereitet: Wasser wird zum Kochen gebracht und nachher mit einem Naturheilzusatz – Heublumen, Zinnkraut, Fichtennadel oder Kamille – versetzt, in ein Gefäß geschüttet, sodaß der Dampf auf den zu behandelnden Körperteil einwirken kann. Dieser Körperteil wird mit einer Decke gemeinsam mit dem Dampfgefäß abgedeckt, damit der Dampf von dort nicht entweichen kann. Für Volldampfbäder gibt es in Kuranstalten eigene Schwitzkästen. Nach dem Dampfbad ist eine Kaltwaschung anzuraten. Am beliebtesten und am leichtesten verträglich sind Kamillendampfbäder.

Moderne medizinische Untersuchungen und Beobachtungen in Kneipp-Anstalten haben bewiesen, daß Kneipp-Behandlungsmethoden gegen folgende Krankheiten wirken: Allergien, Altersbeschwerden, Altersschwäche, Angina pectoris, Appetitlosigkeit, Arterienverkalkung, Asthma, Aufstoßen, Augenentzündung, Ausschläge, Bartflechte, Bettnässen, Blähungen, Blasenentzündung, Blutandrang, Darmkatarrh, Frühjahrsmüdigkeit, Furunkel, Fußschweiß, Gallenkolik, Gelenksrheuma, Gesichtsschmerzen, Gicht, Hämorrhoiden, Hautentzündung, Hautjucken, Heuschnupfen, Hexenschuß, Hitzschlag, Ischias, Kehlkopfkatarrh, Kolik, Kollaps, Kopfschmerzen, Krampfadern, Kreislaufstörungen, Kreuzschmerzen, Magen- und Darmkatarrh, Magenschmerzen, Magerkeit, Mandelentzündung, Migräne, Mundgeruch, Nasenbluten, Nebenhöhlenkatarrh, Nervenschwäche, Nesselsucht, Nierensteine, Ohnmacht, Rheumatismus, Scheidenkatarrh, Schlaflosigkeit, Schnupfen, Schweiß, Schwindel, Sehnenzerrung, Sodbrennen, Übersäuerung des Magens, Untersäuerung des Magens, Verdauungsbeschwerden, Wadenkrampf, Wetterfühligkeit, Zahnschmerzen und Zungenbelag.

Wichtige Adressen:

Wer sich intensiv für die Kneipp-Heilmethode mit Wasser interessiert und wer die Absicht hat, in einer Anstalt eine Kneipp-Kur zu machen, der wendet sich am besten an folgende Adressen:

Kneipp Bund e.V.
D-8937 Bad Wörishofen
Kneippstraße 4

Verband der Kneipp-Vereine
D-8000 München,
Lackerbauerstraße 23 oder

D-3000 Hannover
Am Karl-Peters-Platz 17

DANIEL GOTTLIEB MORITZ SCHREBER
1808–1861

Daniel Gottlieb Moritz Schreber: An ihn erinnern heute noch die Schrebergärten

Der Erzieher, der die Gesundheits-Gärtlein erfand

Johlend jagt die Horde von 19 Buben über die weite Ebene vor Leipzig. Es ist ein trüber, stürmischer Herbsttag des Jahres 1818. Fünf Jahre zuvor tobte hier die Völkerschlacht bei Leipzig, die das Ende der napoleonischen Herrschaft entschied. Die Jungen wissen das. Sie kommen immer wieder hierher und suchen Wiesen, Wälder und Felder ab. Sie sammeln Gewehrkugeln und andere Kriegsandenken.

Auch der zehnjährige Daniel Gottlieb Moritz Schreber ist mit dabei. Er wurde als zweites Kind des bekannten Leipziger Rechtsanwaltes Dr. Daniel Gottfried Schreber geboren. Seine Mutter, die aus einer bekannten Lehrerfamilie stammt, darf nicht wissen, daß er sich mit den anderen auf dem ehemaligen Schlachtfeld umhertreibt. Sie umhegt ihren Sohn mit viel Liebe. Kein Wunder: Gustav, der erste Junge, ist schon im Alter von drei Jahren verstorben.

„Schau, was ich gefunden hab'", kräht einer der Knaben aus der Thomasschule. Die anderen kommen neugierig und aufgeregt herangerannt.

Der Schüler zeigt seinen Fund: Es ist ein französisches Bajonett.

Daniel Gottlieb Moritz Schreber deutet mit der rechten Hand erschaudernd auf die braunen Flecken zwischen den Roststellen und murmelt: „Mein Gott, wißt Ihr, was das ist? Es ist Blut von verstorbenen Soldaten ...!"

Die anderen sehen einander ebenfalls betreten an. Jetzt erst wird ihnen bewußt, daß diese Wiese, die für sie ein reizvolles Abenteuer darstellt, das Todesfeld für viele, viele Männer geworden ist.

Der zehnjährige Schreber setzt sich ins Gras, streicht

mit beiden Händen über den Boden und meint dann zu den anderen: „Ich hab' schon einmal darüber nachgedacht. Es gibt nichts Schlimmeres als ein Schlachtfeld. Ich glaube, mehr kann der Mensch die fruchtbare Erde nicht entehren als durch Krieg, Kampf und Blut. Es wäre besser gewesen, wenn die Soldaten hier das Land bebaut und sich nicht gegenseitig ermordet hätten. Fünf Jahre sind es her. Und immer noch ist die meiste Fläche der Landschaft unfruchtbar und nutzlos. Wenn ich erwachsen wäre und Macht hätte, ich würde diese Wiesen und Felder aufteilen und den armen Kindern in der Stadt schenken. Dann könnten wir alle immer hier spielen und fröhlich sein . . .!"

Die Vorlesung im Hörsaal 23 der Universität Leipzig an der medizinischen Fakultät ist zu Ende. Die Studenten drängen auf den Korridor. Manche eilen zu einer philosophischen, manche zu einer psychologischen und andere zu einer pädagogischen Vorlesung. Es ist zu dieser Zeit so üblich, daß Medizinstudenten an derartigen Studienübungen teilnehmen.

Gleich neben der Türe steht ein fremder Student. Einige erkennen ihn wiederum: Es ist Emmerich Schildbach, den sein Vater zwei Jahre lang durch die Welt geschickt hat, um in anderen Städten das Medizinstudium kennenzulernen. Doch Schildbach wirkt unzufrieden und will kaum mit den Kommilitonen sprechen. Er sieht sich immer um, als suche er jemand.

Da fragt ihn einer: „Was hast du? Auf wen wartest du?"

Emmerich Schildbach erkundigt sich besorgt: „Studiert der Schreber nicht mehr Medizin? Ich sehe ihn nirgends. Immerhin: Er war mein bester Freund. Ich hatte mich so auf ein Wiedersehen gefreut."

Einer der Studenten antwortet: „Der Schreber ist ohnehin da. Er muß sogar noch im Hörsaal sein ... Ja, dort kommt er gerade ... He, Schreber!“

Daniel Gottlieb Moritz Schreber hört sofort. Er kommt näher. Seine Miene erhellt sich. Er hat seinen Freund und Studienkollegen Schildbach gleich wieder erkannt. Zwei Jahre haben sie einander nicht gesehen. Jetzt umarmt Schreber den Kommilitonen herzlich.

Schildbach verhält sich ein wenig steif. Er sieht Schreber erstaunt und überrascht an.

Schreber merkt es gar nicht und ruft aus: „Du hast dich gar nicht verändert!“

„Dafür aber du um so mehr“, kontert Schildbach, tritt einen Schritt zurück und stellt fest: „Schreber, du bist ein anderer geworden. Ein kräftiger Mann mit muskulöser Figur. Kerngesund und bärenstark. Als du mit 18 an der Uni studieren begonnen hast, warst du zart und kränklich. Du warst der Schwächste von allen und wurdest vielfach ausgelacht. Zudem warst du unentwegt krank. Was ist mit dir geschehen?“

Schreber zieht den Freund beiseite: „Du hast mir die schönste Freude gemacht, als du das jetzt feststelltest. Ich weiß: Ich hab' mich verändert. Ich war sehr traurig und fühlte mich durch meine Statur und meine Konstitution zurückgesetzt. Da beschloß ich, zur Selbsthilfe zu greifen und aus mir einen richtigen Mann zu machen. Ich verrate dir mein Geheimnis: Seit über einem Jahr erfülle ich täglich draußen vor der Stadt in der guten freien Luft ein Sportpensum. Ich turne auf Bäumen und Zäunen. Ich laufe und springe. Außerdem gehe ich reiten und schwimmen. Du hast keine Ahnung, wie gut mir das alles tut.“

„Ich finde das großartig“, stellt Schildbach fest.

Schreber zieht aus seinen medizinischen Studienunterlagen ein Schriftstück heraus und zeigt es dem Freund: „Schau her, gerade heute erst habe ich diese ganz persönlichen Erkenntnisse auch für andere niedergeschrieben. Wenn ich einmal ein Arzt bin, werden die Menschen vielleicht auf mich hören und sich danach richten..."

Schildbach liest Schrebers deutliche Handschrift: „Ich habe am eigenen Leib erkannt, daß es sicher in den Folgen belohnender und zudem des Menschen würdiger sei, durch Selbsttätigkeit die Gesundheit soweit wie möglich zu entwickeln und zu erwerben, als sie – wenn sie verloren, allein mit passivem Hilfesuchen von der Natur oder aus der Apotheke zu erwarten..."

Schildbach sieht den Freund anerkennend an: „Schreber, das klingt sehr gut. Ich glaube du hast das Zeug für einen großen Mediziner in dir. Vielleicht werde ich es eines Tages mit dir erleben, wenn du deinen Mitmenschen die Augen für ein gesundes Leben öffnen wirst..."

Ein gröhlendes Lachen klingt durch den blühenden Vorstadtgarten in Wien. Fürst Alexej Somorevskij läßt sich seinen Zinnbecher neuerlich mit Wein füllen und trinkt den Inhalt in einem Zug aus. Dann knurrt er zufrieden und ruft: „Hier gibt es den besten Wein in der ganzen Welt. Doktorchen, hier bleiben wir. Trink doch ein Glas mit mir. Ich habe dir das Essen angewöhnt. Ich werde dir das Weintrinken auch noch beibringen...!"

Wieder stößt er ein gröhlendes Lachen aus seinem Bart hervor.

Fürst Somorevskij hat viel Geld. Er kann es sich leisten, unentwegt in der Welt herumzureisen. Doch er ist nicht sehr gesund. Darum hat er sich 1833 in Leipzig einen eben promovierten Mediziner engagiert.

Dr. med. Daniel Gottlieb Moritz Schreber ist nun genau seit einem Jahr Reisearzt des Fürsten und begleitet ihn auf allen seinen Fahrten. Der 26jährige Mediziner lehnt den Wein ab und blickt an seinem Körper entlang zu Boden: „Fürst, ich habe beschlossen, die üppige Lebensweise mit Ihnen nicht länger mitzumachen. Ich will wieder weniger essen. Ich kann mich nicht mehr ansehen. Ich bin fett geworden. Das ist für mein Alter eine Schande. Ich möchte wieder eine schlanke, muskulöse Gestalt haben."

Der Fürst kichert: „Wie willst du denn das anstellen, Doktorchen?"

Schrebers Gesicht wird ernst: „Ich habe in meiner Jugend zu Beginn meines Studiums aus eigenen Kräften die Entwicklung vom kränklichen Schwächling zum muskulösen Mann durchgemacht: Jetzt werde ich mit der selben Methode mein Fett abbauen."

Er macht eine kleine Pause und fragt dann: „Fürst, wie lange gedenken Sie in Wien zu bleiben?"

Die lachende Antwort lautet: „Sehr lange, denn hier gefällt es mir. Warum fragst du, Doktorchen?"

Schreber erläutert es: „Wenn Ihr erlaubt, so werde ich in einem Teil des Gartens ein Gesundheitsparadies herrichten. Ich rate Euch, macht auch mit: Es kann Euch bei Eurer Körperfülle fürwahr nicht schaden."

Der Fürst reißt die Augen auf: „Gesundheitsparadies? Was soll denn das wieder bedeuten?"

Schreber deutet in eine Ecke des Gartens: „Ich lasse heute noch einen Tischlermeister kommen. Er muß aus festem Holz ein paar Geräte aufbauen, die Ihr sicher nicht kennt. Sie heißen Barren, Reck und Turnleiter. Darauf werde ich täglich Bewegung machen. Sonst sterbe ich in Eurer Gesellschaft noch an Herzverfettung! Ihr habt mich mit Euren üppigen Festtafeln schon viel zu sehr verführt."

Das Gesicht des Fürsten wird hochrot vor Aufregung:

„Ihr seid ein verdammter Narr, Doktorchen. Ihr werdet von einem dieser Teufelsgerüste in die Tiefe stürzen und Euch das Genick brechen."

Ein heißer Sommertag 1833 über Wien.

Dr. Daniel Gottlieb Moritz Schreber hat die Villa seines russischen Fürsten verlassen und spaziert allein durch die Wiener Vorstadt. Er läßt die Häuser hinter sich und marschiert in die Natur hinaus.

Es ist ein Sonntag. Viele Menschen sind unterwegs.

Je mehr sich Schreber von der Stadt entfernt, desto weniger Leuten begegnet er. Auf dem Rückweg dann aber, direkt vor den ersten Wohnhäusern, bleibt er stehen und starrt auf eine große, weite Wiese: Da lagern hunderte von Familien mit ihren Kindern.

Der Anblick dieser Menschen erschüttert Dr. Schreber. Es sind sichtlich Arbeiterfamilien, denen es finanziell schlecht geht. Man erkennt es an der Kleidung und am Essen, das sie sich mitgenommen haben. Die Kinder sehen ausgemergelt, blaß und hohlwangig aus. Schreber weiß, daß sie den Keim für viele Krankheiten in sich tragen. Was diesen Kindern fehlt, ist Sonne, Luft und gesunde Bewegung.

Wie in Trance schreitet Dr. Schreber durch die Wiese und bleibt dann bei einer schmächtigen jungen Frau, deren Gesicht bereits von zahllosen Falten durchzogen ist, stehen. Er sieht zu ihren beiden Kindern herunter, läßt sich dann an deren Seite ins Gras nieder und erkundigt sich: „Liebe Frau, warum geht Ihr nicht weiter aus der Stadt hinaus? Warum setzt Ihr Euch mit den Kindern gleich wieder ins Gras und macht wieder keine Bewegung? Ihr sitzt hier, eßt und trinkt. Und dann kehrt Ihr wieder ins Häusermeer zurück. Seht Ihr denn nicht, daß Eure Kinder nicht gesund sind?"

Die Frau schaut Dr. Schreber zuerst schweigend an. Dann meint sie: „Ich kann mir nicht alle Tage einen Arzt leisten. Ich kann ihn nur holen, wenn die Kinder hohes Fieber haben oder Schmerzen. Ich weiß, daß sie schlecht aussehen. Aber das ändert sich auch nicht, wenn wir weiter in die Natur hinausgehen."

Dr. Schreber nickt: „O, doch. Das wäre die Rettung. Eure Kinder brauchen keine Medikamente. Sie müssen Lebensfreude und Lebenskraft durch Turnübungen in frischer Luft bekommen. Ich will Euch meine Theorie beweisen. Sagt mir Eure Adresse. Von morgen ab hole ich Eure Kinder jeden Tag nach dem Mittagessen ab und bringe sie in meinen Garten in der Vorstadt. Ich habe dort Turngeräte. Dort sollen die beiden Jungen mit mir Übungen absolvieren."

Die Augen der Frau bekommen einen schalkhaften Ausdruck. Sie will die Worte gar nicht sagen, die ihr da unkontrolliert aus den Lippen kommen: „Ach, Ihr seid also dann dieser Narr, von dem die Leute so lustige Sachen erzählen. Ihr hüpft auf Holzgeräten umher und schlagt das große Rad in der Wiese..."

Schmunzelnd antwortet Schreber: „Ja, liebe Frau. Ich bin jener Narr. Und wenn Ihr Eure Kinder diesem Narren eine zeitlang anvertraut, dann werden sie glühende Wangen, glänzende Augen und eine gesunde Gestalt bekommen."

Ängstlich sieht sich die Mutter um, ob auch kein anderer mithören kann. Leise sagte sie: „Ich danke Ihnen für das Angebot. Ich nehme an...!"

Vier Monate später.

Die Reisekutsche von Fürst Alexej Somorevskij ist startbereit.

Die letzten Koffer des Leibarztes Dr. Schreber werden

gerade aufgeladen. Schreber kommt aus der Villa. Er ist bereits in seinen Reisemantel gehüllt.

Da tritt ihm die Arbeitersfrau Maria Zodel mit ihren beiden Jungen Hannes und Conrad entgegen. Die Buben haben Blumen in der Hand. Die Frau hat ein Reisekissen gestickt. Sie reicht das Geschenk dem Arzt und dankt: „Ihr habt meine Kinder gesund gemacht. Seht Sie Euch an. Das Turnen in dem Garten hier hat wieder Farbe in die Gesichter gebracht. Sie sind seither nicht krank zu Bett gelegen. Es ist wie ein Wunder."

„Es ist das Wunder der Natur", antwortet Dr. Schreber, streicht den beiden Jungen, die ihn anlachen, durchs Haar und trägt der Mutter auf: „Ihr müßt regelmäßig mit den Kindern ins Grüne hinausgehen und dort Bewegung machen. Nicht das Rasten und Essen, sondern das Turnen und Laufen erhält gesund."

Er verabschiedet sich von den Leuten und besteigt die Kutsche.

Der Fürst kommt in eiligem Schritt aus dem Haus und klettert ebenfalls zu Schreber. Der wohlbeleibte Mann läßt sich neben seinem Arzt in die gepolsterte Bank fallen, gibt dem Kutsche das Zeichen zur Abfahrt und knurrt dann: „Ihr seid ein Teufelskerl, Doktorchen. Ich glaube, ich werde auch noch eines Tages mit Euch turnen, damit ich schlank und schön werde. Ihr habt Euren ganzen Speck wieder wegbekommen. Und diese beiden Arbeiterkinder strotzen ja jetzt vor Gesundheit ..."

Der Fürst winkt im Abfahren der Frau mit den beiden Knaben, zieht dann die Vorhänge vor das Kutschenfenster und lehnt sich stumm zurück.

Dr. Daniel Gottlieb Moritz Schreber seufzt und wendet sich ihm zu: „Fürst, ich finde es ungerecht: Gerade die armen Stadtkinder brauchen für die Erhaltung ihrer Gesundheit ein Stückchen Garten, in dem sie sich frei und ungeniert bewegen können. Wenn ich Bürgermeister einer Stadt wäre, ich würde brachliegendes Land vor den Toren draußen in kleine Stücke aufteilen und für billige Pacht an diese armen Familien vergeben, damit sie auch ein Stückchen Natur haben, das sie bebauen, auf dem sie leben und Licht sowie Luft genießen können..."

„Naja", lächelt der Fürst, „vielleicht wirst du einmal Bürgermeister."

Schreber schüttelt den Kopf: „Sicher nicht. Aber ich bin Arzt. Man muß auf meine Mahnungen hören. Wenn ich einem Bürgermeister begegne, so werde ich ihm von meinem Plan erzählen. Jede Stadt braucht für ihre Bürger kleine, billige Gesundheitsgärtlein, die sich jeder leisten kann...!"

Die Straßen von Leipzig sind schneeverweht. Es ist der 30. Dezember 1840. Im Kaffeehaus „Harmonie" wird die Türe aufgestoßen. Ein bildschöner schlanker Herr von 32 Jahren tritt ein, legt Hut und Mantel ab und begibt sich schnurstracks ins Billardzimmer.

Ein Raunen geht durch die Besucherreihen des Lokals. Dr. Schreber geht selten aus. Er bleibt meist zu Hause bei seiner Familie und gilt in der Öffentlichkeit nicht als gesellig. Doch hin und wieder zieht es ihn ins „Harmonie" zu einer Partie Billard, zu der er sich dann auch ein Gläschen Wein gönnt.

Er ist der Schwarm der Frauen. Durch seine vielfältigen sportlichen Betätigungen wie Springen, Laufen, Schlittschuhlaufen und Gymnastik erhält er sich eine hervorragende Figur. Er ist bekannt dafür, daß er beim Treppensteigen immer zwei, drei Stufen auf einmal nimmt. Die Damen sehen es daher sehr gern, daß er immer wieder in seiner Zeitschrift „Pangymnastikon" abgebildet ist.

Kaum hat sich Dr. Schreber dem Billardtisch genähert, da ist er gleich von einigen angesehenen Bürgern der Stadt umgeben. Ein Herr aus dem Stadtrat von Leipzig ist auch dabei. Er streckt dem jungen Arzt die rechte Hand hin: „Lieber Doktor Schreber, ich möchte Ihnen zur Geburt Ihrer Tochter gratulieren."

Schreber dankt: „Ja, ich freue mich auch. Ich staune, daß Sie von dem heutigen Ereignis schon wissen ...!"

Alles, was Schreber tut, macht in Leipzig sofort die Runde. So war es, als er 1838 Pauline Haase heiratete, mit der er eine vorbildliche und glückliche Ehe führt. So war es, als er begann, Vorträge für gesundes Turnen und für Gartenarbeit zu halten. So war es, als er nach langen Vortragsreisen nach Wien, Prag und Berlin 1836 in Leipzig seine Arztpraxis eröffnete und sich sogleich danach als Privatdozent an der Universität habilitierte. Sein klinischer Mitarbeiter: Dr. Schildbach, der treue Kommilitone und Bewunderer aus Studientagen.

Der Herr aus dem Stadtrat zieht Schreber beiseite: „Der Bürgermeister interessiert sich sehr für Ihre Persönlichkeit. Er wird Sie sicher zu einer der nächsten großen Feierlichkeiten einladen. Sie werden doch kommen?"

Schreber bejaht: „Das ist dann eine gute Gelegenheit, dem Herrn Bürgermeister einige Bitten vorzutragen ...!"

„Worum geht es denn, lieber Doktor Schreber?"

„Ich habe da einen Plan. Ich beobachte als praktischer Arzt mehr und mehr, unter welchen furchtbaren Bedingungen die Kinder der Arbeiterklasse in den Großstädten Europas aufwachsen. In Leipzig ist das besonders kraß. Diese Kinder sind unsere Zukunft. Doch es sind kranke Kinder für eine kranke Zukunft, wenn nicht vorher etwas getan wird. Ich wüßte, was man tun kann."

Fragend sieht ihn der Politiker an.

Schreber spricht weiter: „Man müßte für die Kinder

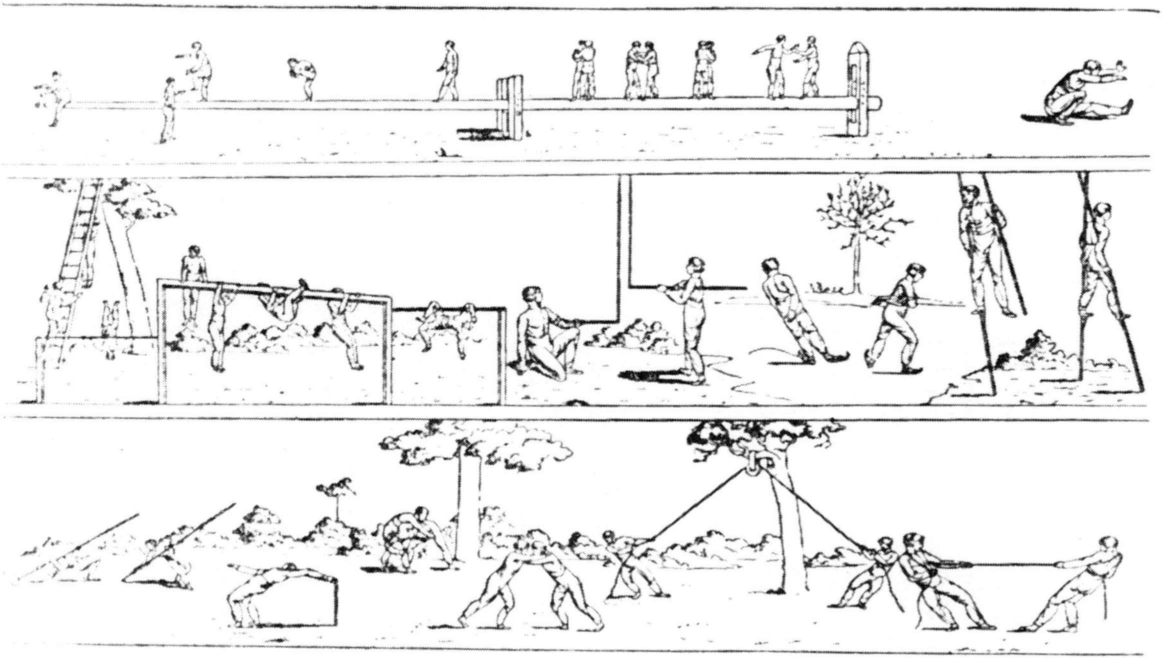

Den Schrebergarten sah Dr. Schreber ursprünglich als Freizeitort für gesundes Turnen dieser bedauernswerten Familien Möglichkeiten für gemeinsamen Turnunterricht schaffen. Ich würde mich bereiterklären, mit den jungen Leuten regelmäßig Körperertüchtigung durchzuexerzieren. Und außerdem müßte in Leipzig meine große Idee zur Volksgesundheit wahr werden. Der Bürgermeister könnte doch außerhalb der Stadt leerstehendes Land in kleine Parzellen teilen und für wenig Geld jeder Arbeiterfamilie ein bescheidenes Grundstück zur Verfügung stellen, damit Erwachsene und Kinder dort turnen und sich entspannen können. Fern der Großstadt in guter Luft."

Der Herr aus dem Stadtrat räuspert sich: „Ich werde dem Bürgermeister davon berichten. Aber ich glaube, Ihre Pläne sind etwas vermessen, lieber Doktor ...!"

Sämtliche Mitglieder des Stadtrates haben sich zu der außerordentlichen Sitzung eingefunden. Der Bürgermeister hat ein Schriftstück in der Hand, das er von Dr. Schreber zugesandt bekommen hat. In gereiztem Ton verliest er den Text: „Man müßte zuwege bringen, daß jede Familie der Großstadt die Chance bekommt, für wenig Geld ein kleines Fleckchen Erde zu betreuen und zu nützen. Dann würde sicher bald ein Ende mit den vielen kranken und rachitischen Kindern sein ...!"

Unwilliges Murmeln ist die Reaktion.

Der Bürgermeister ergreift das Wort: „Ich glaube, dieser Doktor Schreber hält uns zum Narren. So eine Forderung kann doch nicht wahr sein! Was hat denn das Verschenken von Grund und Boden an Arbeiterfamilien mit der Gesundheit zu tun?"

Einer der Stadträte wirft ein: „Ich habe gehört, daß Doktor Schreber bei sich daheim seinen Kindern ebenfalls je ein Stück Erde zugeteilt hat. Die Mädchen und Buben müssen darauf Pflanzen setzen und pflegen. Dr.

Schreber betont, daß Kinder, die im Garten arbeiten, gesund bleiben und eine bessere Einstellung zum Leben haben."

Da donnert ein anderer Stadtrat mit Bärenstimme dazwischen: „Ich bitte Sie: Dieser Doktor Schreber ist doch ein Narr. Ich kann Ihnen über den Herrn noch ganz andere Geschichten erzählen. Im tiefen Winter zieht er mit seiner Familie aus der Stadt, hackt das Eis in Teichen auf und geht darin baden. Ein Wunder, daß er, seine Frau und die Kinder nicht schon längst tot sind. Die Kinder müssen zeitweise die härtesten Arbeiten verrichten, damit sie auch das Leben anderer Menschen schätzen lernen. Sie müssen mitunter auf die Butter zum Frühstück verzichten. Für das so gesparte Geld wird armen Kindern zu Weihnachten Freude gemacht. Süßigkeiten sind im Hause Schreber verboten, weil sie angeblich ungesund sind und den Körper verderben ..."

Der Stadtrat kommt daraufhin zu dem Schluß, das Ansinnen Dr. Schrebers in Sachen Gesundheitsgärtlein ad acta zu legen.

Damit aber ist die Debatte noch nicht zu Ende. Der Bürgermeister hat noch etwas vorzubringen. Er berichtet: „Dr. Schreber hat sich in einem Schreiben an die sächsische Ständekammer gewandt und in einer Denkschrift gefordert, daß man von Staats wegen eine allgemeine Einführung des Turnunterrichtes erwägen sollte. Turnen sei eine Förderung der Gesundheit. Mit Genugtuung, meine Herren, darf ich Ihnen aber auch gleich berichten, daß das zuständige Kulturministerium diese gefährliche Sache abgelehnt hat. Ich glaube, dem haben wir nichts mehr hinzuzufügen ...!"

Ein Herbsttag 1860.

Dr. Daniel Gottlieb Moritz Schreber hat einen großen

Sieg davongetragen. Er hat es durchgesetzt, daß in Leipzig eine öffentliche Turnhalle gebaut wurde. Er hat mit Unterstützung der Studenten das Turnen für alle erkämpft. Und zwar mit Hilfe einer großen Unterschriftenaktion und der Unterstützung der Professoren Biedermann und Bock. Es gibt seit 1847 einen eigenen Leipziger Turnverein, der sehr bald schon eine Turnhalle erhält. 1849 wird sie bereits auf Grund des regen Zustromes aus der Bevölkerung erweitert.

Dies hat Schreber angespornt. Er hat tausend Pläne im Kopf. Er will eine Kinderheilanstalt gründen. Doch er stößt dabei auf starken Widerstand. Darum wendet er sich neuen Aufgaben zu. Er befaßt sich mit Orthopädie und schafft in Zusammenarbeit mit einem Mechaniker neue orthopädische Geräte. 1844 übernimmt er die Leitung der orthopädischen Heilanstalt des Professor Carus in Leipzig. Sein Mitarbeiter ist wieder der Freund Dr. Schildbach.

Er schreibt regelmäßig Aufsätze, verfaßt einschlägige Bücher. Nur eines hat er noch nicht durchgesetzt: seine Idee von den Gesundheitsgärten.

An diesem Herbsttag hat er eine Gruppe von jungen Akademikern zur Turnstunde vor sich. Er will den Studenten das Turnen auf der Eisenleiter beibringen. Er zeigt mit seinen 52 Jahren, wie man den Körper auf diesem Gerät trainiert. Er erntet dabei Applaus.

Einer der Studenten tritt vor und ruft: „Ist es wahr, daß Sie vergangene Woche in Karlsbad das Langstreckenrennen gegen den bisherigen Meister gewonnen haben?"

Dr. Schreber nickt stolz.

Wieder fragt einer: „Stimmt es, daß Sie noch immer das große Rad schlagen können?"

Wieder nickt der Arzt, setzt an und zeigt die Figur. Doch als er damit fertig ist, taumelt er und wankt gegen eine angelehnte Eisenleiter. Diese fällt um, wirft ihn zu Boden und landet direkt auf seinem Kopf. Bewußtlos muß Schreber ins Krankenhaus gebracht werden.

Als er erwacht, plagen ihn entsetzliche Kopfschmerzen. Seine erste Frage an seinen Freund Dr. Schildbach lautet: „Muß ich in geistiger Umnachtung weiterleben?"

Er setzt sich auf und umklammert seinen Freund: „Das darf nicht geschehen. Ich habe noch eine große Aufgabe vor mir. Ich muß in Leipzig die Gesundheitsgärten für die armen Leute einführen!"

10. November 1861.

Dr. Daniel Gottlieb Moritz Schreber liegt im Krankenhaus. Er litt Wochen vorher an Bauch- und Unterleibsschmerzen. Niemand hat erkannt, daß es der Blinddarm war. Jetzt ist es zu spät. Der Patient liegt mit einer vermutlichen Darmverschlingung im Sterben. Er hat seinen Freund Dr. Schildbach und den Leipziger Lehrer Hauschild zu sich gebeten. Müde blickt er sie an und betont: „Es ist mir nicht gelungen die Menschen von dem gesundheitlichen Nutzen der Gärten vor der Großstadt zu überzeugen. Kämpft weiter für meine Idee. Das ist mein einziger großer Wunsch. Tut es für die kranken, bleichen und hohlwangigen Kinder in der Großstadt."

Zwei Stunden später ist Dr. Schreber tot.

Bei der Leichensektion wird ein Darmdurchbruch festgestellt.

Einige Wochen nach seinem Tod gründet der Lehrer Hauschild in Leipzig den ersten Schreberverein und erreicht tatsächlich, daß ein Jahr später vor der Stadt die ersten Schrebergärten entstehen. Das Beispiel macht in Windeseile in vielen anderen deutschen Städten Schule. Der Schrebergarten wird zum Erholungsgebiet des kleinen Mannes.

Die Lehre von der Rückkehr zur Natur

Der Grundgedanke Dr. Daniel Gottlieb Moritz Schrebers war es, daß der Großstadtmensch, der von der Scholle vollkommen gelöst war, wieder zur Natur zurückgeführt werden sollte. Schreber forderte, daß jede Anlage außer den einzelnen kleinen Gärten auch noch einen gemeinsamen Turnplatz und Kinderspielplatz haben sollte. Er schrieb: „Das Kind soll nicht nahe der elterlichen Laube spielen und alle paar Minuten von Mutter und Vater zu einer kleinen häuslichen Verrichtung abgerufen werden, sondern es soll sich mit anderen Kindern stundenlang tummeln können!"

Allerdings sah Dr. Schreber auch einen besonderen Sinn darin, daß Eltern und Kinder das Stückchen Erde gemeinsam bebauen sollten, um als Städter wieder Kontakt zur Natur zu bekommen, um Bewegung zu machen und Früchte ernten zu können. Die Schrebergärten waren als Erholungsfläche und Jugendspielplatz, als kleines ländliches Arbeitsfeld und als Jungbrunnen gedacht. Vor allem wollte Dr. Schreber die Jugend damit zu Naturfreunden erziehen und ihnen die Chance geben, sich durch Bewegung eine gesunde Körperkonstitution zu schaffen.

Aus demselben Grund setzte sich Schreber so intensiv für das Turnen ein, weil er darin die einfachste Möglichkeit für die breite Bevölkerung sah, Abwehrkräfte gegen Krankheiten zu schaffen, den Körper zu stärken. Er hatte es nicht leicht, in dieser Hinsicht mit seinen Ideen durchzudringen.

Er befaßte sich auch zeit seines Lebens mit naturgemäßer Erziehung der Jugend. Bei seiner Bildungslehre verlor Schreber niemals den Gesichtspunkt aus dem Auge, daß die Gesundheit im Körper vom Stoffwechsel abhängt. Nach seiner Ansicht wurde das Stoffwechselgleichgewicht durch zu reichliche oder zu knappe Nahrung, durch Überhitzung oder zu starke Wärmeentziehung, durch untaugliche Luft, zu wenig Bewegung, Versiegenlassen der Kräfte, Mangel an Schlaf und Heiterkeit gestört.

Größte Aufmerksamkeit wandte Dr. Schreber auch der Schulhygiene zu. Er empfahl die Verlegung der Schulhäuser an die Peripherie der Stadt. Der entstehende weite Schulweg sei für das Kind eine gesunde Wohltat. Der Lüftung und Beheizung der Schulräume müßte viel mehr Aufmerksamkeit geschenkt werden. Der Einzelofen wäre gesünder als die Zentralheizung. Dr. Schreber gab auch genaue Anweisungen, wie Schulbänke gebaut werden müßten.

Er kämpfte als Naturheiler für die Harmonie der Kräfte im menschlichen Körper, denn er war – wie Hippokrates – der Ansicht, daß die Krankheit nichts anderes sei als die Störung dieses Gleichgewichtszustandes.

Das ist heute aus der Lehre geworden

Das Schicksal wollte es, daß der Mann, dessen Namen heute so viele Kleingärten tragen, selbst niemals so ein Fleckchen Erde vor der Großstadt hatte und niemals die Verwirklichung seiner Idee miterleben durfte. Erst nach seinem Tod setzte das Wirken der Schrebervereine ein.

Den absoluten Durchbruch aber erreichten die Schrebergärten nach dem Ersten Weltkrieg, als die Hergabe von etwas Land gegen billige Pacht an die Städter von den jeweiligen städtischen Verwaltungen sehr gefördert wurde.

Heute ist der Schrebergarten für den Kleinbürger in

den mitteleuropäischen Städten nicht wegzudenken. Um das Jahr 1960 sprachen viele Raumplaner vom Ende der Schrebergarten-Zeit. Viele Großgemeinden glaubten, die Kleingärtner mit einem Federstrich unter eine Verordnung verjagen zu können. Grundstückspekulanten sahen bereits auf jeder Schrebergartenanlage irgendwelche Fabrikshallen oder Wohnhausanlagen. Das hat sich sehr rasch wieder geändert: Heute tasten verantwortliche Stellen nicht mehr gern den Kleingarten an. Erstens würde das dem Grundgedanken des Natur- und Umweltschutzes widersprechen. Und zweitens kämpfen mutige Bürgerbewegungen für die Kleingärten.

Eines allerdings hat sich seit Beginn der Schrebergärten geändert: Der Charakter und die Nutzung der Kleingärten haben freilich im Lauf der Zeit mehrere Wandlungen erfahren. Galt es zu Beginn der Schrebergartenbewegung, kinderreichen Arbeiterfamilien aus den Zinskasernen Luft und Sonne, Obst und Gemüse gewissermaßen als Volksgesundheitstherapie zu geben, so erlangte in den Kriegs- und Nachkriegsjahren die reine Nahrungsversorgung vorrangige Bedeutung. Die Propagandalosung des Dritten Reiches „Grabeland gegen Engeland" ist vielen noch in schlechter Erinnerung.

Mit zunehmendem Wohlstand, begründet auf dem Aufschwung von Technisierung und Motorisierung, hat der Kleingarten abermals eine neue Bedeutung erlangt: Er ist Erholungsraum und Freizeitplatz im Nahbereich der Großstadt. Auf einem eigenen Stückchen Erde können schöpferische Bedürfnisse verwirklicht werden. Schrebergartenbesitzer bauten sich größere Häuschen mit Terrasse in ihr Paradies. Sie legten sich schöne Rasenflächen an und verbrachten die ganzen Sommer hier. Das wieder zwang viele Stadtverwaltungen, gesetzliche Lockerungsmaßnahmen zu verordnen. Heute darf in den Schrebergärten bis zu einem gewissen Rahmen verbaut werden. Schrebergärten dürfen ganzjährig benützt werden.

Und viele Städte legen neue Schrebergartenflächen an, weil auch junge Familien dafür Interesse haben. Wiens Bürgermeister Leopold Gratz, der für seine rund 26.000 Schrebergärten wesentliche, moderne Verordnungen geschaffen hat, spricht auch weiterhin dem Schrebergarten eine Zukunft zu und betont: „Eine Großstadt darf und soll auf diese Einrichtung nicht verzichten und sollte alles tun, um die Tradition der Schrebergärten zu erhalten ...!"

Ein wichtiger Hinweis

Wer sich für einen Schrebergarten interessiert, wendet sich an seine zuständige Stadtverwaltung. Er wird beim zuständigen Amt entsprechende Auskünfte über dasachten eines Kleingartens erhalten.

Kapitel VII

THURE BRANDT
1819–1894

Major Thure Brandt: Er wollte den Frauen mit Massagen Operationen ersparen

Die Heilmassagen des schwedischen Majors

Gespenstisch heben sich die Soldatenzelte vor Södertelge in Schweden gegen den Nachthimmel ab. Der Mond steht wie eine gelbe Scheibe am Horizont. Der Kalender zeigt einen milden Frühling des Jahres 1847. Seit vier Tagen rollt eine militärische Übung mit 5000 Mann ab.

Der 28jährige Thure Brandt freut sich, wieder einmal in dieser Gegend zu sein. Er wurde hier am 6. Februar 1819 geboren. Er hat für einen Tag Urlaub bekommen und darf seine Verwandten besuchen. Während die meisten anderen Soldaten bereits schlafen, sitzt er noch bei Kerzenlicht neben seiner Matratze und denkt an seine Kindheit.

Da plötzlich vernimmt er harte Stiefelschritte, die sich über den Zeltplatz nähern. Das Zelt wird aufgerissen. Der diensthabende Offizier blickt auf Thure Brandt und stößt aufgeregt hervor: „Sie müssen zu mir ins Offizierszelt kommen. Wir haben einen schwerkranken Soldaten. Der Militärarzt kommt erst morgen hier im Lager an. Sie sind doch gelernter Masseur und Heilgymnast...?"

Thure Brandt springt auf und nickt: „Ja, das stimmt. Ich habe die dreijährige Ausbildung am Zentralinstitut für Heilgymnastik in Stockholm und dafür ein staatliches Diplom erworben. Aber ich bezweifle, ob ich in diesem Fall helfen kann."

„Kommen Sie mit und sehen Sie sich den Kranken an. Er muß furchtbare Schmerzen haben!" fährt ihn der Offizier an, wendet und eilt voran. Thure Brandt folgt ihm. Sie stolpern zwischen den Zelten über den finsteren Lagerplatz und kommen außer Atem beim Offizierszelt an.

Zwei Sanitäter bemühen sich um den kranken Soldaten. Er windet sich schreiend in Schmerzen, die ihn vor allem im Unterleib und in der Aftergegend plagen. Seine Finger verkrampfen sich im Rand der Pritsche, die man für ihn aufgestellt hat.

Ratlos deutet der diensthabende Offizier auf den Patienten und fragt Thure Brandt: „Was kann denn der arme Kerl wohl haben?"

Der Masseur und Gymnast beugt sich zu dem Kranken herab, tastet ihn ab und befragt ihn nach den Schmerzzentren. Dann stellt er ihm konzentrierte Fragen über den Beginn des Leidens.

Schließlich erhebt er sich und verkündet: „Der Soldat hat einen schweren Mastdarmvorfall..."

„Was ist denn das für eine Krankheit?" will der Offizier wissen.

Thure Brandt, der medizinisch sehr bewandert ist, kann es ihm erklären: „Der Mastdarm ist der letzte, etwas erweiterte Dickdarmabschnitt, der durch den After mit der Außenwelt verbunden ist und durch den Afterschließmuskel verschlossen gehalten wird. Durch Überanstrengung und zu starkes Pressen oder übertriebenes Atemanhalten bei der Arbeit kann die Schleimhaut des Afters aus dem After hervortreten. Das ist bei dem Mann der Fall. Die Sache ist wirklich sehr gefährlich. Es kann zu Entzündungen und durch Abschnürung der Blutzirkulation durch den Druck des Afterschließmuskels zu schwersten Durchblutungsstörungen bis zum Brand kommen. Der Soldat ist in Lebensgefahr..."

Verzweifelt fragt der Offizier: „Was könnten wir tun? Wir sind bis zum Eintreffen des Arztes für den Mann verantwortlich."

Thure Brandt überlegt: „Ich will es mit meinem bescheidenen Können versuchen."

Sofort bringt er den Patienten in halb liegende Stellung. Dann kniet er sich vor ihn und beginnt konsequent mit seinen beiden Händen den Unterbauch vorsichtig zu schütteln und zu heben. Das Zentrum seiner Behandlung ist der linke Unterbauch.

Er hat Erfolg damit. Der Mastdarm kehrt sich wieder nach innen. Der Soldat hat nur noch Krampfschmerzen, fühlt sich aber schon bedeutend leichter.

Jetzt ordnet Thure Brandt an: „Bereitet im Badezelt ein Faß mit warmem Wasser vor. Er muß sofort darin sitzen und sich entspannen. Er darf ab sofort kein Fleisch essen."

Er gibt noch einige Anweisungen über die Stuhlgangregelung und über die Behandlung in den nächsten Stunden. Dann will er das Zelt verlassen.

Der Offizier hält ihn am Arm zurück: „Brandt, Sie sind ein Genie. Unter unseren Händen wäre der Mann umgekommen. Haben Sie eine derartige Behandlung schon oft gemacht?"

Thure Brandt schüttelt den Kopf: „Es war das erste Mal. Und ich bin glücklich darüber. Denn dieser Einsatz hat mich auf eine Idee gebracht."

Der Offizier würde gern wissen, was das für eine Idee ist. Doch Thure Brandt eilt davon, direkt in sein Zelt. Dort legt er sich hin und bleibt viele Stunden mit offenen Augen wach. Immer wieder kreisen dieselben Gedanken durch seinen Kopf: Als Masseur und Gymnast weiß er, wie häufig Frauen unter dem gefürchteten Gebärmuttervorfall leiden. Und nun überlegt er, ob es nicht möglich sein könnte, mit ähnlichen Griffen diesem Leiden beizukommen. In dieser Nacht beschließt Thure Brandt, eine eigene Massier- und Gymnastikmethode gegen Frauenleiden dieser Art zu entwickeln und auszuprobieren...

Professor Havenborgh hat alle Termine abgesagt und sich bei zwei Vorlesungen vertreten lassen. Er sitzt in seinem Studierzimmer an der Universität von Stockholm und lauscht den Berichten des jungen Majors Thure Brandt, der ihm von seinen Massageversuchen berichtet.

Havenborgh findet die Behandlungsmethoden des Heilmasseurs und Militaristen hochinteressant und meint ermunternd: „Mein lieber Brandt, Sie sind meiner Meinung nach auf einem ungewöhnlich erfolgreichen Weg, den vielen, vielen Frauen zu helfen. Sie sollten Ihre Therapie noch verfeinern und dann endlich einmal bei einer Frau mit Gebärmuttervorfall ausprobieren. Es hat keinen Sinn, immer nur in der Theorie davon zu träumen und an gesunden Frauen die Methode zu versuchen. Sie müssen Heilungen als Erfolge aufweisen. Ich bin von Ihrer Arbeit begeistert."

Kleinlaut erkundigt sich Thure Brandt: „Verehrter Professor: Ich bin ganz Ihrer Meinung. Ich hatte bisher nur Hemmungen als Nichtarzt an einer kranken Frau meine Massagegriffe vorzunehmen. Ich kenne da sogar einen Fall am Stadtrand von Stockholm. Es handelt sich um eine 47jährige Bauersfrau. Sie leidet seit einigen Jahren an Gebärmuttervorfall ..."

Der Professor läßt Thure Brandt gar nicht erst ausreden: „Holen Sie diese Frau sofort in Ihre Heilmasseur-Praxis. Am besten noch heute. Und ich möchte dabei sein, wenn sie massiert wird!"

Ängstlich sitzt die Bäuerin auf dem Untersuchungsstuhl von Thure Brandt. Vorsichtig schaut sie den Professor und dann den Masseur an, ehe sie fragt: „Was werden Sie jetzt mit mir tun? Mein Hausarzt sagte mir, daß nur eine Operation helfen kann!"

Thure Brandt streicht ihr zart über die Stirn: „Ich glaube, daß wir uns eine Operation ersparen können. Sie müssen mir nur vertrauen. Und Sie müssen Geduld haben."

Dann beginnt Thure Brandt zum ersten Mal, seine Idee an einer kranken Frau zu verwirklichen. Sie hat eine schwere Gebärmuttersenkung, leidet an Kreuzschmerzen, hat Scheidenblutungen, verspürt mitunter entsetzliche Schmerzen beim geschlechtlichen Verkehr, klagt über Verstopfung und hat Schwierigkeiten beim Wasserlassen. Thure Brandt weiß, daß das lauter Symptome für das Hauptleiden sind.

Er bittet die Patientin, sich entspannt zurückzulehnen. Vorsichtig beginnt er nun mit den Fingerspitzen die Lenden und die Kreuzgegend abzuklopfen. Er wird damit immer fester und zügiger.

„Warum machen Sie das?" will die Bäuerin wissen.

Thure Brandt findet es an der Zeit, die Frau genau über ihr Leiden aufzuklären. Nur so kann er Verständnis für seine Behandlungsmethode finden: „Ihre Gebärmutter hat sich durch ein Erschlaffen des Beckenbodens und der Mutterbänder aus der normalen Lage verändert. Und da auch die Wände der Scheiden erschlafft sind, so kam es zum Austritt oder Vorfall. Meine Aufgabe ist es nun, die Beckenmuskulatur und Scheidenmuskulatur derart zu festigen, daß die Gebärmutter aus natürlicher Gesundung wieder ihre alte, gute Stellung einnimmt."

Nach der Klopfmassage muß sich die Patientin setzen. Thure Brandt hebt nun die Gebärmutter händisch an.

Die Behandlung dauert vier Stunden.

Zehnmal muß die Bäuerin kommen.

Dann ist sie gesund.

Und Professor Havenborgh gratuliert dem Heilmasseur mit den Worten: „Jetzt wissen Sie, daß Sie den Frauen helfen können. Sie werden sehen: In ein paar Jahren werden sich die Patientinnen in Ihrer Praxis die Türschnalle gegenseitig in die Hand geben. Ein vernünftiger Mensch wird immer die naturverbundene Behandlung der Operation vorziehen."

Er hat recht: Der Name Thure Brandt verbreitet sich wie ein Lauffeuer in Schweden. Frauen, die an Verlagerung, Senkung und Verwachsung der Gebärmutter leiden, Frauen, die Mutterfreuden entgegensehen und zu schwach gebaut sind, suchen Hilfe bei ihm. Thure Brandt wird zu einem gefragten und erfolgreichen Heilgymnastiker und Masseur, der gesegnete Hände besitzt und sich mit der Zeit ein großes Wissen über Frauenkrankheiten aneignet.

Die Ärzte interessieren sich für sein Verfahren, machen sich aber vielfach lächerlich darüber. Sie verurteilen die zeitraubende und langsame Methode und vertrauen weiterhin lieber dem chirurgischen und gefahrvollen Eingriff.

Nur der schwedische Frauenarzt Dr. Sköldberg verfaßt eine wissenschaftliche Arbeit, in der er die Thure-Brandt-Methode lobt und anerkennt.

Doch Dr. Sköldberg stirbt viel zu früh. Er kann all das, was er für Thure Brandt wollte, nicht mehr ausführen. Und so sieht sich der Masseur ständig von Feinden und Neidern umgeben ...

Professor Dr. Schultze ist empört. Er schlägt mit der rechten Faust auf das Rednerpult im Festsaal der Universität von Jena. Er ist Frauenarzt und muß sich gegen einen Schwall von Angriffen verteidigen. Die Kollegen werfen ihm vor, daß er diesen 67jährigen Thure Brandt aus Stockholm hat kommen lassen.

Jetzt wehrt sich Prof. Schultze: „Meine Herren, ich finde es im höchsten Maße unwissenschaftlich und unfair, daß Sie mich so angreifen. Der Mann hat faszinierende händische Methoden zur Bekämpfung von Krankheiten, die wir nur in Narkose und mit dem Chirurgenmesser bekämpfen können. Es war wichtig, ihn zu uns zu holen. Ich habe ihm die Sache nicht leicht gemacht..."

Einer der anderen Ärzte unterbricht ihn mit schriller Stimme: „Es ist unzumutbar, daß ein Laie an unsere Universität kommt und einfach 16 Patientinnen zugeteilt bekommt, die sozusagen als seine Versuchspersonen agieren. Das kann gefährlich werden, Professor."

Professor Dr. Schultze räuspert sich, bittet wieder um Ruhe und verkündet: „In wenigen Minuten wird Herr Brandt hier bei uns sein. Er wird von einer ärztlichen Kommission begleitet werden. Wie Sie alle wissen, hat Herr Brandt in meinem Auftrag nunmehr zehn Wochen lang bei uns gearbeitet. Ich habe ihm die schwierigsten Fälle zugeteilt, darunter einen, den wir nicht einmal operativ schafften. Wir werden ja sehen, was dabei herausgekommen ist..."

Dr. Schultze weiß zu diesem Zeitpunkt bereits, daß Thure Brandt seine Sache glänzend gemacht hat. Doch er will es nicht verkünden. Er will es der Kommission überlassen.

Kaum will der Professor weitersprechen, da öffnet sich die Türe. Thure Brandt tritt in Begleitung einiger Professoren ein. Sie sehen alle sehr zufrieden aus. Und mancher der Ärzte im Publikum wird fahl, denn er weiß, daß die Thure-Brandt-Methode Erfolg hatte.

Der Leiter der Kommission legt Prof. Dr. Schultze ein Gutachten vor. Schultze beginnt laut vorzulesen: „Herrn Thure Brandt ist es gelungen, seine Methode der Bekämpfung bestimmter Frauenleiden mit Massagen und Gymnastik vor einem Kreis von Fachgelehrten unter Beweis zu stellen. Er hat 16 von der Universität ausgesuchte Krankenfälle zur Behandlung anvertraut bekommen. Er schaffte es, in den zehn Wochen seiner Anwesenheit in Jena, etliche Patientinnen zu heilen, bei einigen den Zustand entscheidend zu verbessern und in einem Fall Verwachsungen zu lösen, die auf chirurgischem Wege nicht möglich waren."

Kein Applaus brandet auf.

Da spricht der Professor triumphierend weiter: „Ich habe mich überzeugt, daß wir in Herrn Brandts Heilmethode eine wertvolle Vermehrung der Behandlung von kranken Frauen erfahren haben und daß die Heilmethode berufen ist, vielfach anstelle anderer Methoden zu treten und mithelfen kann, die Resultate unserer bis jetzt angewendeten operativen, mechanischen und medikamentösen Therapie zu erhöhen."

Damit hat das Verfahren Thure Brandts von einer maßgebenden Stelle aus gebührende Anerkennung gefunden.

Zaghaft klatschen einige Ärzte in die Hände. Einige sind wirklich begeistert und wagen es nur nicht, es zu zeigen. Die anderen sträuben sich gegen diese Anerkennung.

Thure Brandt reist noch am selben Tag ab.

Wochen danach kommen viele Ärzte aus Europa zu ihm nach Stockholm. Viele wenden sich begeistert seiner Behandlungsmethode zu.

Die meisten aber übergehen die Erkenntnisse mit Stillschweigen und ignorieren den ehemaligen Major. Und als er am 5. August 1894 im Alter von 75 Jahren in Stockholm stirbt, da gibt es nur wenige Frauenärzte, die ehrlich um ihn trauern und seine Leistungen auf dem Gebiet der Naturheilkunde anerkennen.

Das System der kräftigenden Massage

Thure Brandt strebte an, den Bändern und Organen des weiblichen Beckens jene Kraft und Elastizität wiederzugeben, die sie befähigt, ohne weitere Hilfsmittel ihre natürliche Lage und Haltung einzunehmen und beizubehalten. Man sprach schon zu Lebzeiten des Naturheilers von der Thure-Brandt-Massage, während es von Anfang an besser Thure-Brandt-Behandlung heißen hätte sollen. Denn seine Therapie bestand aus der Massage und aus einer speziellen Gymnastik. Zusätzlich verschrieb er seinen Patientinnen Diät, Bäder und Sonnenbestrahlung.

Die gymnastischen Übungen Thure Brandts waren geteilt. Es gab welche, die das Blut zum Becken hinleiteten, und andere, die es vom Becken ableiteten. Zuleitende Massagen wandte Thure Brandt bei ausgebliebener, bei zu schwacher und bei schmerzhafter Periode an. In allen anderen Fällen zog er die ableitende Methode vor. Für die Ableitung massierte der Schwede die oberen Gliedmaßen, die Rückenmuskulatur und den Oberschenkel-Spreizmuskel. Die örtliche innere Massage im Unterleib wandte er nur an, wenn große Schmerzen, langanhaltende Beschwerden oder Unfruchtbarkeit beseitigt werden sollten. Voraussetzung für alle Behandlungen war eine eingehende Untersuchung und Feststellung der Krankheit. Nach jeder Massage beobachtete Thure Brandt die Patienten genau in bezug auf Körpertemperatur und Puls. Bei hohem Fieber und starkem Herzklopfen setzte er sofort mit der Behandlung aus.

Thure Brandt führte seine Methode auf einem gewöhnlichen Frauen-Untersuchungsstuhl aus. Und zwar so, daß er zuerst zart zu massieren begann und dann energischer wurde. Zuerst nahm er sich die Umgebung des Krankheitsherdes vor, dann erst diesen selbst.

Die Massage- und Gymnastikbehandlung wurde von Thure Brandt erfolgreich bei folgenden Leiden angewandt: bei chronischer Becken-Bindegewebsentzündung mit Verklebungen, Verwachsungen, Verlagerungen, bei chronischer Eierstockentzündung, Eileiterentzündung, Gebärmutterausfluß, Gebärmuttersenkung, Regelstörungen, Blutstauungen, Unfruchtbarkeit, Fehlgeburt, Schließmuskelschwäche, chronische Veränderungen der Unterleibsorgane. Verboten war die Thure-Brandt-Methode von Anfang an bei Eileiter-Schwangerschaft, akuten Entzündungen des Becken-Bindegewebes und bei bösartigen Geschwülsten.

Thure Brandt schrieb die Grundsätze seiner Lehre in dem Buch „Massage bei Frauenleiden" auf. Sein Sohn Dr. Aimé Thure-Brandt schrieb später das Buch „Die Thure-Brandt-Behandlung" und betonte darin: „Ich möchte das Vermächtnis meines Vaters rein und sorgsam bewahrt der Menschheit übergeben".

Das ist heute aus der Lehre geworden

Die Massage- und Gymnastiklehre des Thure Brandt ist heute noch voll anerkannt und wird von manchen Frauenärzten immer jeweils einer Operation vorgezogen. Nach achttägiger Behandlung nach Thure Brandt kann der Mediziner eindeutig erkennen und sagen, ob die Therapie Heilung bringt oder ob nur mehr ein chirurgischer Eingriff helfen kann.

Die Thure-Brandt-Massage besteht aus kreisrunden, drückenden, drehenden, spannenden und hebenden Bewegungen und einer Dehnung verkürzter Gewebeteile. Danach muß die Patientin ruhen. Nach der Pause muß sie gymnastische Übungen durchführen. Zum Abschluß wird eine Kreuzbeinbeklopfung mit anschließender neuerlicher Massage durchgeführt. Die Thure-Brandt-Behandlung muß täglich angewandt werden. Sie erfordert vom Arzt und von der Patientin Zeit und Geduld und setzt sich daher in unserer Zeit wenig durch.

Eines aber muß betont werden: Die Bemühungen Thure Brandts um eine natürliche Gesundung der Frauenorgane haben mitgeholfen, das Augenmerk der Medizin auf Gymnastik in der Frauenheilkunde zu richten. Daraus hat sich zweifelsohne eine heute sehr wertvolle Therapie entwickelt: die Schwangerschaftsgymnastik, die heute von allen führenden Gynäkologen den werdenden Müttern zum Zwecke der besseren und leichteren Geburt angeraten werden. Die Schwangerschaftsgymnastik will das erreichen, was Thure Brandt immer zum Ziel hatte: Die Organe der Frau sowie das Bindegewebe und die Bänder sollen so gefestigt werden, daß sie im Falle einer Geburt gesund und normal funktionieren. Damit ist Thure Brandt der Vorkämpfer der allgemeinen Frauengymnastik schlechthin.

Ein wichtiger Hinweis

Falls eine Frau mit einem Leiden des Unterleibes in Behandlung ist, so sollte sie, wenn sie sich für naturheilkundliche Behandlungen interessiert, erkundigen, welcher Frauenarzt heute noch die Thure-Brandt-Methode durchführt. Wenn diese nicht zum Ziel führt, ist noch immer der Weg zur Operation frei.

Werdende Mütter, die sich für Schwangerschaftsgymnastik interessieren, erkundigen sich am besten bei den zuständigen Turnvereinen ihrer Gemeinde oder beim Hausarzt. Schallplatten mit Musik und Textanweisungen zum Schwangerschaftsturnen gibt es über den Schallplattenhandel in den Fachgeschäften.

Kapitel VIII

ARNOLD RIKLI
1823–1906

Arnold Rikli: Er war der erste, der für Anerkennung der Sonne als Heilmittel kämpfte

Ein Färbereibesitzer als Sonnen-Doktor

„Arnold! Arnold! Wo steckt denn der Bub schon wieder?"

Die Stimme von Mutter Verona Rikli, geborene Moser, Gattin des Rotfärbereibesitzers Arnold Friedrich Rikli, echot durch das große Haus in Wangen an der Aare im schweizerischen Kanton Bern.

Arnold, geboren am 13. Februar 1823, ist von seinen fünf Brüdern und vier Schwestern der Liebling der Mutter. Er lernt brav in der Schule und bereitet den Eltern keine Sorgen. Umso mehr ist die Mutter außer sich, als Arnold kurz nach seinem elften Geburtstag gleich nach der Schule spurlos verschwunden ist.

Blaß kehrt Verona Rikli von einem Rundgang durch Haus und Hof in die Küche zurück. Vater Rikli hat einen Einfall: „Am Ende ist er trotz unseres Verbotes wieder in den Fluß zum Baden gegangen."

Die Mutter nickt: „Komm, wir wollen nachsehen!"

Hand in Hand eilen sie aus dem Haus und nehmen eine Wegabkürzung über Wiesen und Felder. Schließlich stehen sie am Ufer der Aare.

Verona Rikli stößt einen entsetzten Schrei aus, umklammert ihren Mann und deutet auf einige lose Kleidungsstücke am Ufer: „Das sind doch die Sachen von Arnold! Himmel: Er wird doch nicht ertrunken sein ..."

Vater schüttelt den Kopf. Er hat einen ganz anderen Verdacht. Er erkennt im Gras frische Fußspuren, die zum nahen Wald führen. Leise schleichen sich die Eltern zu den ersten Bäumen auf den Hügel empor. Und da sehen sie es: An diesem wunderschönen Märztag liegt Arnold splitternackt ausgestreckt auf einem großen Stein in der Sonne und hält genußvoll die Augen geschlossen.

„Arnold, bist du verrückt geworden?" ruft die Mutter.

„Was treibst du denn hier Unzüchtiges?" will der Vater wissen, tritt auf seinen Sohn zu, zerrt ihn hoch und verabreicht ihm eine Ohrfeige. Arnold Rikli mault: „Ihr wißt ja nicht, was gut tut. Ich empfinde es als das wunderbarste und angenehmste Gefühl im Leben, in der Sonne zu liegen und die Strahlen auf die Haut einwirken zu lassen."

„Das ist sehr ungesund!" mahnt der Vater.

Arnold blickt zu ihm hoch und murmelt: „Vater, so etwas Herrliches kann doch nicht ungesund sein. Die Blumen und Bäume wachsen besser in der Sonne. Warum sollte nicht auch der Mensch in der Sonne besser gedeihen?"

„Du warst lange weg von Wangen!"

Das hübsche Mädchen sagt es zärtlich zu ihrem Freund, umarmt ihn und küßt ihn innig.

Arnold Rikli hat ausgiebige Studien in Physik hinter sich und erlernte das Färbereigewerbe in Bonn. In Elberfeld hat er bewiesen, daß er ein ausgezeichneter Rotfärbertechniker ist. Jetzt sitzt er mit seiner Verlobten Marie Landauer in einem Park in Basel und schmiedet Zukunftspläne.

„Sag einmal", beginnt er gedehnt. „Würde es dir etwas ausmachen, wenn du schon bald meine Frau bist?"

Ein glückliches Lachen überzieht das Gesicht des Mädchens. Sie küßt Arnold wieder.

Unbeirrt fährt er fort: „Ich werde aber nicht in Wangen im elterlichen Betrieb bleiben. Da sind zu viele Münder zu stopfen. Ich möchte mit zwei meiner Brüder nach Österreich übersiedeln und in Seebach, in Oberkärnten, eine eigene Rotfärberei errichten. Wirst du mitkommen?"

„Liebend gern", jubelt Marie und fügt hinzu, „Ich

glaube, du bist ein Mann, der selbst Erfolg erarbeiten muß. Es würde dich auf die Dauer nicht glücklich machen, die vom Vater aufgebaute Fabrik weiterzuführen."

Sie hat es erraten. Arnold Rikli reizt das Abenteuer.

Er flüstert: „Dann werden wir bald Hochzeit machen."

Er macht eine Pause, zieht ein ernstes Gesicht und meint: „Doch vorerst mußt du eine Eignungsprüfung bestehen."

Erstaunt mustert sie ihn.

Er fragt schnell: „Die meisten Frauen hassen die Sonne und gehen ihr aus dem Weg. Wie denkst du darüber?"

Sie lächelt schelmisch: „Ich weiß, daß du die Sonne liebst und verehrst. Darum liebe ich sie auch."

Arnold Rikli nimmt seine Verlobte in die Arme und jauchzt: „Dann werden wir eine gute und lange Ehe führen . . .!"

Es dampft in den Farbkesseln. Es zischt das Kühlwasser der Färbereimaschinen. Stoffballen werden zu Dutzenden von den Arbeitern hereingeschleppt und auf vorbereitete Maschinen gehoben, ehe sie durch die Farbbrühe durchgerollt werden.

Ein Sommertag des Jahres 1848 über dem österreichischen Seebach.

Seit drei Jahren arbeitet die Rotfärberei des Arnold Rikli sehr erfolgreich. Der erst 25jährige Schweizer versteht sein Handwerk. Er führt eine glückliche Ehe und hat ein sehr gutes Verhältnis zu seinen Arbeitern.

Er ist für die Leute mehr als Fabriksbesitzer und Chef. Er ist Vater und Arzt. Denn die Männer und Frauen haben bald erkannt, daß Arnold Rikli eine Menge vom Gesundbleiben und Gesundwerden versteht. Er selbst sucht auch niemals einen Arzt auf. Er kuriert sich und seine Familie mit naturverbundenen Mitteln.

Darum tritt ihm auch an diesem Morgen einer der Maschinenarbeiter zaghaft entgegen und bittet: „Meister Rikli, ich fühle mich seit einigen Tagen hundeelend. Ich habe immer ein so furchtbares Stechen in der Brust. Ich kann mich kaum auf den Beinen halten. Können Sie mir helfen?"

Arnold Rikli läßt den Arbeiter in sein Büro kommen. Hier untersucht er ihn gründlich, sieht ihm in die Augen, in den Mund und horcht ihm die Brust ab.

Dann sagt er überzeugt: „Mein lieber Freund, du arbeitest brav. Doch in deiner Freizeit tust du nichts für deine Gesundheit. Merk' dir eines: Die Dämpfe der Farben sind nicht gut für unsere Lungen und unsere Bronchien. Wir müssen diese Gifte rasch wieder loswerden. Ich gehe täglich zum Fluß, bade dort, mache Bewegung und setze meinen Körper nackt der Sonne aus. Darum bin ich auch immer wohlauf. Das Wasser ist eine gesunde Kaltbehandlung. Die Sonne sorgt für die anschließende ausgleichende Warmbehandlung!"

Am selben Tag führt Arnold Rikli den Färbereiarbeiter zum Fluß und lehrt ihn das Baden im Fluß und das Baden in der Sonne. Dann bestellt er ihn für einen der nächsten Tage in das Sanitätszimmer seiner Fabrik. Hier hat Rikli etwas besonderes gebaut: ein Dampfbett. Es handelt sich um ein gewöhnliches Bett, in das sich der Kranke legen muß. Er wird nicht direkt mit einer Decke versehen. Die Decke hängt weit über ihm auf einem Gestell, sodaß viel Luftraum um den Körper ist. Mittels eines Schlauches wird nun von einem Zylindergerät ständig Dampf unter die Decke gepumpt.

Rikli meint dazu: „Diese Behandlung ist für sonnenlose Tage ein guter Ersatz!"

Vier Wochen später ist der Arbeiter gesund und steht wieder kraftstrotzend an der Maschine. Er erzählt von seiner erfolgreichen Behandlung auch den anderen. Jetzt verehren sie Rikli noch mehr als Heilkünstler. Sie sagen zu ihm „Sonnen-Doktor“. Denn sie wissen, daß vor ihm noch keiner auf die Idee kam, die Sonne als Therapie zu verordnen.

Die Arbeiter bringen damit Arnold Rikli auf einen Gedanken, der ihn nicht mehr losläßt. Er erwägt, eine eigene Sonnenheilanstalt zu eröffnen und sich noch mehr dem Wohl der Menschen zu widmen.

Arnold Rikli atmet noch schwer. Er fühlt sich schwach, spürt aber, wie seine Kräfte sich von Tag zu Tag mehren. Er hat in Seebach eine schwere Rippenfellentzündung durchgestanden und sich eine nervöse Schlaflosigkeit zugezogen. Er hat sich davon selbst geheilt. Doch er braucht Stärkung.

Darum ist er nach Veldes in Oberkrain gereist und unternimmt täglich von dem Gasthof, in dem er wohnt, Spaziergänge zum See und in die Wälder.

Jetzt sitzt er auf dem Balkon des Gasthofes und blickt zum See hinab. Er hat den Wirt rufen lassen und meint zu ihm: „Diese Umgebung am See hat besondere klimatische Vorzüge. Hier scheint auch sehr oft die Sonne. Ich habe mich hier sehr rasch erholen können. Ich werde meinen Aufenthalt verlängern.“

„Das freut mich“, kontert der Wirt, „Wie lange werden Sie bleiben?“

Arnold Rikli erwidert: „Bei Ihnen im Gasthof noch ein paar Monate. Hier im Ort aber für immer. Ich werde meinen Beruf als Färbereibesitzer aufgeben und hier in Veldes eine Heilanstalt für naturverbundene Behandlungsmethoden eröffnen!“

Arnold Rikli führt seinen Plan sehr schnell durch. Noch im selben Jahr – 1855 – wird die Heilanstalt eröffnet. Zur Weihe des Hauses spricht Rikli vor den Bürgern des Ortes und betont: „Der Mensch wird nicht mit Kleidern geboren, sondern trägt urgesetzlich die Bestimmung in sich, in Luft und Licht wie eine wandelnde Pflanze zu leben. Aber ebensowenig wie der Mensch von einem Schneider ausgerüstet in die Welt gesetzt wird, ist er ein Amphibium, das stets mit Wasser zu pritscheln nötig hat. Seiner wahren Natur entsprechend kann er als Licht-Luft-Geschöpf bezeichnet werden. Der vornehmste Einfluß der Luft als belebendes und heilendes Element besteht unstreitig im Licht der Sonne!“

Im Juni 1869 ist ein großer Tag im Leben des Naturheilers Arnold Rikli. Er hat sich vollkommen von verschiedenen Wassermethoden getrennt. Seine Heilanstalt hat jene Form erreicht, die ihm immer im Geheimen vorschwebte.

Stolz führt er eine Gruppe von deutschen Ärzten durch die Anlagen. Sie gehen zwischen 56 Lufthütten hindurch. Diese sind in einem großen Park nebeneinander errichtet. Hier werden die Heilungssuchenden einquartiert. Hier müssen sie schlafen und wohnen.

„Worin liegt der Sinn dabei?“ will ein Arzt wissen.

Rikli erklärt es: „Der Patient ist mit einem einzigen Schritt in einem gesunden Hain in frischer Luft. Jeden Morgen müssen meine Kranken vor ihre Hütten treten und sich der Luft zu einem Gesundheitsbad aussetzen. Mittags gehen sie dann, solange sie es vertragen, in die Sonne, wenn diese scheint. Ich bin dahintergekommen, daß dies bei manchen Leiden besser und intensiver wirkt als Wasserbäder und andere Kuren. Die Luft ist ein Geschenk des Himmels, meine Herren. Ich weiß, daß Sie alle Ihren Patienten raten, sich im Krankheitsfall ja niemals der frischen Luft auszusetzen. Sie machen damit einen großen Fehler. Kranke dürfen nicht vor den Gaben Gottes versteckt werden."

Höhnisch fragt einer der Mediziner: „Na, und bekommen Sie Ihre Lufthütten mit Patienten voll...?"

Arnold Rikli lacht: „Voll? Ich habe so viele Voranmeldungen für meine Kur, daß die Leute mitunter wochenlang warten müssen. Ich konnte in den letzten Wochen gar nicht alle Anmeldungen aufnehmen. Darum wird meine Heilanstalt vergrößert."

Rikli geht weiter und beschreibt den verblüfften Ärzten, wie er sich die Ausweitung seines Kurgeländes vorstellt: „Ich brauche ausgedehnte Licht- und Luftparks, in denen die Menschen wandeln können. Es müssen neue Lufthüttenkolonien errichtet werden. Die Pläne für eine große Sonnengalerie, wo die Patienten unbekleidet ruhen und gehen können, sind bereits fertig. Doch auch die Sonnengalerien müssen Baumbestände aufweisen.

Meine Beobachtung hat nämlich gezeigt: Sonnenbäder sind nur dann bekömmlich und gesundheitsfördernd, solange der Organismus sie als angenehm empfindet. Darum müssen meine Patienten immer genügend Schattenmöglichkeiten vorfinden."

Rikli plant für die große Kuranstalt Sandflächen und Rasenflächen zum Barfußlaufen. Der Naturheiler ist nämlich der Auffassung, daß nur das Barfußlaufen ein gesundes Sonnen- und Luftbaden garantiert, weil durch die nackten Füße ableitende Wirkungen in die Erde stattfinden.

Ein spöttisches Lächeln liegt auf den Lippen der Ärzte, als die Exkursion beendet ist.

Ein gewisser Dr. Mantler hüstelt, bedankt sich und meint abschließend: „Es war alles sehr interessant, Herr

Rikli. Doch sie haben uns nicht überzeugt. Ich für meinen Teil werde weiterhin warnend meinen Finger erheben und kranken Menschen vor dem Genuß von Licht, Luft und Sonne ernstlich abraten. Was Sie tun, Rikli, ist eine Verhöhnung der ehrbaren Medizin. Ich hoffe, daß Ihnen niemals ein Patient stirbt. Sonst sind Sie erledigt...!"

30. April 1906.

Arnold Rikli ist 84 Jahre und kaum mehr bei Kräften. Er hat sich mit guten Freunden in ein gemietetes Haus nach St. Thomas bei Wolfsberg in Kärnten zurückgezogen. Doch er bleibt seiner Naturheilanschauung treu. Er hat sich das Bett, in dem er liegt, auf die Terrasse hinaustragen lassen. Er braucht Luft und Licht.

Der Kampf gegen die Anfeindungen der Schulmedizin hat tiefe Furchen in das Gesicht des Mannes eingegraben. Doch an diesem Tag erfährt er eine Genugtuung. Er hat Besuch. Ein junger Arzt mit Namen Dr. Schöneberger tritt an sein Bett. Er ist der erste Mediziner, der sich zu Riklis Sonnen- und Lichtheilkunde bekennt. Er hat 1898 seine Doktorarbeit über den Einfluß des Lichtes auf den kranken Menschen verfaßt und erregte damit Aufregung unter den Ärzten.

Arnold Rikli reicht ihm dankend die Hand und flüstert: „Wie ein tapferer Soldat habe ich diese lange, lange Zeit für diese gute Sache gekämpft, viel Anfechtungen, Unbill, hohe Verfolgung erlitten. Jetzt habe ich warme Anerkennung erfahren. Ich scheide aus dieser Welt, daß mein Schaffen nicht umsonst war!"

Noch am selben Tag schließt Arnold Rikli für immer die Augen...

Die Lehre vom heilenden Licht

Arnold Rikli war der erste, der in Licht, Luft und Sonne heilende Kräfte erkannte. Seine Behandlungsmethoden bauen sich einzig und allein auf diese drei Faktoren auf. Er war der Meinung, daß nur damit eine individuelle und instinktgerechte Behandlung kranker Menschen durchgeführt werden kann.

Riklis „atmosphärische Kur“ in Veldes begann an schönen Tagen vor Sonnenaufgang, an trüben, regnerischen Tagen später.

Das abkühlende Licht-Luft-Bad dauerte bei schlechtem Wetter 15 Minuten, bei sonnigem Wetter bis zu zwei Stunden. Die Patienten durften dabei – je nach Verfassung – gehen, laufen, Steine werfen, hüpfen oder ruhen. Der Kranke wurde dabei nicht der Sonne ausgesetzt.

Das erwärmende Licht-Luft- oder Sonnenbad wurde unter Einfluß der Sonne auf einer Plattform liegend genommen. Dieser Platz war durch Holzwände vor Luftströmungen geschützt. Die Sonnenbestrahlung dauerte bei fortgeschrittener Behandlung 40 Minuten mit anschließend 20 Minuten Luftbad. Entzündete Stellen des Körpers wurden in der Sonne mit feuchten Tüchern bedeckt.

Das ableitende Halbsonnenbad fand am Vormittag statt und betraf nur die untere Körperhälfte. Kopf und Brust erhielten im Schatten gleichzeitig feuchte Aufschläge.

Schließlich gab es bei Rikli noch das Bett-Dampfbad als Wärmespender für kühle und sonnenlose Tage. Es wurde im Falle akuter Erkrankungen eingesetzt. Der Wasserdunst hatte eine Temperatur von 37 bis 42 Grad Celsius. Es dauert bis zu 40 Minuten und hatte eine beruhigende Wirkung auf den Organismus.

Das ist heute aus der Lehre geworden

Daß das Sonnenlicht zu den Lebensfaktoren gehört, bei deren Mangel die Entwicklung in der Natur zurückbleibt und Schaden leidet, ist heute bereits eine so allgemeine Beobachtung, daß sie gar nicht mehr bewiesen zu werden braucht. Zweifelsohne hat Arnold Rikli zu dieser Erkenntnis als erster intensiv beigetragen. Der Mangel an Sonnenlicht führt zu schweren Stoffwechsel- und Entwicklungsstörungen bei Mensch, Tier und Pflanze. Die gesundheitlichen Folgen vom Wohnen in sonnenarmen Elendsvierteln sind hinlänglich bekannt. Mangelnde Sonne und Luft führen zur Herabsetzung der Widerstandskraft gegen Ansteckungen aller Art, zur Begünstigung der Tuberkulose und der Englischen Krankheit.

Allerdings ist heute wissenschaftlich erwiesen, daß eine übertriebene Sonnenbestrahlung bei entsprechend veranlagten Menschen zu schweren Reizzuständen führen und bei bestimmten Krankheiten Verschlimmerung herbeiführen kann. Für die naturgemäße Lebensweise muß also davon ausgegangen werden, daß der Aufenthalt im gestreuten Licht bei mäßiger direkter Sonneneinwirkung nützlich ist, daß aber auch direkte starke Sonnebestrahlung zu bestimmten Heilzwecken in Frage kommt, wenn genaue ärztliche Anweisungen eingehalten werden. Chronisch infizierte Wunden, tuberkulös infizierte Wunden sowie Fisteln heilen bei intensiver Sonneneinstrahlung bemerkenswert ab. Auch gegen Gelenk-, Drüsen- und Knochentuberkulose ist reichliche Sonne sehr wirksam; besonders die Sonne im Hochgebirge.

Manche Hautleiden – etwa die Schuppenflechte – reagieren überaus günstig auf Sonnenbestrahlung. So mancher Dermatologe hilft seinem Patienten am besten, indem er ihn in den sonnigen Süden schickt. Das Luftbad zählt heute zur Therapie manches naturfreundlichen Hausarztes für eine Reihe von Leiden.

Das Sonnenbad kommt nur bei ganz speziellen Krankheiten in Frage. Meist handelt es sich um verordnete Teilbestrahlung unter Abdeckung der übrigen Körperteile. Der Kopf und der Nacken müssen durch Hüte abgeschirmt werden. Besonders vorsichtig muß die Frühlingssonne konsumiert werden.

Nach Rikli haben die Ärzte Dr. Bernhard in St. Moritz und Prof. Dr. Bier in Berlin die Behandlung weiterentwickelt. Dr. Rollier stellte dann Naturheilregeln zur allgemeinen Gesunderhaltung auf: Am ersten Tag werden Füße und Unterschenkel an Vorder- und Rückseite je fünf bis zehn Minuten bestrahlt, am zweiten Tag Füße, Ober- und Unterschenkel ebenso. Am dritten setzt man die Beine und den Leib zehn Minuten der Sonne aus. Am vierten Tag Beine, Leib und Rücken je zehn Minuten, und erst am fünften Tag erfolgt eine Ganzbestrahlung je zehn bis fünfzehn Minuten.

Ein wichtiger Hinweis

Im Krankheitsfall darf der Patient niemals Sonnenstrahlen auf sich einwirken lassen, wenn er sich nicht zuvor ausführlich mit seinem Arzt besprochen hat. Ein gesunder Mensch dagegen sollte – vor allem in den Ferien – stufenweise Kontakt mit der Sonne suchen, um sich einen schmerzhaften, entstellenden und mitunter folgenschweren Sonnenbrand mit Hautverbrennungen zu ersparen. Die Sonne ist gesund – aber nur mit Maß und Ziel.

KAPITEL IX

SAMUEL HAHNEMANN
1755–1843

Dr. Samuel Hahnemann: Er ist der Begründer der Homöopathie

Die „Zaubertränke“ des Wanderdoktors

Durch die schmalen und hohen Fenster des Hörsaales VII an der medizinischen Fakultät der Universität Leipzig schickt die Oktobersonne des Jahres 1775 ihre matten, aber noch warmen Strahlen. Um einen großen runden Tisch, bedeckt mit einem grünen Samttuch, sitzen sieben Professoren, vorwiegend Mediziner. Vor ihnen steht in aufrechter Haltung ein schlanker 20jähriger Student.

Die scharfe Stimme von Professor Lüders durchschneidet die Stille des Raumes: „Christian Friedrich Samuel Hahnemann, Student der medizinischen Fakultät der Universität Leipzig! Bevor wir in medias res dieser Disziplinaruntersuchung gehen, ist es noch unsere Aufgabe, einige Daten zu klären.“

Der Student Hahnemann nickt verbindlich.

Professor Lüders setzt an: „Sie wurden am 11. April 1755 in Meißen geboren. Sie sind das dritte Kind des Kunstmalers Christian Gottfried Hahnemann und der Johanna Christiana Hahnemann, geborene Spieß, Tochter des bekannten sächsischen Ober-Regiments-Quartiermeisters Spieß. Der Vater arbeitet mit großem Erfolg in der Meißner Porzellanmanufaktur!“ Hahnemann bestätigt die Angaben durch eine leichte Verneigung.

„Studiosus Hahnemann, Sie haben es in erster Linie dem gütigen Magister Müller, Rektor der Meißner Fürstenschule, zu verdanken, daß Sie heute an der Universität sein dürfen. Magister Müller hat sich Ihrer angenommen, Ihnen Unterricht in Fremdsprachen gegeben und Sie mit den Grundkenntnissen der Medizin vertraut gemacht. Ihr Vater hätte kaum die finanziellen Möglichkeiten gehabt, Sie studieren zu lassen, wenn nicht Magister Müller mitgeholfen hätte und Sie bei Schülern seiner Anstalt als Nachhilfelehrer empfohlen hätte . . .!“

Samuel Hahnemann antwortet leise: „Das stimmt, Herr Professor. Ich kann mir mit dem Erlös aus meinen Nachhilfestunden und mit meinen Übersetzungen für Schreibbüros mein Studium selbst bezahlen. Mein Vater verdient wenig und hat eine große Familie zu ernähren. Er gab mir beim Abschied 20 Taler. Mehr durfte ich nicht erhoffen."

Professor Lüders schmunzelt überheblich. Er klopft mit den Fingern der rechten Hand auf den Tisch und unterbricht den Studenten ungeduldig: „Das interessiert uns nicht. Kommen wir zur Sache. Studiosus Hahnemann, Sie sind seit Ostern dieses Jahres an unserer Fakultät. Und Sie stoßen Ihre Lehrer in zunehmendem Maße vor den Kopf. Sie benehmen sich aufsässig, boykottieren die Vorlesungen, suchen mit Ihren Professoren Streit bei Diskussionen und schreiben in wichtigen Unterrichtsfächern mitunter aus Protest nicht mit. Sie wiegeln andere Studenten gegen den Unterricht auf und versuchen, haarsträubende Anschauungen, die wider die Schulmedizin sprechen, zu verbreiten. Sie erregen weiters den Unmut ihrer Kommilitonen, indem Sie sich geselligen Runden nicht anschließen und nach dem Unterricht lieber fragwürdige Verrenkungen in freier Luft ausüben."

Hahnemanns Augen blitzen kampflustig auf. Ohne sich zu Wort gemeldet zu haben, fällt er dem Leiter der Disziplinarkommission ins Wort: „Herr Professor, ich bin mir nicht bewußt, solch aufrührerische Tätigkeit an der Universität Leipzig zu entfalten. Ich habe mir doch nur einige Male erlaubt, zum Thema Schulmedizin meine offene Meinung zu sagen!"

„So, so", erkundigt sich Rektor Lichtenfels spöttisch, „und wie ist denn so Ihre Meinung zu unserer Schulmedizin?"

Samuel Hahnemann ergreift die Chance, seine Grundeinstellung zum Thema Kurieren und Heilen einmal vor so einem Forum darzulegen: „Meine Herren Professoren: Ich habe seit meinem Studium in Leipzig gelernt, daß die Schulmedizin jegliche Krankheitszeichen durch gegenwirkende Mittel unterdrückt, also contraria contrariis. Fieber wird herabgesetzt. Entzündungen werden durch Eisbeutel eingedämmt. Den Hautausschlag beheben Salben. Mein gesunder Menschenverstand sagt mir jedoch, daß das nicht immer richtig sein kann. Warum läßt man dem Körper keine Chance, sich selbst zu heilen, die Krankheitsherde zu besiegen? Man sollte doch besser dem Patienten Mittel verabreichen, die die abwehrenden und heilenden natürlichen Vorgänge im Körper unterstützen."

„Und was für Mittel sollen das sein?" fragen gleichzeitig drei der Professoren voll Hohn.

Der Studiosus meint leise: „Ich hoffe, daß ich in meinem Leben mithelfen kann, dies herauszufinden."

„Sie wollen also bei uns nicht studieren, sondern die Schulmedizin bekehren?" fragt Professor Lüders aggressiv. Er wartet keine Antwort ab und brüllt Samuel Hahnemann an: „Was bilden Sie sich eigentlich ein? Es wäre besser, Sie würden Kurpfuscher werden und nicht Arzt. Ich warne Sie: Wenn Sie noch einmal derart unwissenschaftlichen Unsinn von sich geben und andere Studenten unsicher machen, dann fliegen Sie. Wir geben Ihnen noch eine Chance...!"

Die Vormittagsvisite im Spital der Barmherzigen Brüder in der Wiener Leopoldstadt ist zu Ende. Professor Quarin, der Leiter des angesehenen Krankenhauses, welches als Musteranstalt für ganz Europa gilt, strebt seinem Dienstzimmer zu. Im Gehen streift er bereits seinen weißen Mantel ab. Hart auf den Fersen folgt ihm der Medizinstudent und Spitalshelfer Samuel Hahnemann, 23 Jahre alt.

Kaum hat sich die Türe des Chefzimmers hinter den beiden geschlossen, da wirft sich Prof. Dr. Quarin in den Sessel hinter seinem Schreibtisch und bietet auch dem jungen Deutschen Platz an. Sofort beginnt er: „Mein lieber Hahnemann, jetzt hören Sie mir einmal gut zu. Sie wissen, wie sehr ich Sie mag und schätze. Aber hören Sie, bitte, auf, mir ständig vor den Patienten Vorschläge über eine sinnvollere und wirkungsvollere Behandlung zu machen. Wenn Sie alles besser wissen, warum sind Sie dann nach Wien gekommen?"

Hahnemann antwortet bedrückt: „Sie wissen genau, Herr Professor, daß man mich in Leipzig von der Universität geekelt hat. Ich dachte mir, Wien ist die Hochburg der Medizin. Da werde ich eine Menge lernen!"

„Ja, aber lieber Freund: Sie wollen ja von der Schulmedizin nichts lernen. Sie haben sich da in eine Scharlatans-Theorie verstiegen. Was haben Sie mir da vorhin über den Patienten vom Zimmer 45 vorgefaselt?"

Hahnemann sprudelt nur so seine Antwort hervor: „Ich fand es falsch, daß Sie dem Mann mit der schweren Kehlkopfentzündung das hohe Fieber gesenkt haben und sein Krankheitsbild durch aufgetragene Salben verschleiern. Ich habe einmal privat ein derartiges Leiden an einem Bekannten mit Belladonna und Ammonium bromatum ausgeheilt!"

„Waaas haben Sie gemacht?"

Die Frage klingt fassungslos und drohend.

„Ich habe mir aus Heilpflanzen in korrekter Weise in meinem Labor zu Hause einen Trank hergestellt, den ich dem Kranken verabreichte. Er durfte davon nur ganz kleine Mengen nehmen."

„Und warum gerade diese Mischung?"

„Weil ich an mir selbst ausprobiert habe, daß sie – in stärkeren Dosen – bei einem gesunden Menschen alle Symptome einer Kehlkopfentzündung hervorruft. Ich bin der Lösung meines Problems nahe. Die Schulmedizin heilt mit gegenwirkenden Mitteln. Ich aber versuche es im Sinne von similia similibus. Ich heile Ähnliches mit Ähnlichem ..."

Nachdenklich meint Dr. Quarin: „Jetzt ist mir vieles klar."

„Was?" will Hahnemann neugierig wissen.

„Warum Sie an der Uni in Wien keinen guten Ruf haben. Sie sind den Professoren durch Ihr ewiges Fragen und Dagegenreden bei den Vorlesungen sowie bei den Prüfungen ein Dorn im Auge. Hahnemann, nehmen Sie einen Rat von mir an. Gehen Sie fort aus Wien. Hier wird man Sie niemals das Doktorat machen lassen."

Quarin angelt sich ein Stück Papier und schreibt einen Namen darauf: Baron von Brukenthal. Er reicht Hahnemann den Zettel und erklärt ihm väterlich: „Das ist der Gouverneur von Siebenbürgen. Ich kenne ihn sehr gut. Er wird Ihnen in Hermannstadt unter günstigen Bedingungen eine Stelle als Hausarzt verschaffen und wird Sie in seiner Bibliothek einstellen, damit Sie keine finanziellen Sorgen haben. Arbeiten und lernen Sie, damit Sie dann rasch in Erlangen die Doktorwürde schaffen. In Erlangen ist man gegen Widerspruchsgeister großzügiger und duldsamer ..."

Ein heißer Nachmittag im August des Jahres 1781 brütet über der deutschen Stadt Dessau. Auf dem Marktplatz steht ein alter Planenwagen mit zwei müden, abgerackerten Gäulen. Die Zeltplane des Gespanns ist vielfach geflickt und löchrig. Es ist die fahrbare Ordination des jungen Arztes Dr. Samuel Hahnemann. Er hat am 10. August 1779 in Erlangen sein Doktorat gemacht und sich nebenher eingehend mit der Kräuterkunde befaßt. Er wurde in der Schulmedizin ausgebildet. Doch er hat die feste Absicht, sie nicht auszuüben. Er will seine Theorie verfolgen: mit Tränken aus Heilkräutern den kranken Körper zur Selbsthilfe anzufeuern.

Sieben Patienten haben bei dem „Zigeuner-Doktor", wie sie den Herumziehenden nennen, vorgesprochen. Er hat sie alle gründlich befragt, untersucht und ihnen dann einige Fläschchen von seiner Medizin mitgegeben.

Ein schlankes junges Mädchen mit langen dunklen Haaren und bildschönen Augen klettert die Sprossenleiter in den Planwagen hoch. Als sie vor Samuel Hahnemann steht, durchzuckt es den Arzt wie ein Blitz. Zum ersten Mal in seinem Leben übt eine Frau eine faszinierende Anziehungskraft auf ihn aus. Bisher kannte er nur seine Arbeit.

Ehe er noch nach dem Begehr des Fräuleins fragt, spricht sie schon: „Ich habe immer so schreckliche Kopfschmerzen. Ich möchte einen Eurer Zaubertränke haben, Doktor!"

Jetzt lächelt Hahnemann: „Ach, wie seid Ihr doch alle albern. Das sind keine Zaubertränke, die ich da verschreibe. Das sind Medizinen, Kräuterextrakte, die Euch auf natürlicher Basis gesund machen. Ich bin doch kein Magier."

„Ihr seid also nicht verhext, nicht mit dem Teufel im Bunde?" fragt das Mädchen und sieht Hahnemann mit großen Augen an. Sie kann ihre Blicke nicht von dem jungen Arzt wenden. Sie hat sich auf den ersten Blick in ihn verliebt.

Dr. Hahnemann legt seine rechte Hand auf die Schulter des Mädchens: „Wer erzählt denn solche Dummheiten?"

„Mein Vater", antwortet sie leise. „Ich muß etwas gestehen: Ich hab' gar keine Kopfschmerzen. Ich heiße Henriette Küchlerin und bin die Stieftochter des Apothekers Häseler am Platz. Er schickte mich her, weil ich Eure Zaubereien ausspionieren sollte. Er will Euch nämlich bei der Behörde anzeigen ...!"

„Himmelkreuzdonnerwetternocheinmal!"

Fluchend sinkt der Apotheker Häseler in seinen Sessel. Er ist außer sich: „Da schickt man das Kind zu diesem Wanderdoktor, damit es Material gegen ihn sammelt, und dann verliebt es sich in ihn."

Henriette kniet vor dem Stiefvater nieder: „Er ist ein wundervoller und hübscher Mann. Ich glaube, er mag mich auch. Wir sind füreinander geschaffen."

Hart schlägt die Faust des Apothekers auf die Tischplatte: „Eher erschlag ich dich, als daß du diesen vagabundierenden Arzt heiratest."

Er greift sich an die Brust und stöhnt: „Ach, mein Herz, mein armes Herz, mein schwaches. Und all diese Aufregungen habe ich nur deinetwegen, Henriette."

Henriette Küchlerin zieht ein Fläschchen unter der Schürze hervor und reicht es dem Vater: „Da, nimm fünf Tropfen davon. Aber nur genau fünf Tropfen und nicht mehr!"

Der Apotheker, der sich elend fühlt, tut, was ihm geraten wird. Dann schließt er die Augen und meint: „Ach, das tut gut. Das entspannt und erleichtert. Und das Stechen ist auch nicht mehr so stark. Was hast du mir da gegeben?"

Leise antwortet Henriette: „Das waren Herztropfen von Dr. Hahnemann ..."

Der Apotheker schaut einige Sekunden erstarrt drein. Dann wiegt er den Kopf: „Scheint ein verdammt tüchtiger Kerl zu sein. Also, in Gottes Namen. Er soll morgen zu uns zum Abendessen kommen ....“

Das verrückte Aprilwetter des Jahres 1812 läßt alle Hoffnungen der Bewohner von Leipzig auf ein schönes Frühjahr sinken. Eisige Stürme pfeifen durch die Straßen der Stadt. Schnee und Hagel wechseln sich ab. Am Stadtrand von Leipzig ist eine stattliche Villa renoviert worden. Auf einer Kupfertafel prangt am Gittertor die Aufschrift: Institut für promovierte Ärzte.

In allen Zeitungen Leipzigs ist die Eröffnung seit Tagen angekündigt. Jetzt ist es soweit: Besitzer und Leiter des neuen Institutes ist Dr. Samuel Hahnemann, 57 Jahre alt, verheiratet, Vater von elf Kindern. Nach ruhelosen Wanderjahren mit der ganzen Familie in seinem Planenwagen durch die Städte Herrstedt, Gommern, Dresden, Leipzig, Gotha, Georgenthal, Göttingen, Molschleben, Pyrmont, Wolfenbüttel, Braunschweig, Königslutter, Hamburg, Altona, Mölln, Machern, Eilenburg und Torgau hat er endlich Geld und Möglichkeiten, sich niederzulassen.

Seine Frau Henriette, die ihm treu überall hin folgt, weiß, daß dieser Apriltag 1812 für ihren Mann die Erfüllung langer Wunschträume ist. Er will Ärzte zu sich laden und ihnen seine Erfolge auf dem Gebiet der Homöopathie beweisen. Er will die Schulmedizin dazu bringen, sich mehr zur natürlichen Heilung der Krankheiten zu bekennen. Er will seine Kenntnisse auf dem Gebiet der Kräuterkunde und Drogenherstellung aus diesen Kräutern gern weitergeben.

Nervös schreitet Dr. Hahnemann – besorgt von seiner Frau beobachtet – in seinem Arbeitszimmer auf und ab. Die Stunden verrinnen. Dann ist der Tag, an dem die sechsmonatigen Seminare des neuen Institutes beginnen sollten, vorbei. Gegen 20 Uhr schließt Hahnemann selbst das Gittertor. Kein einziger Arzt hat seinem Ruf Folge geleistet.

Kurz vor Mitternacht fährt eine Kutsche vor der Villa vor. Der Sohn des verstorbenen Baron von Brukenthal aus Hermannstadt bittet zu so später Stunde, noch zu Dr. Hahnemann vorgelassen zu werden. Ehrfurchtsvoll begrüßt er den Arzt: „Mein Vater, der Gouverneur von Siebenbürgen hielt große Stücke auf Sie, Doktor. Er bat mich am Totenbett, Ihnen sofort zu helfen, falls Sie Sorgen und Schwierigkeiten haben. Ich glaube, es ist soweit. Geben Sie den Plan mit diesem Institut wieder auf. Ich habe eine andere Aufgabe für Sie. Sie sollen an der Universität Leipzig im Wintersemester 1812 Vorlesungen über Ihre naturheilkundlichen Erfahrungen halten."

Dr. Hahnemann schwankt leicht. Er kann es nicht fassen, daß endlich für ihn die Möglichkeit gegeben ist, sein Wissen an Akademiker weiterzugeben ...

Nur ein kleines Öllämpchen brennt im Schlafzimmer. Der Kalender zeigt den 31. März 1830. Im Ehebett liegt Henriette Hahnemann, 70 Jahre alt. Sie erkennt ihre Mitmenschen nicht mehr. Ihr Leben, vom Krebs gezeichnet, hängt nur noch an einem Faden. Am Bett wacht eine Klosterschwester.

Dr. Samuel Hahnemann, 75 Jahre, kommt früher als sonst aus seiner Ordination. Seit Jahren ist er von Patienten überlaufen. Seine Methode findet mehr und mehr Anklang. Nur etliche Ärzte neiden ihm den Erfolg und machen ihm Schwierigkeiten.

Im Augenblick ist ihm das egal. Die Sorge und die Trauer um seine Frau stehen ihm ins greise Gesicht geschrieben.

Kaum hat er den Vorraum betreten, eilt ihm schon der

behandelnde Kollege entgegen. Er zieht Dr. Hahnemann mit sich und schiebt ihn ins Schlafzimmer. Dabei flüstert er: „Es geht mit ihr zu Ende!“

Hahnemann kniet neben Henriette nieder. Er küßt ihr die Hände. Tränen laufen ihm dabei über die Wangen: „Ich liebe dich. Danke für unsere gemeinsamen glücklichen 48 Jahre. Du warst immer mein Engel!“

Er spürt einen zarten Druck in ihren Händen. Dann sinkt ihr Kopf zurück. Henriette Hahnemann hat ausgelitten. Verstört wendet sich der Arzt ab und geht in sein Arbeitszimmer hinüber. Die Haushälterin wartet dort und fragt: „Herr Doktor, draußen sitzt eine junge Dame. Sie läßt sich nicht wegschicken. Sie sagt, es sei lebenswichtig. Darum wäre sie hierhergekommen!“

Dr. Hahnemann winkt matt mit der rechten Hand: „Sie soll hereinkommen.“

Minuten später steht die bildhübsche 35jährige Französin Marie Melanie d'Hervilly vor dem Doktor. Sie strahlt ihn an.

„Ich liebe und verehre Sie seit Jahren. Sie müssen mir helfen. Ich bin schwer krank. Ein Unterleibsleiden. Sie sind meine letzte Hoffnung.“

Der greise Hahnemann will sie wegschicken, will sagen, daß soeben seine Frau verstorben ist. Doch er bringt es nicht fertig. Die Französin hat ihn verhext. Er starrt sie immer wieder bewundernd an.

Da geschieht etwas Unerwartetes. Mademoiselle d'Hervilly gesteht: „Doktor, ich wohne seit Tagen im Nebenhaus. Ich habe es gemietet und gewartet, bis Ihre liebe Frau von ihrer schweren Krankheit erlöst ist. Ich lege Ihnen mein Herz zu Füßen. Ich bin reich. Sehr reich. Kommen Sie auf der Stelle von Köthen mit mir nach Frankreich. Machen Sie mich gesund, und ich werde Sie dafür zum berühmtesten Arzt von Paris machen.“

Der greise Hahnemann hat so etwas noch nie erlebt. Er verliert vollkommen die Beherrschung. Er nimmt die junge Frau in die Arme und küßt sie auf die Stirn. Dabei murmelt er ergriffen: „Henriette, bitte verzeih' mir! Aber diese Frau hier gibt mir neuen Lebensmut..."

Am 18. Jänner 1835 heiratet Dr. Samuel Hahnemann im Alter von 80 Jahren in Köthen die Französin. Am 7. Juni 1835 löst der Begründer der Homöopathie seinen Haushalt auf und reist mit seiner jungen Frau nach Paris. Binnen weniger Wochen sammelt er mit ihrer Hilfe einen einflußreichen und wohlhabenden Patientenkreis um sich. Er verdient erstmals mit seiner Methode enormes Geld. Hahnemann ist plötzlich ein reicher Mann.

Eine stockdunkle Nacht über dem Friedhof von Montmatre. Im Licht von drei Laternen öffnen drei Männer die Gruft der Familie d'Hervilly. In schwarzen Trauerkleidern steht die Französin vor dem Familiengrab. Die zwei Särge ihrer beiden verstorbenen Gatten stehen darin. Jetzt wird der dritte Sarg in die Tiefe gesetzt.

Der Sarg mit Dr. Samuel Hahnemann. Er starb am 2. Juli 1843 im 88. Lebensjahr. Neun Tage hat ihn die junge Witwe bei sich zu Hause in aller Heimlichkeit aufgebahrt. Niemand weiß zu diesem Zeitpunkt über Krankheit und Ableben des Arztes etwas. Die Arztgattin hielt alles streng geheim. Sogar das Begräbnis.

Plötzlich steht ein blasser, älterer Mann neben der Französin.

Sie zuckt zusammen: „Was wollen Sie hier in der Nacht auf dem Friedhof?"

Mit geheimnisvoller Fistelstimme fragt er: „Was haben Sie zu verbergen, Madame? Sie tragen den dritten Gatten zu Grabe und haben von ihm Millionen geerbt. Sie haben alle drei Ehemänner des Nachts heimlich in die Gruft schaffen lassen. Diese Gruft trägt keine Tafel mit den Namen der Toten und wird nicht gepflegt. Und niemand weiß, wie Ihre Männer starben..."

„Schweigen Sie, unverschämter Mensch", zischt Marie Melanie d'Hervilly erregt. Der Fremde geht schweigend davon.

Zwei Tage später ist er tot. Man findet ihn, von einer Kutsche überfahren, auf einem Waldweg. Er war der Privatdetektiv Pierre Landford...

Dr. Samuel Hahnemanns Leiche wird erst 1898 auf den Friedhof Père Lachaise überführt und mit seiner inzwischen verstorbenen jungen Gattin bestattet...

Die Lehre von den heilenden Drogen

Samuel Hahnemann hat das Wort „Homöopathie" selbst in der Naturheilkunde eingeführt. 1807 verfaßte er seine erste aufsehenerregende Arbeit darüber mit dem Titel „Fingerzeige auf den homöopathischen Gebrauch der Arzneien in der bisherigen Praxis". Der Artikel erschien in Hufelands „Journal". Hahnemanns bedeutendstes Werk erschien 1828 unter dem Titel „Die chronischen Krankheiten, ihre eigentümliche Natur und homöopathische Heilung". Er selbst aber führte für sich und seine Patientenbetreuung Tagebuch. In kleiner zierlicher Handschrift legte Hahnemann 38 deutsche und 16 französische Kranken-Journale an. Es handelt sich dabei um ausführliche Krankheitsberichte und Berichte von homöopathischen Heilungen.

Samuel Hahnemann kommt das Verdienst zu, daß er schon als ganz junger Arzt die Verschiedenartigkeit der einzelnen Drogen nach ihrer Herkunft, Lagerung und ihrem Alter erkannte und damit auch die Verschiedenartigkeit in der Wirkung auf die Kranken feststellte. Er hat als erster den Zweifel aufkommen lassen, ob die in den damaligen Apotheken vorhandenen Arzneien überall und bei allen Kranken den gleichen Wert und die gleiche Wirkung besitzen. Auf Grund dieses Zweifels ging er dazu über, selbst die Drogen zur richtigen Jahreszeit zu sammeln und in bester Form aufzubewahren. Er stellte die ideale Forderung, daß der Arzt das Rezept aus seinem eigenen Vorratsschrank herstellen müßte. Er selbst kam dieser Forderung gewissenhaft nach. Damit zog er sich nicht nur die Feindschaft seiner Arztkollegen, sondern auch die der Apotheker zu.

Sehr bald hatte Hahnemann auch die Unzulänglichkeiten der damaligen Rezeptur erkannt. Man mischte nämlich verschiedene Drogen zu einem Heilmittel und wartete ab, ob der Kranke sich nach Gebrauch mehrerer Flaschen erholte. Hahnemann dagegen ging dazu über, dem Kranken nur eine einzige Droge vorzusetzen und sofort die Wirkung abzuwarten. Dabei erkannte er, daß durchaus das eine Mittel einem Kranken half, einem anderen nicht. Für Hahnemann wurde daher das höchste Gebot die Individualisierung der Kranken.

Einen weiteren Schritt tat der Naturheilarzt, indem er folgende These aufstellte: Die Wirkung jeder Arznei muß zuerst am gesunden Menschen – am besten am Arzt selbst – ausprobiert werden. Nur so könne man gültige Schlußfolgerungen treffen. Hahnemann und seine Familie waren daher nicht nur Pflanzensammler und Drogenbereiter, sondern auch Versuchspersonen.

Der Grundgedanke von Hahnemanns Lehre war: Der Arzt muß aus bestimmten Pflanzen bestimmte Essenzen – sprich Drogen – herstellen, die er dann dem Patienten gibt, um dessen Krankheitszustand künstlich zu verstärken. Die Symptome des Leidens wurden sozusagen „angeheizt". Dadurch wurde der Körper dazu angeregt, starke Abwehrmaßnahmen von sich in die Wege zu leiten und eine Genesung einzuleiten.

Fast ein Jahrhundert wurde Hahnemanns Lehre leidenschaftlich von allen Ärzten abgelehnt. Dann erst nahm der Berliner Arzt Prof. August Bier neuerlich den Kampf für Hahnemanns Theorien auf. Jetzt fanden sich auf der ganzen Welt Anhänger. Samuel Hahnemann wurde nach seinem Tod in zunehmendem Maße verehrt. In Washington, Paris und Leipzig, in Dessau und Köthen wurden Denkmäler für Hahnemann errichtet. In den USA und in Britisch-Indien wurden homöopathische Universitäten eröffnet.

Das ist heute aus der Lehre geworden

Die Homöopathie hat nicht gerade einen Siegeszug um die Welt angetreten. Doch sie hat sich im Rahmen der Naturheilkunde in der Medizin etabliert. Auch heute werden von vielen Experten aus pflanzlichen Grundstoffen Drogen zur homöopathischen Behandlung hergestellt. Wichtig ist bei dieser Therapie, daß der Arzt den Ursprung der Krankheit erkennt. Alle Arzneien sind nur aus naturbelassenen Stoffen.

Heute gibt es in der modernen Homöopathie ungefähr 2500 Arzneien dieser Art, die in der Behandlung Verwendung finden. Es sind dies Tinkturen, die aus Arzneipflanzen, mitunter aber auch aus Metallen sowie organischen und anorganischen Stoffen gewonnen werden. Weiß der Arzt über das Leiden des Patienten genau Bescheid, verabreicht er ihm ein homöopathisches Mittel in Form von Tabletten, Tropfen, Säften oder in Form einer

Injektion. Es kommt vor, daß nach der ersten Behandlung die Krankheitssymptome stärker werden.

Der „potenzierte“ Stoff – also die durch eine besondere Behandlung in ihrer Wirkung gesteigerte Heilsubstanz – wird stets in einer sehr hohen, manchmal kaum vorstellbaren Verdünnung gereicht. Es gibt daher in der Homöopathie bestimmte Bezeichnungen. Zur Droge gibt es die Angaben D 1 bis D 23, wobei die Zahl jeweils aussagt, in welchem Vielfachen von 10 die Verdünnung erfolgt. Also 1:10, 1:100, 1:1000 und so fort. In den homöopathischen Therapieanleitungen heißt es dann aber D 1, D 2, D 3 usw. Die Zahl nach dem D ist gleichbedeutend mit der Anzahl der Nullen. So bedeutet D 3 eine Verdünnung von 1 zu 1000, D 12 eine Verdünnung von 1 zu 1,000.000.000.000 (eins zu einer Billion).

Die Behandlungsmethode erfordert vom Patienten und vom Arzt viel Geduld. Nur ein erfahrener Mediziner kann die Homöopathie praktizieren. Falsche Verdünnung der Mittel oder eine falsche Diagnose können dem Patienten schwer schaden. Der Kranke darf vom Homöopathen natürlich keine Wunder erwarten. Die Wirkung der Drogen ist nicht so spektakulär und schnell wie bei der Chemotherapie oder der Antibiotika-Behandlung. Allerdings: Die von der Medizin niemals geleugneten schädlichen Nebenwirkungen der üblichen Medikamente fallen weg. Allerdings: Homöopathische Selbstbehandlungen können lebensgefährlich sein.

Viele Schulmediziner bekennen sich heute zur Homöopathie. Das beweist die Tatsache, daß es in der Bundesrepublik Deutschland eine Reihe von Krankenhäusern mit homöopathischen Abteilungen gibt. Und zwar das Kreiskrankenhaus von 7150 Backnang, die Naturheilklinik Odeborn in 5920 Berleburg, das St. Josefs-Krankenhaus in 4630 Bochum, die Waldhausklinik in 8901 Deuringen, das Kreiskrankenhaus in 7290 Freudenstadt, das Kreiskrankenhaus in 7290 Heidenheim, das Gemeinschaftskrankenhaus in 5804 Herdecke, das Ludwig-Noll-Krankenhaus in 3500 Kassel, das Krankenhaus Eben-Ezer in 4920 Lemgo, das Krankenhaus für Naturheilverfahren in 8000 München, das Homöopathische Krankenhaus in 6050 Offenbach, das Ketteler-Krankenhaus in 6050 Offenbach und das Robert-Bosch-Krankenhaus in 7000 Stuttgart.

Eine wichtige Adresse

Wer sich für die Homöopathie als Naturheilverfahren unserer Zeit und für homöopathische Behandlungsmethoden interessiert, wendet sich an:

Deutscher Zentralverein
homöopathischer Ärzte e.V.
D-6500 Mainz
Kaiserstraße 12

Kapitel X

LEOPOLD EMANUEL FELKE
1856–1926

„Lehmpastor“ Leopold Emanuel Felke: Er vereinigte mehrere Naturheilmethoden zu einer

Die Heilerfolge des Lehm-Pastors

Die glutrote Abendsonne wirft ihre letzten Strahlen über die kleine deutsche Ortschaft Kläden bei Stendal in der Altmark. Das bescheidene Einfamilienhaus des Rektors Joseph Felke liegt verträumt im Schatten einiger riesiger Tannenbäume. Der Rektor ist soeben zu Fuß nach Hause gekommen. Er hat den ganzen Tag am Lehrerseminar unterrichtet. Seine schlanke, hübsche Frau begrüßt ihn an der Türe.

Es ist ein Julitag des Jahres 1868.

„Wo sind die Kinder?“ fragt Joseph Felke, gewohnt, daß ihm seine sieben Sprößlinge mit wilden Begeisterungsrufen entgegenstürmen.

„Sie waren schon so hungrig und sitzen bereits beim Abendbrot-Tisch!“ erklärt die Mutter und seufzt dann: „Nur Emanuel fehlt natürlich wieder. Er treibt sich irgendwo im Garten umher und hört nicht auf mein Rufen!“

Der Rektor begrüßt die drei Jungen und die drei Mädchen im Speisezimmer. Dann macht er kehrt und eilt mit zorniger Miene in den Garten. Keine Spur von Emanuel. Weder auf dem Spielplatz, noch beim Ententeich.

Endlich entdeckt Joseph Felke seinen Sohn. Verängstigt steht er im hintersten Winkel des Gartens in der Lehmgrube, aus der Vater immer die gute gelbe Lehmerde sticht, wenn Mutters Küchenherd innen neu ausgemauert werden muß. In der Grube steht Wasser. Es hat in der Nacht zuvor geregnet.

Verwundert ruft der Vater: „Emanuel! Was soll das? Warum stehst du in dem lehmigen Schlamm. Komm essen, aber schnell!“

Zaghaft meint der 12jährige Gymnasiast: „Ich kann nicht, Vater. Mein Bein, mein rechtes Bein!“

„Was ist mit deinem Bein?“ erkundigt sich Vater Felke unwillig und tritt näher.

Langsam rückt der Junge mit der Wahrheit heraus: „Es tut so weh. Ich bin gestürzt und hab’ mich verletzt. Die Wunde am Schienbein ist ziemlich groß. Und sie blutet . . .!“

Weiter kann Emanuel nicht sprechen. Vater reißt ihn aus dem Lehmloch empor und brüllt ihn aufgeregt an: „Bist du verrückt? Du darfst dich doch nicht in das schmutzige, braune Wasser stellen. Sieh nur: An deiner Wunde klebt sogar etwas Lehmerde.“

„Ich weiß“, nickt der Junge, „Ich hab’ sie ja selbst draufgetan.“

Fassungslos starrt der Rektor auf das rechte Schienbein des Sohnes: „Du bist wohl von allen guten Geistern verlassen. Wie kannst du die Wunde nur so verschmutzen? Das kann dich das Leben kosten.“

Der kleine Leopold Emanuel schüttelt den Kopf: „Nein, Vater, es kann nichts geschehen. Der Lehm hat eine geheimnisvolle heilende Wirkung. Glaub’ es mir. Ich wollte es dir schon lange sagen.“

„Wie kommst du denn darauf?“

„Ich hab’ es beobachtet. Als unser Hund Rex vor einigen Wochen verletzt aus dem Wald kam, da wälzte er sich instinktiv in der Lehmgrube und packte sein verwundetes Bein richtig mit Erde ein. Zwei Tage später war er wieder ganz gesund.“

Bei diesen Worten deutet der Bub auf sein rechtes Schienbein. Die mit Lehm versehene Wunde hat aufgehört zu bluten. Sie ist rundum kaum gerötet. Emanuel sieht den Vater abwartend an: „Schau, wie das Zeug wirkt. Ich glaube, den Lehm hat der liebe Gott gemacht, damit dieser den Menschen gegen ihre Schmerzen hilft. Man müßte das allen Leuten verkünden.“

Der Vater zieht den Sohn mit sich durch den Garten zum Haus: „Das laß nur schön den Ärzten über. Die sollen den Menschen helfen."

Ein paar Minuten gehen die beiden stumm nebeneinander her. Dann meint der Gymnasiast: „Vater, ich möchte einmal Arzt werden und allen Kranken helfen..."

Sie haben das Haus erreicht und treten ein. Der Rektor sieht nachdenklich drein: „Das Medizinstudium kostet viel Geld, mein Sohn. Das können wir uns nicht leisten. Wenn du aber – wie dein Großvater – evangelischer Pfarrer werden willst, so kannst du dich nebenher mit der medizinischen Wissenschaft befassen, sobald du mit dem Gymnasium fertig bist..."

Der Vater hält inne und beugt sich im Vorzimmer zum verletzten Bein des Jungen: „So, aber jetzt rasch herunter mit dem Lehmzeug, bevor Mutter es sieht!"

Der Rektor säubert die Wunde und pfeift erstaunt durch die Zähne: „Donnerwetter, Emanuel, du hast recht. Die Wunde hat sich prächtig zusammengezogen und ist gar nicht mehr entzündet. Das ist ja unglaublich."

Auf dem Marktplatz von Kronenberg bei Elberfeld sind roh gezimmerte Tische und Bänke aufgestellt. Auf dem hölzernen Tanzboden bringen junge Mädchen den letzten Blumenschmuck an. Neugierig drängen sich Erwachsene und Kinder in ihrem Sonntagsgewand. Von der Kirche her ertönt Blasmusik. Die junge Grödinger-Tochter und der Sohn vom Hafler-Bauern haben geheiratet. Das ganze Dorf ist zum Hochzeitsfest eingeladen.

Binnen weniger Minuten ist der Hochzeitszug auf dem Hauptplatz eingetroffen. Die Tische füllen sich. Die Musik spielt zum Tanz auf. Doch ehe das Brautpaar als erstes aufs Podium steigt, schlägt der Bürgermeister mit einem

Messer gegen sein Trinkglas und ruft: „Wir wollen in unserer Hochzeitsfreude nicht vergessen, unseren neuen geistlichen Herrn gebührend willkommen zu heißen. Er soll hier in Kronenberg unseren alten Herrn Pastor ein wenig unterstützen!"

Allgemeines Hochrufen ertönt. Bescheiden erhebt sich an der Hochzeitstafel der schlanke Emanuel Felke und nickt den Leuten freundlich zu. Dann setzen sich alle wieder.

Emanuel Felke ist glücklich. All seine Wünsche konnten bisher erfüllt werden. Nach dem Gymnasium studierte er – finanziell von seinem Großvater, dem Oberpfarrer Schröter in Brück bei Bradenburg, unterstützt – Theologie, Medizin und Naturheilkunde an der Universität Berlin. In Münster bestand er dann sein theologisches Examen und hatte Zeit, sich mit der Naturheilkunde, der Kräuterkunde und mit dem Geheimnis des Lehms als Heilmittel zu befassen.

Die Frauen und Männer in der Runde stoßen auf das Brautpaar an. Auch der junge Felke erhebt sein Glas.

Da bahnt sich schreiend eine Frau den Weg durch die Menschenmenge. Schweißüberströmt, mit geweiteten Augen, steht sie vor dem Bürgermeister und preßt mühsam die Worte hervor: „Etwas Schreckliches ist geschehen. Sie sind krank. Alle sind sie krank. Fürchterlich krank!"

„Ja, wer denn?" will der Bürgermeister wissen.

Totenblaß lehnt sich die Frau gegen den Tisch: „Alle, die in meinem Haus wohnen. Und das Furchtbare dabei ist: Auch unser Doktor Schleim liegt darnieder. Er kann nicht reden. Es muß eine furchtbare Krankheit sein. Er hat ein wachsbleiches Gesicht, hohes Fieber und erbricht ununterbrochen. Blut kommt ihm aus Nase und Haut. Der Hals ist dick angeschwollen. Ebenso ergeht es meinem Mann, dem Lehrer Zöchmeister und dem Assessor Schmidtreich. Was sollen wir ohne Doktor tun?"

Keiner weiß Antwort.

Da sieht der junge Pastor Felke seine Stunde gekommen. Überlegt meint er: „Ihr könnt mir ein wenig vertrauen. Ich habe jahrelang die Heilkunde studiert und kenne mich mit der Wirkung von Heilkräutern, Wasser, Bewegung, aber auch mit Krankheiten aus. Was ich da so höre, läßt den Schluß zu, daß Euer Doktor Schleim eine bösartige Diphterie hat. Bringt mich sofort zu ihm . . ."

Stumm eilt die Frau voraus. Hunderte Menschen, angeführt von Pastor Emanuel Felke, folgen ihr. Eine Viertelstunde später steht der junge Geistliche am Bett des Arztes und findet seine Vermutungen bestätigt: „Kein Zweifel: Ein Blick in seine Augen und auf seine Haut genügt. Er hat die Diphtherie. Wir müssen sofort etwas unternehmen, damit im Ort keine Epidemie ausbricht. Sicher haben die anderen im Haus dieselbe Krankheit."

Doktor Schleim ist zu schwach zum Sprechen. Er drückt dem Pastor die Hand und nickt ihm zu. Felke hat verstanden: Der Arzt freut sich, daß der Geistliche die Krankheit erkannt hat. Das spornt den Pastor an. Er brüllt den Leuten in die Gesichter: „Schaut nicht so langsam! Helft mir lieber! Holt Kübel mit warmem Wasser. Ich brauche Heublumen für Fieberbäder und Essig dazu. Die Kranken im Haus müssen sofort Umschläge am ganzen Körper bekommen und vor allem am Hals. Richtet Becher mit Salbeitee, mit Pfefferminzen- und Zitronensaft her. Spülen ist bei dieser Krankheit so wichtig . . ."

Pastor Felke beherrscht die notwendigen Heilmethoden. Zu seiner Zeit gibt es noch kein wirksames medizinisches Serum gegen die Diphtherie. Aber er wird der Krankheit auch so Herr.

Die Dorfleute gehorchen dem Pastor und bringen die

geforderten Zutaten für Bäder und Spülungen. Stumm und ehrfurchtsvoll sehen sie dann zu, wie Felke den Patienten mit vernünftigen Naturheilmethoden behandelt. Er, der bisher nur äußere Verletzungen, Schwellungen, Verrenkungen und Knochenbrüche, aber auch andere Leiden gelindert und geheilt hat, ist damit über sich selbst hinausgewachsen.

Und während er den Kranken im Haus einem nach dem anderen hilft, erkennt er, daß das ideale Ziel eines Naturheilers die Vereinigung vieler kluger Methoden sein muß.

Kaum ist Dr. Schleim erschöpft eingeschlafen, eilt Felke in den ersten Stock des Hauses und kümmert sich wieder intensiv um die anderen Diphtherieerkrankten.

Als alle versorgt sind, stürmt der Bürgermeister ins Haus und läßt sich von Felke führen. Er ist kreidebleich im Gesicht: „Pastor: Sie sind jetzt unsere einzige Rettung. Auf dem Marktplatz ist eine Frau zusammengebrochen. Sie hat hohes Fieber und erbricht. Was Sie vorhin befürchtet haben, ist bereits eingetreten. In Kronenberg wütet eine Diphtherie-Epidemie . . .!"

Leise sagt Emanuel Felke und faltet die Hände: „Mit dem lieben Gott und den wunderbaren Kräften der Natur werden wir es schaffen, diese Schreckenszeit durchzustehen."

Ein Monat danach. September 1886.

Dr. Schleim ist noch matt, aber wieder gesund. Er hat den jungen Pastor Felke zu sich gebeten: „Ich möchte Ihnen meine Bewunderung zu Füßen legen. Sie haben sich aufgeopfert, Nächte hindurch einen Kranken nach dem anderen versorgt. Sie haben nur wenig geschlafen. Wir haben in Kronenberg nur drei Todesfälle zu beklagen. Alle anderen Bewohner sind davongekommen und verhältnismäßig rasch genesen. Sie sind ein Genie..."

„Ich danke Ihnen", nickt der Geistliche. „Viele meiner Mitmenschen lachen mich wegen meiner Naturheilmethoden aus und verteufeln mich. Sie haben noch immer nicht begriffen, daß die Naturheilkunde ein Geschenk Gottes ist."

Der Doktor setzt sich hinter seinen Schreibtisch und eröffnet dem Pastor: „Einige Dorfbewohner unter meiner Führung haben beschlossen, einen Verein mit dem Namen Jungborn zu gründen. Wir bitten Sie, unser Ratgeber zu sein. Wir wollen in diesem Verein nach Ihrer Methode leben, naturverbunden und abgehärtet."

Felke hat Tränen der Freude in den Augen.

Ein Sanitäter taumelt zur Tür herein und umarmt den Doktor: „Wir haben seit fünf Tagen keinen einzigen Epidemiefall mehr. Die Diphtheriegefahr ist gebannt. Wir haben die Krankheit besiegt."

Der Arzt schüttelt den Kopf und meint: „Er, der Felke, hat sie besiegt. Sonst niemand. Ohne ihn wären wir alle vor die Hunde gegangen..."

Ein strahlender Maimorgen über dem deutschen Dorf Repelen bei Krefeld. Neben dem Wirtshaus „Zum Goldenen Hahn" steht ein schmuckes Bürgerhaus. Pastor Emanuel Felke ist Tage zuvor hier eingezogen. Er hat als Naturheiler Karriere gemacht. Doch in Kronenberg konnte er nicht bleiben. Es gab Schwierigkeiten mit den Kirchenbehörden und mit einigen Ärzten aus der Umgebung. Der Pastor wurde wegen „Kurpfuscherei" im Pfarrhaus gerügt.

Jetzt will er in Repelen einen neuen Anfang wagen. Die Vorstellung, das Heilen ganz aufzugeben und nur Geistlicher zu sein, muß er schnell begraben. Seit der Diphterie-Epidemie in Kronenberg laufen ihm die Menschen jedes kleinen Leidens wegen die Türe ein.

Auch am ersten Tag in Repelen haben ihn bereits 58 Patienten aufgesucht. Viele setzen auf den „Lehmpastor", wie sie ihn alle nennen, ihre letzten Hoffnungen. Und Felke hat noch keinen enttäuscht.

Mit Wasserkuren, mit Licht- und Luftbädern, mit naturverbundener Kost, reizloser Kost und mit Einnehmen von Heilkräutern sowie mit Massagen erzielt der Pastor beste Erfolge. Die Krönung seiner Methode aber sind die Lehmumschläge.

Felke hat sich auf das Studium verschiedenster Naturheilmethoden verlegt und hat ein großes Ziel: die Therapien von Kneipp, Hahn, Rikli und Prießnitz zu vereinen. Er hat es inzwischen zum Meister der Augendiagnostik gebracht und feiert mit seiner Lehmanwendung Triumphe.

Da schlagen an jenem Morgen des Jahres 1912 kräftige Fäuste gegen das Tor des Pfarrhauses. Felke kommt selbst öffnen. Der Telegraphenbeamte von der Post ist es. Aufgeregt vermeldet er: „Da ist ein Telegramm aus Amerika gekommen. Von einem gewissen Mr. Henry Clay. Er lebt in New York. Er ist krank. Ein Leberleiden und ein hartnäckiger Hautausschlag. Er bezahlt jede Summe, wenn Sie, Pastor, zu ihm reisen. Man spricht nun auch schon in Amerika über Ihre Heilerfolge ..."

Der Pastor ist selbst verblüfft. Langsam geht er ins Haus zurück und zieht sich in sein Zimmer zurück. Der Postbeamte folgt ihm und erkundigt sich leise: „Sie wollen uns also wirklich verlassen?"

Felke nickt: „Ja, aber nur für kurze Zeit. Ich will nicht lange wegbleiben. Wenn der Amerikaner wieder gesund ist, reise ich sofort zurück. Ich muß zu Mr. Clay. Ich glaube, ich darf ihn nicht enttäuschen."

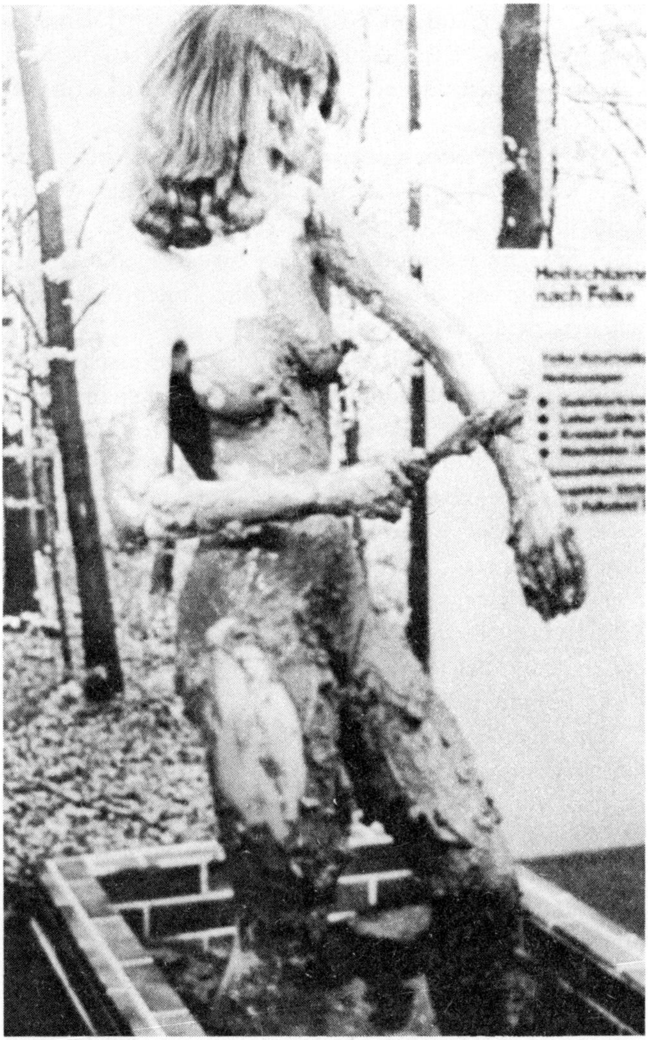

Der Lehm als Heilmittel: Felke erkannte dies als erster

„Ja, aber", meint der Postbeamte, „was wird dann aus dem geplanten Naturheilheim? Sie wollten doch die Kuranstalt ausbauen und neue Luft- und Lichtparks für uns schaffen ..."

Da tritt der Pastor an den Mann heran und erklärt ihm: „Wenn ich aus Amerika zurückkomme, werden wir gemeinsam alles hier vergrößern. Ich sehe die Zeit gekommen, daß ich das Amt des Pfarrers zurücklegen muß, um mich einzig und allein der Gesundheit meiner Mitmenschen zu widmen!"

Zwei Tage später reist Felke mit der Postkutsche ab, in Richtung Westen. Hunderte Menschen winken ihm traurig nach. Sie wissen, daß eine Reise nach New York und zurück lange dauert.

Nur der Großbauer Finding reibt sich die Hände: „Es wird Zeit, daß der Kerl verschwindet. Mein Sohn ist mit dem Medizinstudium bald fertig. Wenn er hier seine Ordination eröffnet, brauchen wir diesen Quacksalber und Scharlatan nicht mehr ..."

Da meint der erste Knecht des Großbauern: „Der Felke kommt sicher wieder zurück."

Der Bauer kontert mit finsterem Gesicht: „Dann muß ich einiges gegen ihn anzetteln. Und wenn ich vor Gericht gehe ...!"

Mr. Henry Clay, seines Zeichens Besitzer von sieben Teigwarenfabriken und einer Papiererzeugung am Stadtrand von New York, residiert in einer luxuriösen Wohnung im zehnten Stock eines neuen Hochhauses in der City. Er ist in den beiden Monaten, die der Pastor aus Europa bei ihm lebte, gesund geworden und hat enormes Vertrauen zu Felke bekommen.

Jetzt reicht er dem Geistlichen die Hand: „Ich werde es Ihnen nie vergessen, daß Sie die strapaziöse Schiffsreise aus Europa zu mir gemacht haben, und vor allem, daß Sie mich von meinem hartnäckigen Leiden befreit haben."

Er denkt zurück und lacht: „Ich werde nie vergessen, wie Sie meinen unfähigen Hausarzt aus dem Zimmer gewiesen und mir dann diesen Lehmbrei auf die Haut aufgetragen haben, den Sie aus Deutschland mitbrachten. Mr. Felke, Sie sind ein Wunderarzt. Und darum habe ich heute für Sie einen ganz besonderen Vorschlag."

Emanuel Felke lauscht gespannt seinem genesenen Patienten. Der Amerikaner meint kurz und bündig: „Geld spielt bei mir keine Rolle, Mr. Felke. Verlangen Sie, was Sie wollen. Aber bleiben Sie bei mir in New York. Ich bitte Sie darum. Ich baue Ihnen ein eigenes Felke-Krankenhaus und eine Kirche dazu. Ich veranlasse, daß Sie an unserer Universität Ihre Naturheil-Lehre weiterverbreiten. Ich mache Sie zum größten Wissenschaftler des ganzen Landes."

Felke dreht sich zum Fenster des Büros und starrt über die unfreundlichen, nüchternen Häuser der Großstadt. Dann murmelt er kaum hörbar: „Ich will nicht undankbar sein, Mr. Clay. Aber ich kann nicht bleiben. Ich habe Heimweh. Und ich weiß, daß zu Hause hunderte Menschen auf mich warten. Ich muß diesen Kranken helfen. Ich darf sie nicht im Stich lassen."

Stumm reicht er Mr. Clay die rechte Hand, dreht sich um und geht langsam aus dem Zimmer. Er begibt sich direkt in sein Appartement und packt die Koffer für die Rückreise.

Ein Julinachmittag des Jahres 1916.

Pastor Felke hat Repelen verlassen und ist nach Sobernheim übersiedelt. Das hat seinen besonderen Grund. Während seiner Abwesenheit in den Vereinigten Staaten haben gute Freunde und begeisterte Anhänger in Sobernheim eine weitere Felke-Kuranstalt gegründet und ausgebaut. Jetzt ist diese Anlage mit umfangreichem Kurbetrieb bereits größer und bedeutender als jene in Repelen. Die Sobernheimer luden Felke ein, seinen Wohnsitz hier zu nehmen. Er kommt der Einladung gerne nach. Hier hat er auch keine Feinde, nur wohlgesinnte Anhänger.

Als Felke gerade von einem Patientenbesuch zurückkehrt, warten in seinem Arbeitszimmer bereits 17 Leute. Mit raschem Blick erkennt der Pastor die Situation. 16 sind arm. Sie werden ihm für die Behandlung nichts bezahlen können. Im Gegenteil: Felke wird ihnen, wie er es oft tut, das Fahrgeld für die Heimfahrt mitgeben. Kein Wunder, wenn dadurch Felkes Einnahmen immer wieder ins Nichts zerfließen. Trotz seiner Popularität hat er kein eigenes Haus, nicht einmal eine eigene Ordinationstafel.

Als erstes ist eine reiche Dame dran. Sie kommt aus vornehmem Haus. Sie leidet an Unterleibsbeschwerden. Emanuel Felke meint: „Wir werden dir schon helfen. Setz' dich vorerst einmal auf den Stuhl!"

Pastor Felke kennt keinen Unterschied zwischen arm und reich. Sie errötet, bekommt zornige Augen und beschwert sich: „Was erlauben Sie sich denn eigentlich? Wie reden Sie denn mit mir? Ich bin die Gräfin von Seltzheim. Ich bin kaiserliche Hofdame in Wien."

Felke zuckt mit den Schultern, lächelt spöttisch und meint dann: „Also gut, dann setz' dich halt auf zwei Stühle. Aber halt' den Mund und laß' mich in Ruhe deinen Körper untersuchen. Sonst kann ich dir nicht helfen!"

Die anderen Anwesenden schmunzeln. Die Gräfin verbeißt ihren Groll. Sie nimmt die Art des Pastors hin. Sie weiß, daß er sie dafür gesund machen wird.

Da wird die Türe des Behandlungszimmers weit aufgerissen. Begleitet von einer Schar begeisterter Bürger betritt der Pfarrer von Sobernheim, ein guter Freund Felkes, den Raum. Er schwingt in der rechten Hand eine Briefrolle, die mit einem Siegel versehen ist. Er legt sie auf den Tisch. Dann schmettert er begeistert die Worte hinaus: „Felke, wir kommen dir zu gratulieren. Wir bringen dir wunderbare Nachricht. Niemand Geringerer als Seine Heiligkeit, Papst Pius X., hat geschrieben. Er lädt dich, lieber Freund Felke, zur Audienz nach Rom. Er will dir danken, weil du schon so vielen hunderten Katholiken in allen Teilen der Welt Rat und Hilfe gegeben hast . . .!"

Jubelrufe ertönen. Frauen und Männer drängen zur Türe herein und stürmen auf den Pastor zu. Sie drücken ihm die Hand und umarmen ihn. Felke ist für sie der wichtigste Mann in der Gemeinde.

Der Pastor wendet sich bescheiden um. Da ergreift ein junger Mann eine Hand des Geistlichen und berichtet begeistert: „Pastor, Sie haben mir mit Ihren Naturheilthesen Lebensfreude geschenkt. Ich war immer sehr kränklich und bin jetzt gesund. Ich habe meine Verwandten hier in Sobernheim. Doch ich selbst wohne in Diez an der Lahn. Erlauben Sie, daß ich dort mit Freunden ebenfalls ein Kurheim nach Ihren Grundsätzen aufbaue?"

Felke nickt und bekundet: „Ich freue mich. Und ich werde auch immer wieder zu Euch kommen und helfen, wo ich kann."

Dann zieht sich Felke in eines seiner Privatzimmer zurück und kniet vor dem Kruzifix nieder. Seine Brust ist voller Glück. Er dankt im Gebet Gott, daß er ihm beigestanden hat, sich gegen alle Feinde und Intriganten der Naturheilmethode durchzusetzen.

Plötzlich weiß Felke aus einer inneren Eingebung heraus: Er hat recht getan, nach Sobernheim zu gehen und sich ganz der Naturheilmedizin zu widmen. Er spürt, daß man sich hier besonders für seine Arbeit interessiert, daß man sie auch nach seinem Tod weiterführen wird. Denn in Sobernheim sind selbst die Ärzte seine Freunde geworden . . .

Trostloser Regen prasselt auf Sobernheim herab.

Es ist ein Augusttag des Jahres 1926. Die Kirchenglokken schweigen. Nur das Totenglöcklein läutet schrill und aufreizend. Ein endlos langer Zug von Männern, Frauen und Kindern schreitet vom Ortskern zum Friedhof. Sechs Männer tragen den schwarzverhangenen Sarg des 70jährigen Lehmpastors Emanuel Felke. Auf dem Sarg des Verstorbenen – in Silber eingerahmt – steht ein Bild des Papstes Pius X., das dieser Felke anläßlich der Audienz in Rom als Anerkennung geschenkt hat. Es kommt mit ins Grab.

Die Zeitungen der Umgebung bringen an diesem Tag spaltenlange Nachrufe auf Pastor Felke. Er war seit 1923 Ehrenbürger von Sobernheim und Retter vieler Kranker. Auch aus Diez, wo er ebenfalls wirkte, sind Abordnungen von Anhängern gekommen. Sie alle trauern aufrichtig.

Die Schritte der Menschen im Kies sind verstummt. Die Trauergemeinde ist bei der Ehrengruft angekommen. Der Sarg wird in die Gruft gesetzt. Da drängt sich eine alte Frau in Trauerkleidern vor. Sie hält in der Hand eine Schüssel mit Lehmbrocken.

Sie flüstert: „Mit dieser Erde hat er mir vor Jahren das Leben gerettet. Jetzt will ich ihm den Lehm zurückgeben. Als Beweis, daß wir alle ihn niemals vergessen werden!“

Dann setzt sie die Schüssel sachte auf den Sarg, der langsam in der Gruft verschwindet.

Wenige Tage später wird auf dem Bahnhofsplatz das Felke-Denkmal enthüllt. Und in der „Frankfurter Zeitung“ steht an diesem Tag: „Dieser Mann war über den

Methodenstreit hinaus ein geborener Arzt, dieser Mann war eine Persönlichkeit von ungewöhnlicher Leistung und von ganz seltener Reinheit . . .!"

Die Zusammenfassung vieler Heilmethoden

Pastor Emanuel Felke vertrat den Gedanken von der unbedingten Notwendigkeit einer naturnahen Lebensordnung. Er wollte von Anfang an die vielseitigen Heilmethoden der Naturheilkunde zu einer einheitlichen Therapie zusammenfassen und war daher einer der ersten, der nicht nur seine ureigene Therapie kannte, sondern auch die anderen Erfahrungen in sein Konzept mit einschloß.

Die größte Rolle bei Felke spielten jedoch die Lehmumschläge und Lehmwickel sowie Lehmbäder bei äußeren Verletzungen der Haut, bei Anschwellungen, Verrenkungen, Knochenbrüchen und bei allen schmerzhaften inneren Leiden. Felke schrieb einmal: „Man kann sowohl weiche Erde als auch festen Lehm benutzen, am besten halb und halb."

Als Heilkost kam bei Felke eine obst- und rohkostreiche vegetarische Diät zur Anwendung. Hautkranken empfahl er eine ausschließliche Ernährung mit Obst, Nüssen und Beeren. Für den gesunden Menschen hielt er gemischte Kost für besser. Das Fleisch sollte nur als angenehme Zugabe betrachtet werden. Jedem gesunden Menschen riet Felke, einmal im Monat einen Tag zu fasten. Den Wein bekämpfte er nicht, weil er der Ansicht war: „Jesus hat aus Wasser Wein gemacht. Das muß einen besonderen Sinn gehabt haben!"

In Felkes Heilbehandlung findet man Ansätze von Kneipp, Rikli, Prießnitz und vielen anderen. Die Vielseitigkeit der Methode brachte zum Großteil auch so großen Erfolg bei der Bekämpfung von Krankheiten.

Das ist heute aus der Lehre geworden

Die Felke-Kur ist in unserer Zeit ein Begriff für Naturheilfreunde. Es handelt sich dabei um eine Ganzheitstherapie, bei der Lehm-, Wasser-, Licht- und Luftbäder angewendet werden. Vor allem die Lehmbäder gelten als Jungbrunnen für den Organismus.

Es gibt zwei Original-Felke-Kurorte. Es sind dies Sobernheim und Diez an der Lahn, wo Pastor Felke wirkte und wo schon zu seinen Lebzeiten und nach seinen Anweisungen Kuranstalten entstanden. Hier haben gesunde Menschen die Möglichkeit, sich auf naturheilkundlicher Basis zu regenerieren. Hier können sich Kranke nach Felkes Grundsätzen behandeln lassen. Die größten Erfolge erzielen Fachärzte hier bei Vegetativer Dystonie, bei Kreislaufstörungen, bei Blutdruckkrankheiten, funktionellen Herzkrankheiten, Durchblutungsstörungen, Krampfadernleiden, Lähmungen nach Schlaganfällen, körperlichen und seelischen Erschöpfungszuständen, bei Schlafstörungen, funktionellen Nervenkrankheiten, Aufbaumängel, Stoffwechselkrankheiten, Fettsucht, Diabetes, Erkrankungen der Atmungsorgane, bei chronischer Stuhlverstopfung, bei allen nicht operativen Frauenkrankheiten, Prostatahypotrophie, Bandscheibenschäden, Arthrosen, bei chronischen rheumatischen Erkrankungen, allergischen und entzündlichen Hauterkrankungen und Ekzemen, bei Magen-, Darm-, Leber- und Gallenleiden, rheumatischen Erkrankungen, Zivilisationsschäden, Rückgratverkrümmungen, Haltungsschäden.

Den Patienten stehen zur Verfügung: heilkräftige Lehmbäder in Tonschlamm, warme und kalte Lehmbäder im geheizten Badehaus, warme, heiße und kalte Lehmpackungen, Wasserreibbäder, Gymnastik, Atemübungen, Diät, Rohkost, Heilfasten, Schlankheitskuren, Unterwassermassagen, Bindegewebsmassagen, Wirbelsäulen-Streckbehandlung.

Wichtig für den Patienten von heute ist, daß sowohl in Sobernheim als auch in Diez die Methoden des Pastor Felke von medizinischen Fachleuten kurmäßig auf den modernsten Stand gebracht wurden und daß jede Behandlung unter fachgerechter ärztlicher Anleitung vorgenommen wird. In Sobernheim erwarten den Kurgast eine Reihe von Felke-Anstalten. In Diez dominiert eine große Felke-Anstalt.

Einige wichtige Adressen

Wer sich für die Felke-Kur interessiert und selbst einmal eine Felke-Behandlung versuchen möchte, der wendet sich an folgende Adressen, um genau Auskünfte zu bekommen:

Kur- und Verkehrsverein
Felkebad
D-6553 Sobernheim/Nahe
Bahnhofstraße 6

Verbandsgemeinde Diez/Lahn
D-6252 Diez

Felke Naturheilbad/Kurbetriebe
D-6252 Diez
Louise-Seher-Straße 20

Kapitel XI

JOHANN KÜNZLE
1857–1945

Pfarrer Johann Künzle: Er erinnerte seine Mitmenschen wieder an die Heilkraft der Kräuter

Die wunderbaren Heilkräuter des Pfarrers

Ein kühler Sommerabend ruht über dem Kleinbauerngut Hinterespen in Heiligenkreuz, eine Stunde vom schweizerischen St. Gallen entfernt. In der Wohnstube der siebenköpfigen Landwirtsfamilie sitzen die Mutter Anna Maria Künzle, geborene Fürer, und die Kinder Ferdinand Wilhelm, Augustin, Johann und Marie um den rohgezimmerten Tisch und beten, wie vor jeder Mahlzeit. In den großen Schüsseln dampfen Hafermus, Milchsuppe, Chäschnöpfli und Erdäpfel. Doch niemand rührt etwas an. Im Nebenzimmer ringt Vater Jakob Anton Künzle im Alter von 56 Jahren mit dem Tod. Man schreibt das Jahr 1868.

Mutter Anna Maria ist die erste, die wieder an seinem Bett steht und seine Hände streichelt. Die anderen treten nach und nach näher. Im Schein der Petroleumlampe, die erst ein Monat zuvor unter großem Protest vom Familienoberhaupt angeschafft wurde, sieht Vater besonders blaß aus. Das Sprechen fällt ihm schwer. Der Atem geht rasselnd. Dennoch rafft sich der Bauer hoch und flüstert unter letzter Kraftanstrengung: „Ich weiß, ich ... schaffe es nicht mehr lang ... Mit mir geht es ... zu Ende. Ich weiß auch ..., daß Ihr nicht in der Lage seid, ohne mich unser Gut zu erhalten. Schaut, bitte, daß es ein würdiger Mann kauft ...!“

Der elfjährige Johann Künzle, vor allen nur Hanstöni gerufen, schluchzt laut auf. Er hängt besonders an seinem Vater. Und er kann sich das Leben fern vom Hinterespen-Gut nicht vorstellen. Er ist von allen Geschwistern am meisten mit der Natur verbunden.

Mutter drückt ihrem Mann die Hand: „Sprich nicht so. Du wirst wieder gesund, Jakob. Alles wird wieder gut.“

Der Kranke schüttelt den Kopf: „Unsinn. Ich spüre,

daß der Tod ... bereits auf mich wartet. Ihr werdet ... freiwillig versteigern müssen. Maria, ...schau nur dazu, daß du mit den Kindern irgendwo beisammenbleibst und das Leben meisterst."

Jetzt muß auch Anna Maria Künzle weinen. Sie wendet sich ab. Der Bauer wird von einem neuen Fieberkrampf geschüttelt und sinkt hustend in die Kissen zurück.

Da beugt sich der elfjährige Johann zu ihm und küßt ihn auf die linke Wange. Ganz leise meint er: „Ich dank dir, Vater, was du für mich getan hast."

Mit verzerrtem Lächeln fragt der Bauer: „Aber, mein lieber Hanstöni, was hab' ich denn so Ungeheures für ... dich ... getan?"

Johann Künzle sieht den Vater mit großen Augen an: „Du hast die Liebe zur Natur in mir erweckt. Ich bin der einzige in der Schule, der einen Gärtner zum Vater hat. Durch dich weiß ich all die lateinischen Namen von Blumen und Pflanzen, die uns das Leben verschönern. Und dafür dank' ich dir vom Herzen."

Instinktiv ahnt Johann schon zu dieser Zeit, daß die Pflanzen und Kräuter dereinst seine Zukunft bestimmen und seinen Ruhm begründen könnten.

Vater Künzle drückt seinem jüngsten Sohn schwach die Hand. Dann richtet er seinen Blick auf seine Frau, öffnet die Lippen, stöhnt leise auf und sinkt tot zurück.

Umgeben von einer Schar Mitschüler stapft Johann Künzle den Weg von der Schule in Bruggen nach Schönenwegen bei St. Gallen, wo Mutter Anna Maria sich nach der Versteigerung des Gehöftes mit den Kindern niedergelassen hat.

Es ist ein strahlender Maitag des Jahres 1870.

Der kleine Johann führt seine Freunde in den Wald

Johann Künzle im Gespräch mit Bergbauern: Von ihnen holte er sich viele Rezepte für Heilkräutermischungen und zwingt sie, mit ihm am Wegesrand Bäume, Sträucher, Blumen und andere Pflanzen anzusehen. Wie es ihm der verstorbene Vater gelehrt hat, erzählt er von den Geheimnissen der Natur.

Die anderen Buben folgen ihm gern. Johann gestaltet seine Exkursionen spannend und abwechslungsreich. Eben durchbrechen die Schüler das Dickicht eines Wäldchens. Dann stehen sie auf einer Lichtung. Stolz zeigt Johann auf einen Frauenschuh, den er auf seinen botanischen Streifzügen gefunden hat.

Da ertönt die Stimme des Lehrers, der den Kindern aus Neugierde nachgegangen ist: „Bravo, Johann. Ich glaube, aus dir wird einmal ein guter Gärtner!"

Johann Künzle, 13 Jahre alt, sieht den Pädagogen ernst an und schüttelt den Kopf: „Gärtner werde ich nicht. Ich habe es mir reiflich überlegt, und Mutter hat nichts dagegen: Ich möchte Priester werden ...!"

Mit einem begeisterten Aufschrei eilt der 18jährige Johann Künzle am Morgen eines eiskalten Wintertages im Jahr 1875 durch den weiten Park des Collegiums Einsiedeln, in dem erfahrene Lehrer und Erzieher des Benediktinerordens schweizerische Jugend heranziehen.

Der älteste Bruder Wilhelm läßt seine Reisekoffer fallen und nimmt den schmalbrüstigen und blassen Johann in die Arme. Wilhelm ist erst einen Tag zuvor aus Amerika angekommen.

Unter Tränen küssen sich die Geschwister. Dann sieht Wilhelm den Bruder entsetzt an: „Du bist krank, Hans. Ich seh' es dir an. Du hast die Auszehrung ..."

Johann nickt: „Ich weiß, Wilhelm. Ich muß auch gleich wieder ins Haus. Komm mit. Ich habe erst vor kurzem eine Lungenentzündung überstanden und leide an Schwindsucht. Ich glaube, ich werde nicht mehr lange leben. Ich habe schon herumgekränkelt, als ich noch in das Knabenseminar von St. Georgen ging."

„Dummheit von wegen nicht mehr lange leben", knurrte Wilhelm Künzle. „Was sagt der Arzt?"

„Er hat aufgegeben..."

„Das bedeutet nichts. Du mußt dir selbst helfen. Das hat schon Hippokrates gesagt. Ich habe in Amerika Atem- und Körperübungen gelernt. Die will ich dir zeigen."

Johann Künzle nickt: „Ich bin froh, daß du so sprichst. Ich habe mir nämlich einige Naturheilmethoden von Bauern in der Umgebung aufgeschrieben. Und außerdem hat mir mein Botaniklehrer Pater Ludwig so viel Aufschlußreiches über Heilkräuter erzählt, die hier bei uns in der Natur wachsen."

Neugierig fragt Wilhelm: „Was hat dir der Pater geraten?"

Johann erzählt es: „Ich soll viel Luft von Tannen- und Kiefernwäldern einatmen. Ich nehme Fichtennadelbäder und atme die Dämpfe von erhitzten Tannen- und Fichtennadeln ein. Hochwürden Ludwig hat mir auch das Rezept für einen Tannenzapfensirup verschrieben!"

Wilhelm klopft dem Bruder auf die rechte Schulter: „Hans, du wirst sehen: Die Natur wird dich heilen..."

Kurz vor Mitternacht holpert der Stellwagen auf den Hauptplatz von Schönewegen. Müde klettert der Student Johann Künzle mit einem riesigen Reisigbündel aus dem Gefährt und eilt im Laufschritt dem Haus der Mutter zu. Johann Künzle kehrt in jener Sommernacht des Jahres 1880 überstürzt von seinen Studien an der Universität Löwen in Belgien zurück. Die Geschwister haben ihn verständigt. In dem Brief hieß es: „Mutter ist schwer krank. Niemand kann ihr helfen."

Der Schweiß steht Johann Künzle auf der Stirn, als er gegen das Tor pocht. Seine Schwester Maria öffnet ihm, umarmt ihn und führt ihn ans Krankenbett der Mutter.

Die Augen von Anna Maria Künzle leuchten auf: „Mein Hanstöni! Du bist da? Du hast den weiten Weg aus Belgien zu deiner Mutter getan! Das ist schön."

Leise fragt sie: „Mußt du bald wieder weg zu deinen Studien?"

Johann schüttelt den Kopf: „Nein, Mutter. Ich bin gekommen, um dich gesundzupflegen."

Müde winkt die kranke Frau ab: „Das kannst du nicht, Hanstöni. Die Ärzte wissen gegen mein Herzleiden nichts mehr."

Die Stimme des jungen Studenten überschlägt sich: „Ich habe nicht nur Theologie studiert, Mutter. Ich habe mir auch einiges Wissen in der Naturheilkunde angeeignet. Ich kenne mich mit den Kräutern aus. Ich werde jeden Tag ins Gebirge gehen und alles holen, was du brauchst."

„Du willst mein Herzleiden kurieren?" fragt die Mutter mißtrauisch.

Johann Künzle nickt: „Ja, Mutter. Gegen schwere organische Herzschwäche wirkt der Rote Fingerhut, der in den Bergwäldern vorkommt. Nur der wildwachsende Fingerhut ist wirksam. Aber man muß vorsichtig mit ihm umgehen, weil ein Zuviel davon schaden kann. Aber auch aus der Pflanze des Maiglöckchens läßt sich ein Wundertrank gegen Herzschwäche brauen. Zur Beruhigung werde ich dir fürs erste Melisse, Baldrian und Hopfen holen, dann ein bißchen Lavendel und Johanniskraut."

Staunend setzt sich die Mutter im Bett auf: „Johann, ich erkenne dich nicht wieder. Was du alles weißt! Deiner Hilfe will ich mich anvertrauen. Du solltest besser Arzt werden und nicht Priester."

Die Jugend ließ sich von Johann Künzle gern in die Geheimnisse der Heilkräuter einweisen

Johann umarmt die Mutter: „Mein Entschluß steht fest. Nächste Ostern werde ich zum Priester geweiht. Doch ich will nicht Priester allein sein. Ich will die Menschen auch die Geheimnisse der natürlichen Heilkräfte lehren!"

Am Ostersonntag des Jahres 1881 wird Johann Künzle in der Kathedrale von St. Gallen zum Priester geweiht. Zwei Stunden später erklärt der Bischof Greith: „Der Künzle muß sofort als Vikar nach Gommiswald. Der neue Pfarrer kommt dort erst im Juli!"

Die inzwischen vollkommen genesene Mutter weint vor Freude, als Johann sein erstes Amt antritt. Im Sommer ist er bereits Kaplan in Mels. Im weiteren Verlauf schickt man ihn nach Kirchberg in die Bergpfarrei Libingen, schließlich nach Buchs. Nebenher hat er die Redaktion der Zeitschrift „Eucharistia" übernommen und arbeitet bald auch für eine zweite Publikation namens „Pelikan". Künzle treibt die Abonnentenzahl enorm in die Höhe und läßt sich für die umfangreiche redaktionelle Arbeit beurlauben. Mit vier Schreibern residiert der junge Kaplan in Feldkirch im Vorarlbergischen und kämpft für den Glauben und die Naturheilmethoden. Als die Schweizer Presse gegen ihn Sturm läuft, tritt er zurück und übernimmt als erster katholischer Pfarrer seit der Reformation die Gemeinde Buchs im Werdenberg. Von hier übersiedelt er nach einigen Jahren nach Herisau. Hier wird er zum klassischen Naturheilfachmann...

Pfarrer Johann Künzle kehrt gerade von einem seiner ausgedehnten Spaziergänge in den Wäldern rund um Herisau zurück. Sein Blick fällt auf ein kleines Bauernhaus, das von einer großen Schar Frauen und Männern umstellt ist. Künzle tritt näher. Er erfährt von einem alten Weiblein, daß der Gelegenheitsnaturarzt, der hier wohnte, gestorben ist. Man versteigert gerade seine Habseligkeiten.

Eben hebt der Versteigerungsbeamte ein dickes, uraltes Buch. Ein uninteressiertes Raunen geht durch die Menge. Der Beamte ruft daraufhin: „Wenn niemand Interesse zeigt, dann rufe ich es gar nicht aus, und wir werfen es einfach weg!"

„Seid Ihr des Teufels?" schreit da Pfarrer Künzle und bahnt sich einen Weg durch die Leute. Er hat von weitem erkannt, daß es sich um ein Naturkräuterbuch handelt. Mit zitternden Fingern greift er nach dem Buch. Der etliche Kilo schwere Codex stellt die ergänzte und verbesserte Auflage des Medizinkräuterbuches von Prof. Dr. Jakob Tabernaemontani dar, das Ende des 16. Jahrhunderts gedruckt wurde.

„Ich nehme es für jeden Preis", entscheidet der Pfarrer.

Ringsum ertönt höhnisches Gelächter. Einer der Bauern spottet: „Was wollt Ihr denn mit einem alten Kräuterbuch anfangen, Hochwürden? Glaubt Ihr nicht an die Ärzte?"

Das Gesicht des Pfarrers verfinstert sich: „Ihr seid unvernünftig, wenn Ihr so redet. Kräuter sind das wertvollste Gut der Natur, das wir Menschen uns zunutze machen können. Wir müssen nur wissen, wie man sie verwendet. Das hier ist nicht das einzige Kräuterbuch, das ich jetzt besitze. Ich habe daheim viele bei mir. Und ich war auch schon viele Abende bei Bauern in der Umgebung und habe mir von ihnen längst vergessene Naturrezepte aus Großmutters Hausapotheke erzählen lassen. Ich habe alle aufgeschrieben."

„Und warum schwört Ihr so auf die Kräuter?" will eine Frau wissen.

Der Pfarrer wendet sich ihr spontan zu: „Hast du dir schon einmal überlegt, warum Hunde und Katzen Schließgras fressen, wenn sie innere Störungen peinigen? Warum lieben Katzen sosehr den Baldrian? Warum bepflanzen Ameisen ihren Bau mit Thymian? Warum fressen Schafe die Schafgarbe, wenn sie an inneren Verletzungen leiden? Warum kleiden Dohlen ihre Nester mit Tomatenblättern aus, wenn sie von Flöhen und Läusen geplagt werden? Warum legen sich Kühe, die an Gliedersucht leiden, in den Hahnenfuß? Warum wälzen sich Gemsen im Alpenwegerich, wenn sie verwundet wurden? Beweist Euch das alles nicht die Urkraft der Kräuter?"

Es ist ganz still, als Pfarrer Künzle dem Versteigerungsbeamten das dicke Buch nach eigenem Gutdünken bezahlt und es wie einen Schatz unter dem Arm davonträgt.

Die Umstehenden erinnern sich alle erst wieder dieser Szene, als im Jahr 1918 die ganze Gemeinde von einer heimtückischen Grippewelle heimgesucht wird und Pfarrer Künzle mit seinen Kräuterheilmethoden die Kranken kuriert und die Gesunden gegen eine Infektion abhärtet. Während in anderen Ortschaften zahllose Menschen sterben, werden in Herisau nur zwei Tote beklagt. Und diese beiden waren bereits schwerkrank, als sie aus der Fremde heimkehrten ...

Der Bischof sieht Pfarrer Johann Künzle ernst an: „Drei Ärzte, mein Lieber, haben vor Gericht Anzeige erstattet, weil du dich in medizinische Bereiche eingemischt hast ...!"

„Aber, ehrwürdiger Bischof", stottert Künzle verzweifelt, „ich wollte doch nur mein Bestes, und ich habe kein Geld genommen. Ich half gegen die Grippe. Und zwar mit Erfolg."

Als Theologiestudent rettete Künzle seiner schwerkranken Mutter mit Kräutern das Leben

Der Bischof winkt ab: „Egal, was passiert ist. Ich erteile dir den Rat, mit dem Doktern aufzuhören..."

Johann Künzle steht aufrecht, als er antwortet: „Diesen Rat kann ich nicht befolgen. Wenn ich allerdings den Befehl erhalte, werde ich – wie ein guter Soldat – gehorchen!"

Der Bischof wendet sich ab. Er gibt keinen Befehl. In der Türe dreht er sich im Gehen noch einmal um: „Übrigens, draußen im Besprechungszimmer wartet Georgius Schmid von Grüneck, der Bischof von Chur...!"

Neugierig geht Pfarrer Künzle ins Nebenzimmer. Der Bischof von Chur schreitet mit entgegengestreckten Händen auf ihn zu: „Lieber Pfarrer Künzle! Lassen Sie sich von all den Neidern nicht unterkriegen. Ich bin gekommen, Sie zu bitten, zu uns in die Diözese zu übersiedeln, damit Sie an Ihren Naturheilmethoden ungestört weiterarbeiten können."

Johann Künzle ringt nach Worten. Er bringt keinen Ton hervor. Die Freude schnürt ihm die Kehle zu.

Ein klirrender Wintertag des Jahres 1921.

Durch die Gassen von Zizers zieht eine Gruppe von Männern. Sie bleiben bei jedem Haus stehen, ziehen einen Bogen Papier hervor, reden mit den Bewohnern, holen sich eine Unterschrift und marschieren wieder weiter. Auf den Plätzen unterhalten sich aufgeregte Menschen.

Das Hauptgesprächsthema ist Pfarrer Künzle, der dem Ruf des Bischofs Georgius gefolgt ist. Er gab seine letzte Pfarrerstelle in Wangs auf und kaufte sich ein Anwesen von einem Kleinbauern. Hier führt er seine Kräuterheilpraxis und empfängt von früh bis spät Kranke aus der Schweiz, aus Österreich, aber auch aus weit ferneren Ländern.

Am dritten Tag seines Wirkens in Zizers zeigte ihn bereits wieder ein Arzt an. Künzle hatte einem Jungen mit Heublumenumschlägen und einem Meisterwurzabsud den Daumen gerettet, den der Mediziner abnehmen wollte. Künzle wurde vor Gericht gestellt und zu einer Strafe von 500 Franken verurteilt.

Jetzt läuft das Volk dagegen auf die Barrikaden.

Schwere Faustschläge dröhnen gegen das Holztor des Bauernhauses von Pfarrer Künzle.

„Ja, ja, ich komme ja schon!" brummt Künzle und öffnet. Vor ihm stehen hunderte Männer und Frauen aus der Gemeinde und aus umliegenden Ortschaften. Einer von ihnen hat sich zum Sprecher gemacht und erklärt: „Wir haben 4000 Unterschriften gesammelt. Also um 1000 mehr, als es das Gesetz erfordert. Wenn auch der große Rat gegen Sie gestimmt hat, so muß es jetzt zu einer Volksabstimmung kommen. Das Bündener Volk wird für Sie entscheiden. Im Rathaus hat man uns schon gesagt, daß ein Gesetz vorbereitet werden muß. Die Naturheilpraxis wird erlaubt, wenn einer ein Schweizer ist, in bürgerlichen Ehren steht und nicht vorbestraft ist und wenn er eine Prüfung in Pflanzen- und Heilkräuterkenntnis besteht ...!"

Leise sagt Pfarrer Künzle: „Ich danke Euch für diese Initiative und für das Vertrauen. Ich werde dafür immer für Euch da sein, wenn Ihr mich braucht!"

Wenige Wochen später tritt der inzwischen 65 Jahre alte Pfarrer vor eine Kommission, um seine Naturheilprüfung abzulegen. Die Sitzung verläuft überaus peinlich für die Prüfer. Pfarrer Künzle weiß Dinge, von denen die Herren keine Ahnung haben. Die Sanitätsbehörde muß passen und dem Kräuterpfarrer sein offizielles Dekret ausstellen.

Am selben Tag kauft Pfarrer Künzle ein Grundstück

und beginnt mit dem Bau seines ersehnten Kräuterdepots.

Ganz Zizers ist auf den Beinen. Die Gassen sind mit Fahnen und Blumen geschmückt. Zu den hunderten Patienten, die in den letzten Jahren aus Deutschland, Frankreich, England, Irland, selbst aus Amerika kamen, gesellen sich Prominente. Nach dem König von Serbien trifft der Maharadscha von Indore aus Indien ein. Mit seinem gesamten Gefolge zieht er durch die Ortschaft und läßt sich in einer Sänfte von vier Dienern zum Haus des betagten Pfarrers Künzle tragen, der seine Patienten in einem Chalet mit dem Namen „Sonnenheim" empfängt.

Der Maharadscha klagt über ein Prostataleiden. Niemand konnte ihm bisher gegen die chronische Entzündung helfen. Pfarrer Künzle befreite schon viele Patienten von dieser Pein. Er braut seinem hohen Gast harntreibende Tees aus Löwenzahn, Liebstöckel, Hauhechel und fügt Baldrian, Hopfen und Johanniskraut dazu. Der indische Adelige muß täglich warme Sitzbäder absolvieren und wird fleißig zum Kauen von asiatischen Kürbiskernen angehalten, um die Blasenmuskulatur zu kräftigen.

Nach sechs Wochen zieht der Maharadscha gesund in seine Heimat.

Zum Abschied überhäuft er Pfarrer Künzle mit Gold und Edelsteinen. Niemand im Ort ist neidisch darüber. Alt und jung wissen: Der Pfarrer wird alles wieder an die Armen verschenken und nur mit einem Bruchteil Studien betreiben...

Die Nacht zum 7. auf den 8. Jänner 1945 ist stürmisch und kalt.

In seinem Chalet in Zizers liegt der 87jährige Pfarrer

In diesem Haus praktizierte Johann Künzle viele Jahre und stellte seine Kräutertabletten her

Johann Künzle mit seinem langen, wallenden und schlohweißen Bart. Die Schweizer sprechen von ihm wie von einem Heiligen. Er hat nicht nur tausende Menschen mit seinen Kräutern gesund gemacht, sondern in beiden Weltkriegen Lebensmittel verteilt und Familien vor dem Verhungern gerettet.

Auf dem Nachttisch des geschwächten Pfarrers liegt ein druckfrisches Buch: sein ganzer Stolz – sein Lebenswerk. Es ist das große Kräuterheilbuch, das im Lauf der späteren Jahre zu einem stillen Bestseller werden und im Jahr 1977 die 24. Auflage erreichen wird.

Man hört kaum die Worte, die von den Lippen Johann Künzles kommen: „Schön, daß ich mit diesem Werk fertiggeworden bin. Jetzt fürchte ich nicht mehr, daß man nach meinem Tod die Kräuterheilkunde vergißt. Ich bitte Euch, tut alles, damit die Menschheit die Schätze der Natur in Ehren hält!"

Er will noch etwas sagen. Doch seine Kräfte verlassen ihn. Sanft entschlummert der große Naturheiler des 20. Jahrhunderts.

Und als am 11. Jänner das Glöcklein der hoch emporragenden Siebenschmerzenkapelle über dem Wald von Wangs läutet und der Sarg des Kräuterpfarrers in den hartgefrorenen Boden gesenkt wird, da geht die Kunde bereits unter den anwesenden Trauergästen von Mund zu Mund: In Minusio werden Freunde und Nachkommen Künzles im Sinne des Geistlichen ein modernes, internationales Heilkräuterzentrum entstehen lassen ...

Die Entdeckung der Pflanzenheilkunde

Kräuterpfarrer Johann Künzle ist es zu danken, daß die Menschen endlich wieder daran erinnert wurden, wie wirkungsvoll, hilfreich und segensreich die Pflanzen im Krankheitsfall sein können. Die Pflanzenheilkunde beruht ja auf jahrtausendealter Erfahrung. Auch heute kann die Schulmedizin ohne sie nicht auskommen, da viele Medikamente aus Heilpflanzen hergestellt werden. Bei den Indern waren im Jahr 1000 vor Christi Geburt die Heilkräuter die Haupteinsatzmittel im Kampf gegen Krankheiten. Bei den Ägyptern, Juden, Griechen und Römern waren die Heilpflanzen hoch geschätzt. Es gibt aus diesen Zeiten bereits schriftliche Überlieferungen über spezielle Heilverfahren.

Dann aber ging das Wissen um die heilenden Pflanzen verloren. Im Mittelalter war es dann vor allem der Klerus, der die Kräuterkunde wieder zu pflegen begann. Und deshalb ist es nicht verwunderlich, daß gerade ein Geistlicher – nämlich Pfarrer Künzle – als mahnendes Gewissen der Menschheit die Heilkräuterlehre erneuerte und bedeutsam belebte.

Johann Künzle ging zeit seines Lebens in die Natur hinaus und suchte die wilden Heilpflanzen für seine Rezepturen. Später legte er sich Heilkräutergärten an und ersann ein eigenes Verfahren für die Vereinfachung der Kräuterbehandlung. Am Anfang stand der Kräutertee, der Kräutersaft. Künzle aber schuf die Kräutertabletten, die er selbst Lapidartabletten nannte. Er verwendete getrocknete und geriebene Kräuter, mischte sie für die Bekämpfung spezieller Leiden und preßte aus diesem Kräuterstaubgemisch kleine biologische Tabletten ohne den geringsten chemischen Zusatz. So verabreichte er diese Tabletten seinen Patienten.

Johann Künzle war der Ansicht: „Wir können Heilpflanzen einzeln gegen Krankheiten einsetzen. Aber auch im Gemisch ist es gut. Mit der Mischung wird man mitunter rascher zum Ziel kommen."

Welche Möglichkeiten kannte Künzle zur Kräuter-Therapie?

Er riet den Menschen, frische Heilpflanzen zu reinigen, zu zerkauen und einzuspeicheln. Damit heilte er viele Magen- und Darmstörungen. Und zwar mußten die Patienten ein Salbeiblatt, ein Wermutblatt und einen Zweig vom Tausendguldenkraut zerbeißen. Künzle predigte aber auch die Möglichkeit, aus Kräutern Säfte zu pressen und diese Säfte in kleinen Dosen zu konsumieren. Er pflegte die Behandlung mit den vielseitigen Kräutertees.

Eine komplette Pflanzenkur bei Künzle dauerte meist einige Wochen. Mitunter mußten die Patienten monatelang durchhalten.

Kräuterpfarrer Künzle sagte seinen Kranken immer wieder: „Vertrauen haben in die Heilkräfte der Pflanzen und Ausharren in der Kur, das ist das große Gebot. Wer sich danach richtet, wird nicht enttäuscht werden!"

Er war der erste, der dahinterkam, daß verschiedene Kräuter beim Teebereiten verschieden behandelt werden müssen, um wirken zu können. Er fand heraus, daß es Heilpflanzen mit leicht flüchtigen und andere wieder mit schwer löslichen Inhaltsstoffen gibt. Er verkündete als erster: „Pflanzen mit ätherischen Ölen dürfen nicht mit kochendem Wasser übergossen werden. Sie verlieren sonst dabei ihre wichtigen Substanzen. Rinden und harte Stengel dagegen müssen heiß abgebrüht oder sogar gekocht werden!"

Johann Künzle wußte auch, daß nur jene konservierten Heilkräuter wirken, die auf ganz bestimmte Weise getrocknet wurden: nämlich im Schatten, in Zugluft, höchstens in der Morgensonne.

Künzle hat ein gewaltiges Schriftwerk hinterlassen. Am bedeutendsten ist wohl das umfassendste Kräuterbuch des deutschsprachigen Raumes, das all seine Erfah-

Pfarrer Künzle probiert in seinem Labor einen seiner Heilkräutertränke rungen widerspiegelt. Künzle hat den wertvollen Volksglauben an die heilenden Pflanzen in unsere moderne Zeit herübergerettet. Seine Lehre ist heute das einzige Bollwerk gegen den Überkonsum an Pharmazeutika.

Das ist heute aus der Lehre geworden

Dank Pfarrer Künzle hat sich das Wissen um die Kraft der Heilkräuter in vielen Haushalten wieder gefestigt. Mehr Menschen, als man glauben kann, trinken gegen verschiedene Leiden oder zur Vorbeugung Kräutertees. Heilpflanzenexperten haben in den letzten Jahren für den Privatgebrauch von Kräutern feste Richtlinien aufgestellt:

Tees aus Kräutern werden anders konsumiert als normale Tees, die nur dem Durstlöschen dienen. Kräutertees müssen langsam und schluckweise eingenommen werden. Meist beträgt die Tagesration ein bis zwei Tassen. Von dieser Menge wird die Hälfte am Morgen, der Rest in kleinen Schlucken über den Tag verteilt getrunken. Die Wirkung wird dadurch gleichmäßiger und anhaltender.

Bei der Anwendung von Heilkräutern muß immer auf Alter, Geschlecht, Körperverfassung, Gewohnheit und Lebensweise des Patienten Rücksicht genommen werden. Ein schwacher Mensch darf nicht soviel Kräutertee zu sich nehmen wie ein kräftiger. Kinder müssen geringere Mengen vorgesetzt bekommen. Und sehr wichtig ist: Kräuterkuren haben vor allem im Frühling und im Herbst gute Wirkung.

Heute sollte in jedem Haushalt eine Kräuterapotheke vorhanden sein. Und diese Kräuter sollten darin aufbewahrt werden: Augentrost, Baldrian, Betonie, Bitterklee, Bibernelle, Birke, Brennessel, Eibisch, Eichenrinde, Erdbeerblätter, Hagebutte, Holunderblätter, Holunderblüten, Johanniskraut, Kalmus, Kamille, Lindenblüten,

Lungenkraut, Malve, Minze, Mistel, Raute, Rosmarin, Salbei, Schafgarbe, Spitzwegerich, Tausendguldenkraut, Veilchen, Wacholderbeeren, Walnußblätter, Wermut, Wollblume, Zinnkraut. Diese Kräuter ergeben wirksame Tees. An Kräuterölen gehören in die Hausapotheke: Johanniskrautöl, Kampferöl, Lavendelöl, Mandelöl, Nelkenöl und Olivenöl.

Ein sehr wichtiger Hinweis: Nach etwa einem Jahr verlieren aufbewahrte Kräuter sehr stark an Wirkung und Geruch.

Heute sucht sich kaum jemand selbst die Kräuter. Man kauft sie am besten in der Apotheke. Von Pfarrer Künzle wissen wir, daß Heilkräutertees besser nicht mit Zucker, sondern mit Honig gesüßt werden, und daß als Geschmacksverbesserer Zitronensaft, Orangensaft, Anis und Pfefferminze erlaubt sind.

Die Pflanzenheilkunde unterscheidet heute korrekt zwischen dem Verfahren der Abkochung, des Aufgusses, des Kaltansetzens, der Inhalation, des Saftes, des Fluidextraktes und der alkoholischen Tinktur. Bei der Abkochung kommen die Kräuter in kochendes Wasser und werden bei geringer Hitze weitergekocht. Nach dem Ziehen werden die Kräuter durch ein Haarsieb oder Tuch gesiebt. Der Aufguß ist die häufigste Zubereitungsart. Kochendes Wasser wird über die Kräuter gegossen. Das Gefäß wird abgedeckt stehengelassen. Für das Kaltansetzen werden die Kräuter mit Wasser, Wein oder Alkohol versetzt. Für eine Kräuterinhalation können sowohl Aufguß als auch Abkochung bereitet werden. Die Dämpfe davon kommen dann zur Inhalation. Um einen Kräutersaft herzustellen, müssen ganz frische Pflanzen ausgepreßt und durchgeseiht werden. Fluidextrakte und alkoholische Tinkturen können nur von Experten zubereitet und fertig gekauft werden.

Außer der Pflanzenheilkunde im Hausgebrauch und durch aufgeschlossene Hausärzte hat die Lehre des Kräuterpfarrers einen Siegeszug um die Welt angetreten. In der Schweiz, in der Bundesrepublik und in Österreich haben sich – genau der Lehre Johann Künzles entsprechend – Kräuterzentren gebildet. Das Weltzentrum ist der schweizerische Ort Minusio geworden. Hier sind im Laufe der Jahre von Nachkommen des Geistlichen moderne Labors entstanden, die jene von Künzle erfundenen Kräutertabletten für die ganze Welt erzeugen. In Minusio gibt es Kräutergärten. Es werden aber auch von biologischen Anbaugebieten und aus der freien Natur in aller Welt Kräuter eingekauft und bearbeitet. Täglich starten aus der Schweiz Flugzeuge, die Künzles Kräutertabletten bis nach den USA liefern. Im Schwarzwald in der Bundesrepublik hat sich ein Künzle-Beratungszentrum gebildet. Kostenlos werden Patienten hier auf Grund ihrer Leiden von Heilexperten und Ärzten beraten und in der Handhabung der Kräutertabletten, Kräutersäfte und Kräuterbäder unterwiesen.

Im Verlauf der Jahre wurde im schweizerischen Kräuterzentrum von Minusio, basierend auf den Erfahrungen Johann Künzles, ein Programm von insgesamt 22 verschiedenen Kräutermischungen erarbeitet. Die Künzle-Kräuter erfassen damit alle Bereiche des menschlichen Körpers in Krisen- und Krankheitssituationen. Die meisten Erfolge in der Behandlung werden heute erzielt bei Verdauungsstörungen, Ohrensausen, Schwindelanfällen, leichter Arteriosklerose, Vergeßlichkeit, Blutreinigung, Hautkrankheiten, Beinbeschwerden, Krampfadern, Hämorrhoiden, Nieren- und Blasenleiden, nervösen Herzstörungen, Herzklopfen, Gefäßkrämpfen, nervöse Störungen, Schlaflosigkeit, Magenstörungen, Magen- und Darmkrankheiten, Blähungen, Appetitlosigkeit, Rheuma,

Ischias, Neuralgie, Verstopfung, Schwächeanfällen, Leber- und Gallebeschwerden, Struma, Brustkatarrh, Husten, Erkältungen, Kreislaufstörungen, Prostatabeschwerden, Föhnbeschwerden, Angstzuständen, schmerzhafter und unregelmäßiger Periode, Asthma. Zusätzlich stehen Kräuterextrakte und Säfte sowie Gesundheitsbäder zur Auswahl.

Für Millionen Menschen ist der Name Johann Künzle heute mit der Kräuterheilkunde untrennbar verbunden.

Einige wichtige Adressen

Wer sich für Kräuterkuren und Künzles Heilkräuterlehre interessiert und erschöpfende Auskünfte bekommen möchte, wendet sich an folgende drei Adressen:

Kräuterpfarrer Künzle AG
CH-6648 Minusio

Kräuterpfarrer Künzle
Beratungsstelle und
Heilmittelvertrieb
A. K. Renner
D-7540 Neuenbürg/Schwarzwald

Kräuterpfarrer Künzle
Beratungsstelle
Karl Wilfing
Neuholdaugasse 11
A-8010 Graz

KAPITEL XII

MAXIMILIAN BIRCHER-BENNER
1867–1939

Dr. Maximilian Bircher-Benner: Er heilte seine Patienten mit Rohkost und wurde damit weltberühmt

Der Vater der heilenden Rohkost

Fahles Morgengrauen lastet über Zürich.

Auf den leeren Straßen rumpeln einzig und allein die Karren der Gärtner zum Markt. Die Fahrbahnen sind nebelnaß. Es ist ein ungemütlicher Oktobertag des Jahres 1887. Mit dicken Schweißtropfen auf der Stirn wälzt sich der 20jährige Student Maximilian Oskar Bircher aus dem schweizerischen Städtchen Aarau auf seiner Bettstatt in dem komfortablen Untermietzimmer, das ihm der Vater in der Altstadt monatlich bezahlt.

Maximilian Oskar Bircher preßt die Hände vor die Augen. Das Licht der aufgehenden Sonne tut ihm in den Pupillen weh. Sein Kopf glüht vor Schmerzen. Er hat keine Minute geschlafen. Die Nacht ist bereits um. Und der neue Tag wartet unerbittlich mit Prüfungen, Vorlesungen und Besorgungen.

Der Student richtet sich mühsam auf und schlurft langsam zum Waschtisch, gießt sich Wasser aus dem Krug ins Porzellanlavoir und wäscht sich. Immer wieder starrt er auf das zerwühlte Bett und dann zum Tisch hinüber. In jüngster Zeit geht es ihm immer wieder gleich. Er studiert abends bis etwa Mitternacht und legt dann todmüde seine Aufzeichnungen weg. Aber er kann nicht schlafen. Sein Körper ist müde, sein Gesicht abgekämpft. Doch er findet nicht die Entspannung des Einschlummerns.

Bircher kleidet sich an und verläßt sein Zimmer. Er überlegt auf der Straße, ob er nicht frühstücken soll. Er läßt es bleiben. Aus Erfahrung weiß er, daß ihm das Essen nach der durchwachten Nacht nicht bekommt. Er strebt lieber dem nächsten Gasthaus zu, betritt es und genehmigt sich zwei Gläser Wein.

Dann passiert er einige enge Gassen und läutet am Tor des bekannten Züricher Nervenarztes Dr. August Forel.

Dr. Forel öffnet selbst. Seine Frau schläft noch, und die Sprechstundenhilfe ist noch nicht da. „Ja, mein lieber Bircher! Sie – schon zu so früher Stunde? Womit kann ich Ihnen dienen?“ Freundlich empfängt der Arzt den Studenten.

Hastig erklärt Bircher: „Ich halte es nicht mehr aus, Doktor. Meine Schlaflosigkeit macht mich noch ganz verrückt. Was kann ich dagegen tun? Ich hab' es in den letzten Wochen mit Alkohol versucht...“

Ehe er noch weitersprechen kann, brüllt ihn der Nervenarzt an: „Und Sie glauben wohl, daß das sehr klug ist? Ich rieche es ja auf Meilen, daß Sie bereits heute morgen Alkohol zu sich genommen haben. Schämen Sie sich. Für Sie muß Alkoholabstinenz erstes Gebot sein. Als Arzt müssen Sie doch später in erster Linie durch Ihr gutes Beispiel wirken. Wie wollen Sie sich da durchsetzen, wenn Sie zum Trinker werden?“

Leise sagt Maximilian Bircher: „Doktor, bitte, helfen Sie mir doch gegen diese teuflische Schlaflosigkeit!“

Der Neurologe führt den jungen Studenten in sein Ordinationszimmer, schiebt sich hinter seinen Schreibtisch und füllt einige Rezepte aus: „So, ich verschreibe Ihnen wieder von den guten, starken Schlaftabletten. Da werden Sie wieder ruhen wie ein Nilpferd.“

Maximilian Bircher nickt dankend, erlaubt sich aber den Einwand: „Ich habe diesen wirklich guten Tabletten gegenüber Mißtrauen. Sie sind ja im Grunde genommen nichts anderes als ein Betäubungsmittel. So wie mein Wein. Doktor, Sie werden meine Schlaflosigkeit niemals heilen...“

Der Arzt fährt unwillig von seinem Sessel hoch: „Was wollen Sie denn noch von mir? Soll ich ein Wunder an Ihnen vollbringen?“

Bircher schüttelt den Kopf: „Nein, Doktor. Aber ich

habe das verdammte Gefühl, daß die Schulmedizin, der wir uns alle verschrieben haben, nicht immer den richtigen Weg einschlägt, um die Menschen zu behandeln ...“

Langsam heben zwei junge Männer die grauhaarige Frau aus der Pferdekutsche, die in der Züricher Altstadt vor einem ehrwürdigen Bürgerhaus angehalten hat. Schritt für Schritt führen die beiden Söhne ihre Mutter die Treppe hoch. Vor der großen, glänzenden Kupfertafel machen sie halt. Da steht: Dr. med. Maximilian Oskar Bircher-Benner. Praktischer Arzt.

Dr. Bircher-Benner hat an der Universität Zürich Medizin studiert und das Doktorat gemacht. Er hat sich sofort einen Patientenkreis gesucht und am 1. Dezember 1891 seine ärztliche Praxis eröffnet.

Der Zulauf ist enorm. 1893 hat er geheiratet: die bildhübsche Elisabeth Benner aus Mühlhausen. Seither nennt er sich – aus Liebe zu ihr – Bircher-Benner. Die Ehe verläuft bestens. Die junge Leute wünschen sich viele Kinder. Sie ahnen zu diesem Zeitpunkt noch nicht, daß sie vier Buben und drei Mädchen bekommen werden, die Vaters Naturheillehre in alle Welt hinaustragen und verbreiten.

Die grauhaarige kranke Dame läßt sich von ihren Söhnen ins Haus des Arztes tragen. Sie ist angemeldet und wird sofort ins Ordinationszimmer gebracht. Ihre Wangen sind eingefallen. Die Augen liegen tief in den Höhlen. Dr. Bircher-Benner kennt ihre Krankheitsgeschichte. Sie leidet seit 30 Jahren an einer starken Magensenkung mit schwersten Verdauungsbeschwerden. Alle anderen Ärzte, bei denen sie in Behandlung war, haben aufgegeben, sie für unheilbar krank erklärt. Da suchte Marie Sürnthaler den Doktor Bircher-Benner auf, weil es ihr so viele Leute geraten haben.

Bittend fragt sie den Arzt: „Haben Sie meinen Fall studiert? Werden Sie mir helfen können? Und wie werden Sie es tun ...?“

Einen Augenblick lang ist es ganz still im Raum. Dann meint Dr. Bircher-Benner zielsicher: „Sie müssen Ihre Kost vollkommen umstellen!“

Weinend gesteht die Patientin: „Ich lebe doch ohnehin schon streng nach Diät.“

„Sie mißverstehen mich“, unterbricht sie der Arzt. „Sie müssen auch Ihre Diät einstellen. Sie werden von jetzt ab rein vegetarisch leben, und zwar ganz auf Rohkost eingestellt. Das heißt: lauter unverfälschte Naturprodukte ohne Salz und Zucker, ohne Mehl. Ich verschreibe Ihnen rohe Früchte, Nüsse, Salate, Vollkornschrot-Brot und höchstens leicht gedämpftes Gemüse.“

„Aber Doktor“, ruft Marie Sürnthaler aus, „das sind ja lauter Sachen, die mir die anderen Ärzte strikte verboten haben.“

Dr. Bircher-Benner nickt: „Ich weiß: Meine Methode ist unwissenschaftlich. Aber sie wird Sie gesund machen. Und das, denke ich, ist wohl die Hauptsache.“

Kaum hat der Schweizer Arzt hinter der Patientin die Türe geschlossen, da stürzt der 21jährige Student Theo Gämmerli aus Bern ins Ordinationszimmer und ergreift die Hand des Mediziners: „Doktor, ich danke Ihnen, daß Sie auf den Rat eines kleinen Studiosus gehört haben. Sie werden sehen: Die Frau wird wieder gesund. Darf ich fragen, was Sie nach unserem Gespräch bewogen hat, die Rohkost zu verordnen?“

Dr. Bircher-Benner räuspert sich: „Weil ich das Gefühl habe, daß Sie da etwas Wahres gesagt haben. Am ehesten kann die unverfälschte Natur dem Körper nützen. Ich habe schon einmal in meinem Leben erkannt, daß der gesunde Menschenverstand, die Naturverbun-

Die Bircher-Klinik auf dem Zürichberg zu Lebzeiten des Naturheilers denheit, weit eher heilen können als die Schulmedizin."

Der Arzt nimmt den Studenten freundschaftlich an der Schulter: „Ich war genau so ein junger Student wie Sie, mein Lieber. Ich litt an qualvoller Schlaflosigkeit. Die Ärzte verschrieben mir Pillen, die nur im Augenblick Abhilfe schafften. Dann aber riet mir mein Reitlehrer, täglich Gymnastik zu betreiben, mir feuchte Packungen aufzulegen, viel in frischer Luft zu atmen und Naturprodukte zu essen. Was soll ich sagen? Ich befolgte alles und besiegte meine Schlaflosigkeit voll und ganz. Sie haben mich wieder an all das erinnert."

Trachtenkapellen aus der Umgebung spielen Heimatlieder. An einigen Ständen werden Gesundheitsbüchlein und Andenken verkauft. Dichtgedrängt stehen die Menschen vor dem funkelnagelneuen Haus in dem weiten Park auf dem Zürichberg. Es ist ein sonniger Mai des Jahres 1897. Aus ganz Europa sind anerkannte Wissenschaftler und Ärzte erschienen. Sie wollen sich den Tag nicht entgehen lassen.

Dr. Maximilian Oskar Bircher-Benner hat sich seinen langjährigen Wunschtraum erfüllt. Er eröffnet seine physikalisch-diätetische Privatklinik, ein Sanatorium ganz besonderer Art. In seiner Ansprache betont er: „Ich hoffe, daß diese Anstalt in kurzer Zeit zum internationalen Mittelpunkt für Heilungssuchende mit schwersten Ernährungsstörungen wird. Endlich kann ich all meine Erfahrungen in einem eigenen Haus verwirklichen, weitergeben und die einseitige medizinische Wissenschaft korrigieren."

Applaus setzt ein. Die Züricher Stadtväter wagen es nur zaghaft, in die Hände zu klatschen. Sie schielen ängstlich zu den namhaften Ärzten der Stadt. Die Mediziner berühren kaum ihre Hände beim Applaus. Sie verziehen die Mienen und schneiden Gesichter. Sie machen sich über diesen Bircher-Benner lustig, der sich zum Rohkost-Apostel aufspielt und damit Kranke heilen möchte.

Nur einer der Ärzte löst sich aus der Gruppe und strebt freundlich lachend dem neuen Sanatoriums-Chef entgegen. Es ist der Wiener Wasserarzt Dr. Wilhelm Winternitz. Er hat ein Jahr zuvor mit dem Schweizer Kollegen in der Kaiserstadt an der Donau ein langes Studiengespräch geführt. Die beiden sind vom Wert der naturverbundenen Heilkunde – angefangen von Prießnitz bis Kneipp – voll und ganz überzeugt.

Während draußen vor dem Haus ein wenig später die Leute auf Kosten Dr. Bircher-Benners feiern und die Ärzte an einem Buffett lästern, ziehen sich Dr. Bircher-Benner und Dr. Winternitz ins Büro zurück und tauschen weitere Erfahrungen aus.

„Ich hab' schon ein richtiges Konzept für meine Behandlungen", freut sich Dr. Bircher-Benner. Und dann erzählt er begeistert: „Meine Untersuchungen und Beobachtungen haben ergeben, daß der Mensch gesünder bleibt und leistungsfähiger wird, wenn er bei richtiger Kostzusammensetzung ein Minimum an Eiweiß zu sich nimmt. Nahrungsmittel erzeugen Wärme. Ich habe eine eigene Wärmetabelle für vernünftige Kost zusammengestellt. Doch das allein hilft noch nicht, einen Menschen zu heilen. Kalorien, die aus Pflanzen gewonnen werden, sind jenen aus tierischer Nahrung überlegen. Die Pflanzen speichern nämlich Sonnenlicht. Und dieses Sonnenlicht hilft, einen kranken Körper gesund zu machen. Während die Tiere das Sonnenlicht indirekt aus der Pflanze aufnehmen, speichern es die Pflanzen direkt und geben es an den Körper des Menschen ab. Je mehr unveränderte, von der Sonne bestrahlte Kost wir zu uns nehmen, desto unverfälschter ernährt sich unser Organismus. Darum sollen meine Patienten die Früchte samt der Schale, das Korn samt der Hülse zu sich nehmen. Und sie dürfen dabei so wenig wie möglich Medikamente einnehmen, weil diese die Sonnenenergie zerstören...!"

Erstaunt erhebt sich der Wiener Dr. Winternitz: „Lieber Bircher-Benner, das ist ja eine neue und sensationelle Lehre. Darüber müssen Sie einen Fachvortrag halten. Dann werden die Kollegen ganz anders über Sie denken und Sie nicht weiterhin belächeln und bekriegen."

Es klopft an der Tür. Die Haushälterin des Schweizer Arztes führt einen jungen Mann herein, der einen riesigen Blumenstrauß in den Händen hält und diesen dem Doktor reicht: „Diesen Blumenstrauß schickt meine Mutter, Frau Marie Sürnthaler, die Patientin mit der angeblich für viele Ärzte unheilbaren Magensenkung..."

„Ach, ja", erinnert sich Bircher-Benner. „Wie geht es Ihrer Frau Mutter?"

„Danke!"

Der junge Mann strahlt: „Sie läßt Ihnen zur Eröffnung der Klinik gratulieren. Sie teilt Ihnen durch mich mit, daß sie vorige Woche von einem Ärzte-Team untersucht und für vollkommen gesund erklärt wurde. Als sie erzählte, daß ihr dazu die Bircher-Benner-Rohkost verholfen hat, da bekamen die Mediziner alle verbissene, blasse Gesichter."

Der Festsaal der Ärztlichen Gesellschaft in Zürich ist bis auf den letzten Sessel belegt. Alle Mediziner von Rang und Namen haben sich an jenem Maitag des Jahres 1902 zum sensationellen Vortrag des Dr. Maximilian Oskar Bircher-Benner eingefunden. Immerhin muß man ihn sich anhören. Sein Sanatorium ist überlaufen. Patienten aus der ganzen Welt kommen zu ihm und kehren gesund wieder nach Hause zurück.

In einem vier Stunden dauernden Referat hat Dr. Bircher-Benner die Grundsätze seiner heilenden Rohkost dargelegt und Beispiele dafür angeführt. Immer wieder wird er von gehässigen Fragen unterbrochen. Doch er fällt nicht aus der Rolle und ist allen Angriffen gewachsen.

„Sagen Sie einmal, Herr Kollege", höhnt ein Schweizer Arzt aus Biel, „was soll dieses geheimnisvolle Wort Vitamin? Ist das eine Zauberformel, mit der Sie Ihre Patienten betören?"

Dr. Bircher-Benner läuft rot vor Zorn an: „Herr Kollege, es dürfte Ihnen entgangen sein, daß 1897 das Vitamin B entdeckt wurde. Ich wette mit Ihnen, daß man schon in wenigen Jahren ganze Kongresse den Vitaminen widmen wird. Und dann wird man mir auch glauben, warum ich so sehr für die rohe Pflanzenkost eintrete, weil da die meisten heilenden Vitamine enthalten sind."

Allgemeines Stimmengewirr läßt die letzten Worte untergehen.

Nicht alle Ärzte wollen die Theorie von den Vitamin-Molekülen in der Nahrung glauben.

Wieder folgt eine kritische Frage: „Man sagt, daß Sie, Herr Kollege, in Ihrer Klinik die Leute martern und ihnen mitunter viele Zähne aus dem Mund reißen lassen. Sie behaupten, daß Leute nacher gesund werden und keine Magengeschwüre mehr haben. Finden Sie das alles nicht sehr gewagt?"

Dr. Bircher-Benner antwortet mit sicherer Stimme: „Ich bin dahintergekommen, daß eitrige Zähne den Körper vergiften und die richtige Auswertung der Nahrung im Körper verhindern und damit schwere Magenkrankheiten hervorrufen. Die Entgiftung muß mit dem Entfernen der eitrigen Zähne beginnen. Dann setzt die Rohkost ein."

Spontan ruft ein anderer Arzt dazwischen: „Degradieren Sie den Menschen nicht zum Eichhörnchen, wenn Sie ihm einreden, daß er sein ganzes Leben lang nur Nüsse knacken und Getreide knabbern soll?"

Dr. Bircher-Benner bringt das einsetzende Gelächter der anderen rasch zum Verstummen: „Meine Herren, ich habe niemals für die Rohkost als Dauerkost plädiert. Ich verordne die Rohkost-Diät in Krankheitsfällen und empfehle als spätere Dauerkost Kochkost in Verbindung mit Rohkost, allerdings ohne Reizstoffe, mit nur wenig Salz und ebensowenig Zucker. Dazu rate ich zu Sonnenbädern, Trinkwasserkuren und seelischer Entspannung. Meine verehrten Kollegen: Mit dieser Methode wurden bei mir bereits tausende Magenkranke gesund!"

Der Leiter der Ärztlichen Gesellschaft in Zürich beendet die Diskussion und fragt den Vortragenden scharf: „Glauben Sie nicht, Doktor, daß Sie die Grenzen der Wissenschaft verlassen haben?"

Bircher-Benner schüttelt den Kopf: „Ich denke, daß ich die erkennbaren Grenzen der Wissenschaft überschritten und den Umriß für eine bessere Wissenschaft aufgezeigt habe..."

Bircher-Benner sitzt – wie jeden Tag – mit seinen Assistenten und Mitarbeitern beim Rohkostfrühstück. Auch seine Frau Elisabeth und die sieben Kinder, inzwischen zu gesunden und hübschen Söhnen und Töchtern herangewachsen, haben an dieser traditionellen Tafel ihre Stammplätze.

Ein strahlender Julimorgen liegt über dem Zürichberg.

Da eilt die Haushälterin ins Zimmer: „Entschuldigen Sie die Störung, Doktor. Draußen ist eben ein gewisser Dr. Alfred Brauchle mit einem Auto angekommen. Er sagt, er ist Assistent an der hydrotherapeutischen Universitätsklinik in Berlin. Er sieht von der langen Reise recht hergenommen aus."

„Führen Sie ihn sofort herein", entscheidet der Arzt und eilt Dr. Brauchle entgegen. Brauchle begrüßt alle Anwesenden mit einem höflichen Kopfnicken und nimmt gern am Tisch Platz. Dr. Bircher-Benner erklärt ihm: „Wir essen gerade meine neueste Erfindung, ein Rohkostfrühstück, das sich auch seit Monaten bei meinen Patienten bestens bewährt. Wir nennen es hier Bircher-Müsli: Haferflocken, die über Nacht in kaltem Wasser eingeweicht lagern, werden mit Kondensmilch vermischt, dazu Honig, geriebene Nüsse und verschiedene zerkleinerte Früchte ..."

Dr. Brauchle kostet vom Teller, den man ihm serviert, und nickt: „Köstlich, wirklich köstlich. Und das Bewußtsein, daß es gesund ist, macht die Sache noch schmackhafter."

„Was führt Sie zu mir?" will Dr. Bircher-Benner wissen.

Die Antwort erfolgt blitzschnell: „Herr Kollege: Es geht um das Leben meiner Mutter. Mein Chef, Professor Schönenberger, meint, Sie könnten vielleicht noch helfen. Alle anderen Ärzte wissen keinen Rat mehr. Die Frau ist jetzt 50 Jahre alt. Sie leidet an zunehmender Muskelschwäche und kann sich kaum mehr bewegen. Dazu ist noch eine schreckliche Wassersucht gekommen. Sowohl Schulmediziner als auch Naturheilkundler konnten das Siechtum nicht aufhalten. Im Prießnitz-Krankenhaus Mahlow war man ebenfalls ratlos."

„Wo befindet sich Ihre Mutter jetzt?"

„Bei Professor Stähelin und Professor Bing an der Universitätsklinik in Basel. Dort sagt man, daß sie bald sterben muß."

Dr. Bircher-Benner erklärt entschlossen: „Lassen Sie

Ihre Frau Mutter auf schnellstem Weg in mein Sanatorium bringen...!"

Zwei Tage später liegt Auguste Brauchle in einem Einzelzimmer bei Dr. Bircher-Benner. Der Mediziner hat allein durch Augendiagnostik erkannt, daß sie an einer feuchten Form von Beri-Beri leidet. Bircher-Benner verordnet für ein ganzes Jahr strengste Rohkost, für ein weiteres Vierteljahr Rohkost mit Beigaben von Kartoffeln und Vollkornbrot. Dann sieben Monate vegetarische Kost mit Sonnenbädern.

Zwei Jahre nach Dr. Brauchles überstürztem Eintreffen auf dem Zürichberg ist seine Mutter vollkommen gesund und kann sich wieder bewegen. Dr. Brauchle drückt dem Arzt beim Abschied die Hand und flüstert ergriffen: „Ihre Methode grenzt an eine Wundertherapie."

Schneestürme verwehen die Zufahrtsstraße zum Sanatorium auf dem Zürichberg. Man schreibt den 24. Jänner 1939.

In einem abgedunkelten Zimmer liegt der 72jährige weißhaarige Dr. Maximilian Oskar Bircher-Benner mit seinem dichten Vollbart. Er ist völlig entkräftet und erschöpft. Er hat sich in seinem Alter bei der Behandlung der Patienten zu viel zugemutet. Die Schwestern und Ärzte, die ihn betreuen, wollen ihn schonen und schirmen ihn von zu viel Besuchern ab. Man hat an diesem Tag auch Anweisung gegeben, die Post nicht ans Krankenbett zu bringen. Doch Dr. Bircher-Benner wird nervös, als er sie nicht bekommt und verlangt danach.

Einer seiner Söhne – er und die beiden anderen Brüder sind inzwischen ausgebildete Ärzte und arbeiten eifrig in Vaters Klinik mit – öffnet die Briefe und liest sie der Reihe nach vor. Abschließend meint er zu seinem Vater: „Also, heute waren es wieder 46 Dankschreiben aus allen

Teilen der Welt. Davon behaupten sieben Menschen, daß du Ihnen mit deiner Methode das Leben gerettet hast."

Dr. Bircher-Benner greift nach der Hand des Sohnes: „Siehst du, auch heute wollte ich unbedingt so schöne Briefe vorgelesen bekommen. Sie beweisen mir, daß ich keinen Augenblick in meinem Leben den falschen Weg gegangen bin. Laßt Euch niemals beirren, wenn ich nicht mehr bin. Geht diesen Weg weiter zum Heil Eurer Mitmenschen..."

Dr. Bircher-Benner lehnt sich im Bett langsam zurück und schläft friedlich ein.

Er erwacht nicht mehr aus diesem Schlaf...

Die Lehre vom Wert der Nahrungsmittel

Als sich Dr. Bircher-Benner mit der wissenschaftlichen Ernährungslehre näher zu beschäftigen begann, stieß er auf die bis heute gültige Kalorienlehre, welche die Brauchbarkeit der Nahrungsmittel vom Standpunkt der Wärmeentwicklung aus lehrt und die Auffassung vertritt, man könnte die nötigen Wärmeeinheiten in weitgehender Freiheit und mit wechselseitiger Vertretbarkeit von den Eiweißkörpern, den Kohlehydraten und den Fetten beziehen.

Es wurde Bircher-Benner ganz deutlich, daß die Wärmeentwicklung unmöglich Maßstab für die ernährende und heilende Kraft einer Kostzusammenstellung sein konnte. Zunehmend wurde ihm klar, daß die Kalorien nicht nur eine verschiedene Herkunft, sondern auch eine verschiedene Brauchbarkeit haben, und daß die rohen Pflanzen den tierischen Nahrungsmitteln in dieser Hinsicht überlegen sein müßten.

Als Ergänzung fügte Bircher-Benner dem Wärmemaß

noch das Lichtmaß hinzu und erkennt die Nahrungsmittel vom Standpunkt ihres Sonnenlichtwertes. Erstmals schreibt der Schweizer Arzt über seine Lichtlehre 1903 in dem Werk „Grundzüge der Ernährungstherapie".

In Hinblick auf die gespeicherte Sonnenenergie in den Pflanzen forderte Bircher-Benner: „Bei Verwendung der pflanzlichen Nahrungsmittel, die der Sonnenbestrahlung ausgesetzt waren, soll die ganze Pflanze oder das ganze Pflanzenorgan gegessen werden, also die ganze Frucht samt Schale und Kerngehäuse, das ganze Samenkorn mit allen äußeren und inneren Schichten, die ganze Knolle mit Schale und Inhalt, weil alle zusammen eine vollwertige Einheit des Nahrungsmittels ausmachen."

Die Lichtlehre Bircher-Benners hat die Ergebnisse der modernen Vitaminforschung voraussehen lassen. Zwar wurde schon 1897 als erstes das Vitamin B entdeckt, aber erst 1926 wurden die Vitamine auf wissenschaftlichen Kongressen zur Aussprache angemeledet.

Die wichtigsten Ernährungsfehler und Krankheitsursachen sah Bircher-Benner im Vitaminmangel, Mineralstoffmangel, Säure-, Eiweiß-, Kochsalz- und Zuckerüberschuß, in der Verfälschung und Entwertung der Nahrung durch Kochen und Konservierung. Durch derartige Ernährung – so erkannte Bircher-Benner, komme es im Menschen zu einer „trächtigen Gesundheit". Das heißt: Unter dem Deckmantel einer scheinbaren Gesundheit bahnen sich die ersten Anzeichen von Krankheiten an.

Grundsätzlich stellt Bircher-Benner folgende Maxime auf: Die Nahrung des Menschen, der gesund bleiben möchte, soll knapp und naturverbunden sein. Sie soll möglichst aus drei Mahlzeiten am Tag bestehen. Im Krankheitsfall muß der Übergang zur vollkommenen Rohkost zu Heilzwecken plötzlich vorgenommen werden. Die einzig mögliche Heilnahrung war für Bircher-Benner die rohe Pflanzenkost, die aus rohen Früchten, Nüssen, rohen Gemüsen und Salaten besteht. Auch für die nach der Gesundheit eingeführte neue Dauerkost spielen rohe Früchte, Nüsse und rohe Gemüse eine beträchtliche Rolle. Auschließlich Rohkost als immerwährende Dauerkost lehnte Bircher-Benner ab.

Die umfassende Therapie Bircher-Benners begründete sich auf der Auffassung: „Die Nahrung allein ist zwar ein sehr wichtiges Mittel, gesund zu werden und gesund zu bleiben, aber nicht das einzige. Nahrung in Verbindung mit Sonne- und Luftbädern, reiner Atemluft, Aufenthalt im Freien, genügend Bewegung und einwandfreiem Trinkwasser führt zum Höchstmaß einer günstigen Auswirkung auf den menschlichen Organismus!“

Das ist heute aus der Lehre geworden

Der Name Bircher-Benner ist in Europa, aber auch in Teilen Übersees, auch heute noch ein Begriff in Verbindung mit gesunder Rohkostnahrung.

Das Bircher-Müsli hat einen Siegeszug angetreten. Und mancher, der heute im Reformhaus oder im Diskontladen eine Packung Bircher-Müsli als Frühstücksnahrung mit nach Hause nimmt, kennt gar nicht die Geschichte des Naturheilers und seiner Bemühungen um ein gesundes Leben.

Das Bircher-Müsli stellt ein nicht zu unterschätzendes Exportgut in alle Länder der Erde dar.

Bircher-Benner empfahl das Müsli als Morgen- oder Abendspeise zur Rohkost- und Frischernährung.

Und hier das Originalrezept des Bircher-Müslis für all jene Naturheilfreunde, die es sich selbst bereiten wollen:

Für eine Person werden drei bis fünf Eßlöffel Haferflokken mit drei Eßlöffel Wasser am Abend zuvor eingeweicht. Morgens kurz vor dem Frühstück wird ein Eßlöffel gezuckerter Kondensmilch und der Saft einer halben Zitrone hinzugefügt. Anstelle der gezuckerten Kondensmilch wird auch Frischmilch mit Honig empfohlen. Drei Äpfel werden gut gereinig und mit Schale auf einer Bircher-Raffel gerieben. Auch das Kerngehäuse wird verwendet. Alles wird nun gemischt und mit geriebenen Nüssen oder Keimdiät versezt.

Die meisten Bircher-Anhänger und Rohkost-Fans greifen heute jedoch bereits zum fertig abgepackten Müsli, das in den Teller geleert und mit Milch übergossen wird.

Ein wichtiger Hinweis

Das Bircher-Müsli und viele andere Rohkost-Müslis sind heute nicht nur in speziellen Reformgeschäften, sondern auch im normalen Lebensmittelhandel, ja sogar in den Diskontläden und Supermärkten zu kaufen. Achten Sie unbedingt auf das Verpackungs- und Verbrauchsdatum der biologischen Naturware.

Kapitel XIII

FRANZ XAVER MAYR
1875–1965

Dr. Franz Xaver Mayr: Er bekämpfte Magen- und Darmkrankheiten mit seiner neuen Semmel-Milch-Kur

Der „Semmel-Doktor" aus Karlsbad

Das Korn auf den Feldern wiegt sich leicht im heißen Sommerwind hin und her. Flimmernde Luft brütet über Gröbming im steirischen Ennstal in Österreich. Es ist ein Julitag des Jahres 1899. Mit weiten, leichten Schritten eilt ein junger Student seinem Elternhaus zu: der 24jährige Franz Xaver Mayr. Er studiert an der medizinischen Fakultät der Universität in Graz und hat nun Ferien, die er daheim auf dem Bauernhof zubringen möchte.

Franz Xaver ist bewußt eine Station früher aus dem Stellwagen ausgestiegen, um durch die Natur zu wandern, um all die vertrauten Stätten seiner Kindheit wieder zu begrüßen: die alte Eiche am Waldesrand, den kristallklaren Bach in der großen Wiese, die drohenden Felsblöcke oben auf dem Hügel. Jetzt hastet er jubelnd durch das mannshohe Gras, hält sein Reisebündel hoch und freut sich auf Vater und Mutter.

Sie hören ihn schon von weitem. Die Bäuerin Seraphine Mayr, die den Buben 1875 in Gröbming zur Welt gebracht hat und als ihr drittes Kind besonders liebt, weint Tränen der Wiedersehensfreude. Vater Anton Mayr, der Nachkomme einer über 200 Jahre alten Gröbminger Bauers-, Wirte- und Fleischersfamilie, lacht stolz. Er murmelt zu seiner Frau: „Schön, daß er jezt wieder ein paar Wochen bei uns ist. Das hätten wir uns auch nie gedacht: daß unser Franzl so anders wird als die anderen Kinder. Unser Studiosus, der bald Herr Doktor sein wird ..."

Jetzt hat Franzl den Hof erreicht. Er fliegt seiner Mutter entgegen und nimmt sie fest in die Arme. Dann begrüßt er den Vater. Minuten später gehen sie durch die Stallungen und über den Hof. Schließlich setzen sie sich in die Stube zusammen.

Der Vater fragt: „Wie geht's mit dem Studium?"

Franzl hat nur Gutes zu berichten: „Ich hab' auch in diesem Semester wieder 40 Wochenstunden inskribiert und besucht. In fast allen Fächern habe ich Kollequien abgelegt. Meine Zeugnisse sind gut. Ich krieg auch im Herbst wieder die Studiengeldbefreiung. Ich bin euch ja so dankbar, daß Ihr mich studieren laßt. Ich bin glücklich, daß ich ein Arzt werde. Es ist für mich der schönste Beruf im Leben. Und weil ich weiß, daß Ihr jetzt nicht viel Geld habt, so kann ich euch eine gute Nachricht sagen: Im Herbst werde ich etwas nebenbei Geld verdienen."

„Du willst arbeiten?" fragt der Vater besorgt. „Aber paß auf, daß nicht dein Studium leidet..."

„Keine Angst, Vater. Meine Tätigkeit hat mit meinem späteren Beruf zu tun. Ich bekomme eine bezahlte Praktikantenstelle an der Wasserkuranstalt in St. Radegund bei Graz. Das ist eine Tochteranstalt des Prießnitzschen Kurhauses in Gräfenberg. Ihr müßt wissen, der Leiter des Kurhauses, ein gewisser Dr. Gustav Ruprich, ist ein Schwiegersohn des berühmten Naturheilers Prießnitz. Ich war dort zum Vorstellen. Die wollen mich nehmen. Ich glaub', da kann ich viel lernen."

Die Mutter hört gar nicht mehr hin. Sie schaut ihren Sohn unentwegt an und meint leise: „Ich bin stolz auf dich. Und ausschauen tust auch gut."

Die Bemerkung bezieht sich auf die Tatsache, daß der Franzl während seiner Gymnasialzeit am akademischen Gymnasium in Graz an offener Tuberkulose erkankte, für längere Zeit in eine Heilpflegeanstalt mußte, und dennoch zum fälligen Termin seine Reifeprüfung im Jahr 1895 ablegte.

„Hast du Beschwerden?" fragt der Vater.

Der Franzl verneint: „Ich fühle mich kerngesund. Macht euch keine Sorgen um mich."

Er steht auf, geht ans Fenster und blickt über den großen Hof. Dann dreht er sich um, sieht seine Eltern an und lacht: „Ich fühle enorme Kraft in mir. Ihr werdet sehen: Ich bin zur bestmöglichen Zeit Doktor. Und dann habe ich einen großen Wunsch: Ich möcht' nicht ein Arzt wie tausende und abertausende andere auch sein. Ich möcht' etwas ganz Besonderes für die Mitmenschen leisten. Wenn ich nur jetzt schon wüßt', was . . .!"

Dr. Gustav Ruprich blickt von seinem Schreibtisch hoch, als Franz Xaver Mayr durch die offenstehende Tür eintritt und sich durch Hüsteln bemerkbar macht.

„Kommen Sie nur herein, Herr Doktor!"

Dr. Ruprich betont den akademischen Titel mit Absicht stark, da Mayr am 14. Mai 1901 an der Universität Graz promovierte.

Dr. Franz Xaver Mayr nähert sich dem Schreibtisch und dankt: „Ich finde es großartig, daß Sie meinetwegen dieses Fest veranstaltet haben. Und ich möchte betonen, wie glücklich ich bin, daß ich auch jetzt als fertiger Arzt bei Ihnen arbeiten darf."

„Ich habe zu danken, daß Sie bei mir bleiben", lacht Dr. Ruprich.

„Wir sind stolz, einen so tüchtigen jungen Kollegen in unserem Kreis zu haben. Ich bin übrigens froh, daß Sie zu mir kommen. Setzen Sie sich. Ich merke nämlich seit Tagen, daß Sie mit einem Problem schwanger gehen. Sprechen Sie sich aus. Hat es etwas mit Ihrer Arbeit in unserer Heilanstalt zu tun?"

Dr. Mayr nimmt Platz und beginnt: „Sie haben mich durchschaut. Ich zermartere mir schon seit einiger Zeit das Gehirn, warum sich die Medizin bisher so wenig mit der Obstipation beim Patienten befaßt hat. Ich glaube die Stuhlverstopfung ist keine Nebensächlichkeit. Die meisten Patienten, die zu uns kommen, leiden an Verstopfung. Und in keinem medizinischen Werk, in keiner medizinischen Bibliothek wird auf dieses Leiden, seine Ursachen und Auswirkungen ernsthaft eingegangen. Ich finde, daß dies ein schwerer Fehler ist."

„Warum messen Sie der Verstopfung so große Bedeutung zu?"

Franz Xaver Mayr ist in seinem Element. Endlich kann er aussprechen, was ihn bedrückt: „Ich beobachte es selbst: Patienten, die außer Verstopfung keine Symptome aufweisen, gelten auch bei uns als gesund. Ich glaube, daß dies gefährlich ist. Die Verstopfung ist eine bedeutende Störung des Verdauungsapparates, die nach sofortiger grundlegender Behandlung schreit. Ich weiß noch nicht, was man tun könnte. Aber ich werde alles daransetzen, dahinterzukommen."

Er erhebt sich, weil er erregt ist. Dann spricht er weiter: „Ich habe mir unsere Patienten angesehen. Egal, ob sie krank kommen oder angeblich gesund gehen: Sie haben mitunter einen schwer deformierten Körperbau. Und was ist am meisten entstellt oder verformt: der Bauch. Also liegt hier das Zentrum für Gesundheit und Wohlergehen."

Der Leiter der Kuranstalt hört interessiert zu: „Na, dann los, Dr. Mayr: Was könnten wir Ihrer Meinung nach tun, um diese vielfachen Verdauungsstörungen, die oft gar nicht beachtet und zu wenig ernst genommen werden, wirkungsvoll zu bekämpfen?"

Mayr antwortet: „Ich habe da so eine Ahnung. Ich glaube, wir müßten die Prießnitzsche Diät noch ausbauen: Milch, Malzkaffee und Weißbrot zum Frühstück und zum Abendessen, leichtverdauliche Fleischspeisen mit Reis oder Kartoffeln zu Mittag – das ist noch viel zu belastend für Magen und Darm. Ich glaube, wir müßten in unserer Zeit eine neue Diät aufbauen und die Menschen dazu zwingen, daß sie besser und intensiver kauen und die Nahrung viel stärker einspeicheln."

Dr. Ruprich klatscht in die Hände: „An die Arbeit, lieber Kollege: Ich hoffe, Sie präsentieren mir bald Ihre Mayr-Diät!"

Er ahnt nicht, daß es eines Tages tatsächlich so eine eigene Kur-Diät geben wird, wie bisher ihresgleichen noch keine existierte.

Es ist später Abend. März 1904.

Vor dem Kurhaus in Johannisbrunn bei Troppau fährt ein Reisewagen mit zwei Pferden vor. Dr. Franz Xaver Mayr steigt aus und eilt dem Haustor zu. Einer seiner Ärzte wartet mit dem Hausgesinde. Mayr grüßt kurz. Er sieht blaß und erschöpft aus. Langsam steigt er die Treppe in seine Wohnung hoch und legt den Mantel ab. Dann läßt er sich mit einem tiefen Seufzen in den Schaukelstuhl fallen, den er so liebt.

Dr. Mayr ist seit 1903 ärztlicher Leiter des Kurhauses. Eine Aufgabe, die ihn vollauf begeistert. Doch er weiß, daß er erst eine eigene ärztliche Linie der Behandlung finden muß. Darum hat er die Zeit genützt und war viele Wochen auf Studienreisen.

Sein Assistent fragt gespannt: „Wie war es, Doktor?"

Franz Xaver Mayr berichtet enthusiastisch: „Stellen Sie sich vor: Es ist mir tatsächlich gelungen, in Paris an der Salpetrière bei Professor Raymond, dem Nachfolger von Charcot, vorzuspechen. Wir haben uns gut verstanden. Er hat es mir ermöglicht, die Behandlung von Nervenkranken im allgemeinen und von Hysterikern im besonderen zu studieren. Auf der Rückreise habe ich dann in Nancy Professor Bernheim aufgesucht, um dessen bekannte Wachsuggestion zu erlernen. Ja, und dann: Sie werden es nicht fassen. Ich habe mich mit dem Naturheiler Dr. Lahmann in Loschwitz bei Dresden getroffen. Seine vielbesprochenen Diätkuren sind hochinteressant."

Er macht eine Pause, ringt nach Luft und erkundigt sich: „Wie klappt es in unserem Haus? In wenigen Tagen beginnt die neue Saison. Welche Erfahrungen haben Sie mit den stationierten Patienten gemacht?"

Der Assistent nickt freudig: „Es hat alles großartig geklappt, verehrter Doktor. Ich habe Ihnen meine Beobachtungen über die Veränderungen von Bauch und Gesamtverdauungstrakt aufgezeichnet, die ich bei den Leuten im Verlaufe der Diätkur feststellen konnte. Und noch etwas muß ich bestätigen. Sie haben vollkommen recht: Im Grunde genommen ist jeder Mensch im Verdauungstrakt krank und sollte einmal im Jahr den Organismus weitgehend durch spezielles Fasten und Diäthalten schonen und zur Regeneration anregen..."

Doktor Mayr unterbricht ihn fasziniert: „Dann werde ich schon in den nächsten Tagen den neuen Kurplan vorschreiben. Ich habe auf der Reise ganz bestimmte Vorstellungen von der Verköstigung der Patienten entwikkelt..."

Er kann plötzlich nicht mehr weitersprechen. Sein Oberkörper verkrampft sich und zittert. Der Arzt hält sich verzweifelt mit beiden Händen an dem Sesselrand fest. Er hustet und erbricht Blut in großen Mengen. Es wird ihm schwindelig. Dann stürzte er mit einem erstickten Aufschrei zu Boden.

Noch in der Nacht wird er von zwei Ärzten aufgesucht und betreut. Die Diagnose lautet: Durch die Strapazen der Reise ist es zu einem neuerlichen Ausbruch der jugendlichen Tuberkulose gekommen.

Dr. Mayr muß über Nacht seine insgesamt 60 Patienten in Johannisbrunn im Stich lassen. Seine einzige Rettung ist eine unverzügliche Reise nach Ägypten. Dort kann er sein Leiden kurieren.

Er schreibt aus Alexandria einem Freund in Wien: „Du weißt, daß ich immer von einem eigenen Kurhaus geträumt habe. Meine Krankheit und mein Zustand machen diesen Plan zunichte. Ich muß mich anders bescheiden. Ich werde auch nicht wieder nach Johannisbrunn zurückgehen."

Dr. Franz Xaver Mayr reist 1905 nach Berlin und macht sich dort mit den modernsten Methoden der Diagnostik von Verdauungskrankheiten vertraut. Anschließend fährt er nach England und arbeitet an einigen namhaften Kliniken, um für seine Therapie Erfahrungen zu sammeln.

Er weiß, daß seine große Stunde noch kommen wird...

Das Wartezimmer ist bis auf den letzten Platz besetzt.

Dr. Franz Xaver Mayr hat im angesehenen Kurort Karlsbad eine Praxis eröffnet. Als er am 1. April 1906 begann, unter den rund 18.000 Kurgästen für seine Kur zu werben, stieß er auf wenig Begeisterung. Das hat sich rasch geändert. Es hat sich herumgesprochen, wie gut man sich nach einer Mayr-Kur fühlt. Binnen drei Jahren hat er einen enormen Zulauf an Patienten gewonnen.

Es ist Sommermorgen des Jahres 1909.

Eine Hofratswitwe aus Wien sitzt im Untersuchungszimmer von Doktor Mayr. Da öffnet sich die Türe. Die Sprechstundenhilfe des Arztes eilt herein und flüstert dem Doktor zu: „Draußen wartet der Baron de Rothschild. Er ist eigens aus Paris angereist, um sich von Ihnen behandeln zu lassen..."

Dr. Mayr blickt auf und erhebt verbittert und ein wenig gereizt seine Stimme: „Der Herr Baron ist also ungeduldig! Darauf habe ich gewartet. Gehen Sie hinaus zu ihm und sagen Sie ihm folgendes: Als ich hier in Karlsbad begann, hat sich am Anfang kein Mensch um mich gekümmert. Und die Adeligen haben kein Interesse an meiner Kur gezeigt. Damals habe ich gehofft, daß einmal der Tag kommt, an dem ich nicht für alle Patienten Zeit habe, die mich brauchen. Jetzt ist es soweit. Ich habe so viele, die bei mir Rat suchen, daß ich täglich um 6 Uhr morgens mit der Arbeit beginnen muß. Mehr kann ich nicht verkraften. Geben Sie dem Herrn Baron die Adresse eines Kollegen, der ebenfalls meine Kur durchführt...“

Die Sprechstundenhilfe entfernt sich. Minuten später wird die Türe aufgerissen. Empört und mit hochgerötetem Gesicht stürzt der Baron de Rothschild ins Ordinationszimmer. Seine Stimme klingt vorwurfsvoll: „Herr Doktor Mayr: Ich bin nach Karlsbad gereist, um von Ihnen behandelt zu werden, und nicht von einem unbekannten Kollegen.“

Da kontert Mayr scharf: „Dann müssen Herr Baron eben jeden Morgen um fünf Uhr zur Behandlung kommen...“

Ohne einen Augenblick nachzudenken, verspricht der Baron kleinlaut: „Ich bin einverstanden. Das ist es mir wert. Ich werde täglich punkt fünf Uhr zur Stelle sein.“

Er setzt kurz ab und fügt dann hinzu: „Ich möchte gleich eingangs ausdrücklich darauf hinweisen, daß ich bei der Kur 16 Pfund abnehmen muß...“

Die Augen von Franz Xaver Mayr blitzten ihn an. Er geht zum Fenster, deutet hinaus auf die andere Straßenseite und betont: „Der Kaufmann da unten, verehrter Herr Baron, der arbeitet in Pfunden. Ich arbeite nur in Gesundheit. Und wenn Sie zu mir kommen, dann haben Sie sich nach meinen Anweisungen und nach meinen Kurvorstellungen zu richten...!“

Laut knallen die Stiefelschritte der Offiziere durch die große Halle im Militärspital von Sarajewo. Man schreibt das Jahr 1917. Dr. Franz Xaver Mayr wurde 1916 während des Ersten Weltkrieges zum Militärdienst verpflichtet und mit der Leitung des Militärbadehauses für Mannschaften in Karlsbad betraut. Jetzt wurde ihm die Leitung der Abteilung für Verdauungskranke aus dem Mannschaftsstand im Militärspital von Sarajewo übertragen.

Der Arzt ist außer sich und beschwert sich bei der militärischen Kontrollkommission: „Da sehen Sie sich das an. Ich habe Kranke zu versorgen, die Leiden am Verdauungstrakt haben. Und ich bekomme keine Diätnahrungsmittel geliefert. Ich kann meiner Verpflichtung als Arzt nicht entsprechend nachkommen.“

Einer der Offiziere hält im Gehen zwischen den Krankenbetten inne und zuckt die Schultern: „Woher sollen wir die Lebensmittel nehmen, lieber Doktor? Es ist nichts da. Sie müssen einige Wochen mit dem, was Sie haben, auskommen.“

Dr. Mayr lacht verächtlich: „Sie haben leicht reden. Ich muß die Rationen von Haferschleim, Milch und Weißbrot bereits auf ein Minimum kürzen. Mehr noch: Ich muß Fastentage einschalten, weil ich sonst mit der Krankenverpflegung nicht durchkomme. Es ist ein Skandal.“

Die Offiziere versprechen, ihr Bestes zu tun, um die Lage zu verändern.

Als sie mit dem Militärwagen abgefahren sind, kehrt Dr. Mayr in sein Hospitalbüro zurück. Vor ihm liegt eine dicke Mappe mit den Patientenberichten der letzten Tage. Franz Xaver Mayr beginnt darin zu blättern. Dann liest er interessiert. Schließlich vertieft er sich fasziniert in die einzelnen Krankengeschichten. Er kennt ja die Männer von den täglichen Visiten. Und da entdeckt er etwas Ungeheuerliches.

Dr. Mayr springt auf und ruft den Militärsanitätsarzt Wettlander zu sich. Er starrt ihn an: „Sind diese Patientenanalysen korrekt?"

Der Sanitätsarzt nickt.

Dr. Mayr lehnt sich in seinem Schreibtischsessel zurück und schließt die Augen. Dann meint er: „Es ist verrückt. Total verrückt. Stellen Sie sich vor: Ich beschwere mich bei den Offizieren über die katastrophale Verpflegung meiner Kranken. Und was sehe ich: Die Fastentage, die reduzierte Kost mit Milch und altem Weißbrot sowie mit etwas Haferschleim, tun den Leuten gut. Die Gesundungen machen sensationelle Fortschritte. Wissen Sie, was das bedeutet? Wir haben es hier mit einem Zwangsexperiment zu tun, das uns später im Frieden ungeheuer helfen wird. Ich weiß jetzt endlich, auf welche Weise es gelingen kann, den kranken Verdauungsapparat zu erholen und zur Gesundung anzuregen."

An diesem Tag weiß Mayr ganz genau die neuen Richtlinien der Milch-Semmel-Kur. Und er beschließt: Wenn der Krieg vorbei ist und er wieder in Karlsbad praktiziert, wird er diese Kur vorerst an sich selbst noch einmal ausprobieren und dann mit seinen Patienten durchexerzieren.

Die österreichische Donaumetropole Wien ist ein einziger Trümmerhaufen. Das Wahrzeichen der Stadt, der Stephansdom, ist ausgebombt. An der berühmten Ringstraße reiht sich Ruine an Ruine. Es ist ein Herbsttag des Jahres 1949.

Dr. Franz Xaver Mayr hat den Ersten Weltkrieg gut überstanden und nachher in Karlsbad mit seiner Kur Weltruf erlangt. Prominente Männer wie Konrad Adenauer, Lord Beaverbrook, der Vizekönig von Indien, sowie der Maler Kaulbach ließen sich von ihm kurieren.

Mayr wurde in England, Frankreich und in den Vereinigten Staaten zu Vorträgen und Seminaren eingeladen.

Doch nach dem Zweiten Weltkrieg mußte er Karlsbad für immer verlassen. Nun ist er wieder in seiner Heimat und baut in Wien eine Praxis auf. Doch er will mit seiner Kur nicht alleine arbeiten. Er hat einen Kreis von interessierten Ärzten um sich, die er alle dazu aufgefordert hat, zum Wohle der Menschen die Mayr-Kur zu propagieren und durchzuführen.

An dem Tag, an dem Dr. Mayr mit ein paar Freunden seine Praxis in Wien eröffnet, hat er noch eine Überraschung. Er wird fortan nicht mehr als Junggeselle im Leben stehen. Er hat sich entschlossen, seine langjährige Freundin aus Karlsbad, Alice Rougon, zu ehelichen.

Sie arbeitet fleißig mit und hilft ihrem Mann, die Mayr-Kur in Wien gesellschaftsfähig zu machen. Der Arzt verordnet seinen Patienten in einem ganz bestimmten Rhythmus nur Milch, luftgetrocknete Weißbrotschnitten, gelegentlich mageren Quark, ein kernweiches Ei und kleinste Mengen von Honig und Butter.

Die Deutschen, die zur Kur nach Wien kommen, nennen ihn ehrfurchtvoll den „Brötchen-Doktor".

Ein Gewitter tobt über Gröbming in der Steiermark. Der Kalender zeigt den 21. September 1965. Dr. Franz Xaver Mayr ist 90 Jahre alt. Seit zehn Jahren praktiziert er nicht mehr. Er hat sich mit 80 aus Wien in seine Geburtsgemeinde zurückgezogen, fürsorglich von seiner Ehefrau betreut. Er sieht schon sehr schlecht. Doch er hat viele Freunde. All jene Ärzte, die sich mit seiner Kur befassen und Erfolge damit feiern, kommen ihn immer wieder besuchen, lassen sich Ratschläge geben und berichten von neuen Erfahrungen.

An diesem Tag ist er allein.

Wochenlang waren Mediziner zu Gast. Dr. Mayr fühlt sich sehr müde. Er läßt sich von seiner Frau noch aus der Zeitung vorlesen, schüttelt den Kopf über viele böse Nachrichten und meint dann leise: „Der Wohlstand wird die Menschen eines Tages noch auffressen. Wir streben schlimmen Zeiten entgegen. Die Leute können es nicht verkraften, daß es ihnen gut geht. Es wird viel Ernährungssünden und Krankheiten geben. Ich glaube, meine Mayr-Kur wird mehr und mehr an Bedeutung gewinnen . . .!"

Seine Frau küßt ihn auf die Stirn. Schreckliche Wehmut erfüllt ihr Herz. Sie hat das Gefühl, daß ihr Mann bald von ihr gehen muß. Ihr Gefühl trügt sie nicht. Dr. Franz Xaver Mayr überlebt diesen Tag nicht mehr . . .

Der Kampf gegen chronischen Darmschaden

Franz Xaver Mayr gelang es herauszufinden, wie der optimal gesunde Verdauungstrakt eines Menschen aussehen muß. In seiner Diagnostik der Gesundheit heißt es: Bei absoluter Darmgesundheit darf das Dünndarmkonvolut im Ruhezustand nicht größer als zwei Männerfäuste sein und darf kein Gas enthalten. Es muß auch beim Stehen des Menschen in Nabelhöhe liegen. Die Bauchdecken sollen weich eindrückbar, also weder elastisch, noch hart gespannt sein. Jede übliche Vergrößerung und Senkung des Darms ist als krankhaft anzusehen.

Mayr nannte den chronischen Darmschaden das unbekannteste, weitverbreitetste und verhängnisvollste Leiden des Menschen, das viele schwere Folgeerscheinungen auslöst. Es kommt zu Störungen im vegetativen Nervensystem, zu Haltungsänderungen, zu Atmungsstörungen, Wirbelsäulenerkrankungen, Verlagerungen der Beckenorgane und zu Beinvenenentzündungen. Es entstehen Leberbelastungen, Herzstörungen und rheumatische Erkrankungen sowie Kreislaufstörungen und Stoffwechselleiden.

Daher entwickelte Dr. Mayr seine Therapie, die er selbst im Gegensatz zu medikamentösen Behandlungsmethoden risikolos, unschädlich und billig sowie lebenskostensparend bezeichnete. Als Grundfehler der modernen Ernährung nannte Dr. Mayr das schnelle, hastige Essen, das schlampige Beißen und Kauen, die übersteigerte Nahrungsaufnahme, die zu schwere Kost und die zu häufigen Mahlzeiten.

Dagegen setzte Mayr nun seine Semmel-Milch-Kur ein. Und er stellt fest: Durch diese echte Darmsanierung, die oft bis zu acht Wochen dauern muß, wird nicht nur die Schadensanfälligkeit des Körpers beseitigt. Es entstehen Genesungsaktivitäten und starke Resistenz des Organismus gegen alle Gifte. Damit gelang Dr. Mayr eine wertvolle naturheilkundliche Entdeckung, die gerade in unserer heutigen Zeit große Bedeutung hat.

Das ist heute aus der Lehre geworden

Der Weg der modernen Medizin beweist, daß sich die Forschung von vielen Seiten langsam den Erkenntnissen Dr. Mayrs nähert. Was er in genialer Art erfaßte, wird nun zunehmend Stück für Stück mit den Methoden subtiler Labordiagnostik belegt. Immer deutlicher rückt die Problematik des Stoffwechsels in den Mittelpunkt des Interesses.

Ein verhältnismäßig beachtlicher Kreis von anerkannten Ärzten pflegt die Mayr-Kur und hat sie zu einer zeitangepaßten Vollendung entwickelt. Die Heilmethode der

Mayr-Kur setzt den Verdauungstrakt des Kranken auf Sparflamme, sobald der Arzt an der Körperhaltung und an der Bauchform erkannt hat, welche Krankheiten in dem Menschen stecken und jederzeit ausbrechen können. Damit schuf Mayr auch die Vorfeld-Diagnostik. Mayr-Ärzte können Krankheiten erkennen, wenn dies auch mit den modernsten biochemischen Untersuchungsmethoden nicht möglich ist.

Die Mayr-Kur sieht zwei Möglichkeiten der Wiedergesundung: das Teefasten und die Milch-Semmel-Kur. Beim Teefasten sind dünngebrühte Kräutertees, Wasser sowie Mineralwasser die einzige Nahrung der Kur, die nur wenige Tage unter ärztlicher Aufsicht durchgeführt werden darf. Dazu gibt es die Bauch-Tastmassage.

Die Milch-Semmel-Kur erzieht den Patienten zu vernünftigem Essen. Entscheidend dabei ist die Einspeichelung der Nahrung. Dazu dient das altbackene Weißbrot oder die Semmel, die in fingerdicke Scheiben geschnitten werden. Das einzelne Scheibchen muß dann lange gebissen und mit Speichel vermischt werden. Zu diesem Brei wird von einem Teelöffel Milch genippt. Jetzt wird dieser Brei weitergekaut. Auch der allabendliche Tee dazu muß löffelweise eingesaugt werden.

Gefährlich kann es sein, die Mayr-Kur als Selbstbehandlung durchzuführen. So eine Kur kann nur ein in der Mayr-Behandlung ausgebildeter Arzt entscheiden und überwachen.

Wichtige Adressen

Wer sich für die Milch-Semmel-Kur nach Dr. Franz Xaver Mayr interessiert und die Absicht hat, eine derartige generelle Darmreinigung zu Gesundheitszwecken durchzuführen, wendet sich für genaue Auskünfte an folgende Adressen:

Gesellschaft der Mayr-Ärzte
Postfach 843
D-6900 Heidelberg

Gesundheitszentrum Mayr-Kurhaus
Golfhotel am Wörthersee
A-9082 Maria Wörth-Dellach
Leitung: Dr. Rauch

Kapitel XIV

FERDINAND HUNEKE
1892–1966

Dr. Ferdinand Huneke: Durch einen Zufall wurde er zum Begründer der Neuraltherapie

Der Entdecker der Sekunden-Heilungen

Mitten am Tag sind die Reklamebeleuchtungen eingeschaltet. Dicker Nebel brütet in den Straßen. Ein unfreundlicher Herbsttag lastet über Düsseldorf. Das Licht der Schaufenster spiegelt sich fahl im nassen Asphalt. Eine Grippewelle setzt viele Menschen außer Gefecht. Das feuchte Wetter spielt kranken und alten Leuten besonders übel mit. Es ist ein Novemberabend des Jahres 1925.

Die Ordination der beiden Arztbrüder Dr. Ferdinand und Dr. Walter Huneke im Haus Erwin-von-Witzleben-Straße 17 ist überfüllt, 25 Frauen und 21 Männer warten auf eine Untersuchung und auf Linderung ihrer Schmerzen. Die Hunekes haben einen guten Ruf in der Stadt. Sie nehmen sich für jeden Patienten gründlich Zeit, treffen immer sehr vernünftige Entscheidungen ohne Risiko und ziehen einander zu Rate, wenn sie in einer Krankengeschichte vor Problemen stehen.

Dr. Ferdinand Huneke, 33 Jahre alt, hat gerade einen pensionierten Oberst verarztet, dessen Kriegswunde wieder aufgebrochen ist. Der betagte Soldat verabschiedet sich mit einem festen, dankbaren Händedruck vom Doktor.

Kaum befindet sich der Patient auf dem Korridor, da stürzt Schwester Inge, die Sprechstundenhilfe Ferdinand Hunekes zur Tür herein: „Doktor, Ihre Frau Schwester ist draußen. Sie sieht sehr leidend aus. Es geht ihr wieder gar nicht gut. Sie möchte unbedingt vorgenommen werden.“

Huneke blickt besorgt vom Schreibtisch auf: „Was hat sie denn? Wieder diese entsetzlichen Kopfschmerzen, diese teuflische Migräne?“

Schwester Inge nickt.

„Holen Sie sie herein, und sagen Sie den Patienten draußen, sie sollen ein wenig warten. Und dann noch etwas: Rufen Sie mir, bitte, meinen Bruder herüber."

Schwester Inge entfernt sich eilig.

Ferdinand Huneke erhebt sich vom Sessel und durchmißt langsam sein Ordinationszimmer. Die 29jährige Schwester Katha macht ihm große Sorgen. Sie leidet seit vielen Jahren an schwerster Migräne. Die Schmerzen sind oft so arg, daß sie fürchtet, den Verstand zu verlieren. Und weil sie sich seit Wochen wieder besonders schlecht fühlt, ist sie ins Haus ihrer Brüder gezogen, um jederzeit Hilfe bekommen zu können. Auch Dr. Walter Huneke weiß keinen Rat. Die Brüder können der Schwester immer nur vorübergehend Erleichterung durch Injektionen verschaffen. Aber sie sehen keine Chance, die Schmerzen zu heilen, gänzlich zum Verschwinden zu bringen.

Die Türe schwingt weit auf. Walter Huneke betritt mit der blassen Schwester den Raum. Sie setzt sich sofort in einen Sessel und bedeckt mit beiden Handflächen ihr schweißbedecktes Gesicht.

„Ferdinand", flüstert sie verkrampft, „Ich halte das einfach nicht mehr aus. Es sind ja nicht nur die Schmerzen. Auch die Depressionen werden immer stärker. Bitte, bitte – gib mir eine Spritze, eine gute Spritze!"

Sie blickt den Bruder flehend an. Dr. Walter Huneke explodiert: „Es ist wirklich eine medizinische Schande, daß zwei ausgelernte und erfolgreiche Ärzte ihrer eigenen Schwester nicht helfen können. Warum, frage ich mich, hat es noch keiner von unseren Herren Kollegen fertig gebracht, diese quälenden rheumatischen Schmerzen im Kopf zu heilen?"

Ferdinand Huneke sieht seine Schwester an: „Bei wieviel Ärzten warst du deswegen schon erfolglos?"

„Es waren 16...“, lautet die lakonische Antwort.

Ferdinand Huneke wendet sich zu seinem Arzneischrank: „Ich will dir nichts injizieren, was dich nur für Stunden beruhigt. Das hat ja keinen Sinn mehr. Das schadet nur dem gesamten Organismus. Aber ich habe da etwas Neues: ein besonderes Rheumamittel. Der Doktor Helmerstorffer hat es mir empfohlen. Er beobachtete damit zufriedenstellende Erfolge.“

Hunekes Schwester preßt ihre Hände gegen den Kopf. Sie hat einen neuerlichen Migräneanfall und wirft ihren Oberkörper im Sessel vor und zurück. Dabei bittet sie ihren Bruder: „Ferdinand, gib mir endlich die Injektion. Hoffentlich wirkt das Mittel auch bei mir.“

Ferdinand Huneke reicht seiner Sprechstundenhilfe Inge die Packung: „Ziehen Sie die Spritze auf, Schwester.“

Schwester Inge nickt. Sie stellt die Arzneipackung zu anderen auf Hunekes Schreibtisch, holt die Injektionsspritze, füllt sie dann und reicht sie dem Arzt.

Huneke erklärt: „Ich injiziere dir das Zeug in die Vene, damit ich deinen Anfall möglichst schnell kupiere. Sonst gehört die Spritze in die Muskeln.“

Ferdinand Huneke sticht ausgezeichnet. Routinemäßig blickt er dabei seine Schwester an und erkennt mit Erstaunen: Hatte sie sich bisher nach jeder Injektion noch minutenlang in Krämpfen gewunden, so atmet sie bereits erleichtert auf, als der Spritzenkolben das Medikament noch in die Blutbahn preßt.

„Was ist denn heute mit dir?“ fragt er erregt.

Langsam, aber selbst erstaunt, antwortet sie: „Ferdinand, das ist ein herrliches Mittel. Der Kopfschmerz ist bereits weg. Das Flimmern vor meinen Augen hat aufgehört. Das Gefühl der Übelkeit ist schlagartig verschwunden.

Das war noch nie so wunderbar. Ich fühle mich wie geheilt . . ."

Dr. Ferdinand Huneke atmet auf: „Endlich haben wir etwas gefunden, was dir hilft."

Er wendet sich zu seinem Bruder: „Wir müssen uns das Präparat gut merken. Wie heißt es schnell . . .?"

Die Frage gilt seiner Sprechstundenhilfe. Sie holt die zerknüllte Packung der Ampulle aus dem Abfalleimer und erbleicht. Dann starrt sie auf den Schreibtisch ihres Chefs. Dort treffen sich die Blicke der im Raum Anwesenden.

„Doktor!" stößt Schwester Inge hervor, „ich habe einen Fehler begangen. Ich weiß nicht, wie mir das passieren konnte. Ich habe die Spritze nicht mit dem Rheumamittel aufgezogen . . ."

„Inge, sind Sie wahnsinnig? Wie können Sie nur so unverantwortlich handeln . . .?"

„Laß sie doch", mischt sich die Schwester der beiden Ärzte ein, „es hat mir geholfen. Das genügt mir!"

Huneke steht ganz nahe vor der Sprechstundenhilfe. Er faßt sie am weißen Mantel energisch an: „Was um alles in der Welt haben Sie zur Injektion vorbereitet? Was habe ich meiner Schwester injiziert?"

Stotternd kommt die Antwort: „Atophanyl . . ."

Huneke atmet erleichtert durch. Also nichts Gefährliches. Es ist ein Rheumamittel mit einem starken Novokainzusatz. Novokain wird vor allem in der Zahnarztpraxis zur Lokalanästhesie verwendet.

Die beiden Arztbrüder bringen ihre Schwester in die Wohnung hinauf. Sie legt sich zur Ruhe. Man erwartet, daß die Schmerzen in jeder Minute wiederkehren werden. Die Mediziner setzen ihre Ordination fort.

Nach drei Stunden steigt Ferdinand Huneke todmüde nach oben.

Seine Schwester tritt ihm strahlend entgegen: „Das war noch nie so. Ich habe keine Schmerzen. Und die Depressionen sind weg. Ihr habt mich diesmal in Sekunden geheilt."

Nachdenklich flüstert Huneke: „Es kann also nicht nur eine Betäubung der Schmerzen sein. Sonst würdest du dich jetzt nicht mehr so wohl fühlen. Dieses Novokain scheint noch andere geheimnisvolle und bisher nicht entdeckte Wirkungen zu haben!"

Dr. Walter Huneke ist ins Zimmer gekommen und hat einen Teil des Gespräches mitangehört. Er wendet sich an seinen Bruder: „Ferdinand, das ist ja die reinste Wunderheilung, die wir da geschafft haben."

Langsam meint Ferdinand Huneke: „Ich glaube viel eher, lieber Walter, wir haben eine der bedeutendsten und bahnbrechendsten Entdeckungen der modernen Medizin gemacht. Hoffentlich glaubt man uns. Und hoffentlich können wir das alles beweisen ..."

Es regnet in Strömen.

Schwarze Gewitterwolken fliegen in unheimlicher Geschwindigkeit über den Himmel. Meterhoch peitschen die Meereswogen links und rechts des Passagierschiffes empor und krachen brutal und gefährlich gegen die Leitplanken.

Dr. Ferdinand Huneke läßt sich dieses Schauspiel nicht entgehen. Er hat einen schwarzen Gummianzug angelegt und hält sich krampfhaft an seiner Kajütentür fest, damit ihn der Wind oder eine Welle nicht von Deck spülen. Huneke hat eine interessante Aufgabe übernommen. Während sein Bruder in Düsseldorf die Arztpraxis weiterführt, will Ferdinand Huneke als Schiffsarzt medizinische Erfahrungen sammeln.

Drei Tage noch dauert die halsbrecherische Fahrt bis

nach Wladiwostock. Doch sie lohnt sich. Dr. Huneke wird dort nämlich bereits von zwei russischen Ärzten erwartet, die sich sehr für seine neuen medizinischen Erkenntnisse interessieren. In Deutschland dagegen lacht man ihn aus. Man nimmt seine Behauptungen von der wunderbaren Wirkung der betäubenden Präparate nicht ernst.

Ein Matrose bahnt sich unter Gefahren einen Weg zu Huneke über Deck: „Doktor, Sie mögen, bitte, zum Kapitän kommen. Er hat ein Telegramm für Sie erhalten. Es ist über Funkspruch durchgegeben worden. Scheint verdammt wichtig zu sein . . .!“

Ferdinand Huneke hält sich an dem Matrosen fest und läßt sich zum Kapitän bringen. Hastig überfliegt er die Nachricht, die ihm sein Bruder nachgeschickt hat. Sie lautet: „Deine Anweisungen genau befolgt. 20 Patienten bei ähnlichen Beschwerden behandelt. Schlagartiger Erfolg. Deine Vermutung bestätigt. Wirksamer als Novokain ist Procain, ideal in zweiprozentiger Lösung intramuskulär injiziert. Walter.“

Der Schiffsarzt liest den Text zwei-, dreimal. Dann lehnt er sich zufrieden im Sessel zurück. Der Kapitän hat sich zu ihm gesetzt: „Sie arbeiten da an einer tollen Sache, Doktor?“

Dr. Huneke erläutert seine Erkenntnisse: „Ich bin selbst wie erschlagen. Wir sind durch einen Zufall draufgekommen. Wir haben unbekannte Fernwirkungen der Lokalanästhesie entdeckt. Wir überfluteten die feinen Gefäßnerven von Patienten mit einem medizinischen Betäubungsmittel. Das leitete einen Impuls an das vegetative Nervensystem weiter. Bohrende Schmerzen wurden blitzartig beseitigt. Im vegetativen Nervensystem muß der Schlüssel für diese rätselhaften Heilungen liegen. Immerhin: Das vegetative Nervensystem wird auch Lebensnervensystem genannt und reguliert alle Lebensfunktionen, die durch den Willen nicht beeinflußt werden können: Verdauung, Stoffwechsel, Wasserhaushalt, Drüsentätigkeit. Durch das Netz von Nervenfasern können mein Bruder und ich jetzt kranke Stellen im Körper positiv beeinflussen. Ich weiß, daß das System sicher nicht bei allen Krankheiten funktionieren kann. Aber, ich glaube, chronische Leiden sind damit zu besiegen."

Fasziniert wirft der Kapitän ein: „Das ist eine naturheilkundliche Sensation. In kurzer Zeit wird die ganze Welt von Ihnen sprechen, Doktor!"

Dr. Ferdinand Huneke schüttelt lächelnd den Kopf: „Das glaube ich nicht."

„Zweifeln Sie an Ihrer medizinischen Entdeckung?"

„Nein, aber an der Einsicht und Objektivität meiner Kollegen der Schulmedizin..."

Dr. Ferdinand Huneke steht eisern hinter seinem Rednerpult im Festsaal der Universitätsfrauenklinik von Jena. Die Plätze sind bis hoch hinauf zu der Galerie besetzt. Doch die Studenten kichern und machen dumme Bemerkungen. Immer wieder betont Huneke: Seine Neuraltherapie ist eine ernstzunehmende Wissenschaft. Und wenn die Ärzte sich ihr nicht aufschließen, gerät sie in Gefahr. Mit zitternder Stimme ruft Dr. Huneke in den Saal: „Scharlatane und Nichtskönner werden sich ihrer bedienen, und sie werden die Methode zuschanden machen. Denn die Voraussetzung für die wunderbare Sekundenheilung ist nicht das Mittel, das man injiziert, sondern die medizinische Kenntnis über den Körper und über das Leiden des Patienten. Nur ein hervorragender Arzt wird auch Neuraltherapeut sein können."

Die Leitung der Universität hat für Dr. Huneke 12 Krankheitsfälle ausgesucht. 12 leidende Patienten, die von anderen Ärzten aufgegeben wurden und nicht von den Schmerzen befreit werden konnten. Der Arzt aus Düsseldorf injiziert ihnen vor den Studenten Procainlösungen und weist auf die nahezu unfaßbare Besserung der Schmerzen hin.

Als der 12. Patient – ein alter Mann mit Bronchialasthma – glücklich lachend vom Podium steigt, da poltern die Fingerknöchel der jungen Zuhörer begeistert auf die Pulte. Doch dann ist es still. Dr. Huneke hat eine Diskussion mit den Universitätsprofessoren, mit Ärzten erwartet. Doch die Herren boykottieren die Veranstaltung. Keiner von ihnen ist erschienen. Nicht einmal der Assistent, der die Patienten in den Saal gebracht hat.

Niedergeschlagen verläßt Huneke den Festsaal. Zu seiner Sprechstundenhilfe, die mit dabei war, murmelt er: „Das einzige, was mich tröstet: Ich habe wenigstens 12 Menschen die Schmerzen genommen. Eines steht fest: Die Schulmedizin will meine Neuraltherapie nicht anerkennen."

Ein Februarmorgen des Jahres 1941.

Dr. Ferdinand Huneke hat noch nicht gefrühstückt und bereitet sich gerade auf seine Patientenbesuche vor. Da läutet es an der Tür. Das Dienstmädchen meldet: „Eine Frau ist draußen. Sie sagt, sie hat Ihnen geschrieben. Sie kommt aus Breslau wegen ihres Beines . . ."

Dr. Huneke weiß sofort Bescheid: „Führen Sie die Frau in meine Ordination. Ich komme gleich nach."

Minuten später sitzt der Doktor der völlig verzweifelten Patientin gegenüber. In abgehackten Sätzen schildert sie ihre Lage und verkrampft ihre Finger im Reisebündel, das sie auf dem Schoß liegen hat: „Doktor, Sie sind meine letzte Hoffnung. Man will mir in Breslau den linken Unterschenkel amputieren. Da kann ich gleich ins Wasser gehen..."

Dr. Huneke legt beruhigend die Hände auf ihre Arme: „Also, nur keine Panik. Was ist bisher geschehen?"

„Die Ärzte sagen, daß meine jahrelangen Schmerzen im rechten Schultergelenk Periathritis genannt werden. Viele Wochen hat man mich zu Hause und monatelang im Krankenhaus behandelt. Ohne Erfolg. Man hat mir dauerhaft nicht helfen können. Man entfernte mir die Mandeln. Auch die schlechten Zähne hat man mir gerissen. Es half nichts. Jetzt will man mir als letzten Ausweg den linken Unterschenkel wegschneiden. Dort leide ich nämlich seit meiner Jugend an einer Knochenmarkeiterung. Die Ärzte sagen, daß hier der Herd für die Blutverunreinigung und für die Schmerzen in der Schulter zu suchen ist."

Dr. Huneke injiziert seine Procainlösung. Und er erschrickt. Zum ersten Mal nach langer Zeit stellt sich kein Erfolg ein. Seine sogenannte Segmenttheorie versagt. Auch intravenöse Injektionen bringen keinen Erfolg. Die Breslauerin reist unter Tränen ab. Für sie bricht eine Welt der Hoffnung zusammen.

Doch sie kehrt nach einigen Tagen wieder zurück. Sie hat es nicht gewagt, sich zur Amputation zu melden. Dafür zeigt sie Dr. Huneke ihre Narbe am Unterschenkel. Es ist jene Narbe, die nach einer Jahre zurückliegenden Operation anläßlich der Knochenmarkeiterung zurückblieb. Diese Narbe ist stark entzündet und schmerzt ununterbrochen.

Huneke will die Patientin nicht wegschicken, wenngleich er auch sehr entmutigt ist. Er injiziert ihr seine Lösung direkt in die Operationsnarbe, knapp unter die Haut.

Sekunden vergehen. Die Breslauerin sitzt wie erstarrt

da. Dr. Huneke weiß nicht, was das zu bedeuten hat. Dann plötzlich jauchzt die Frau auf, springt hoch und wirft die Arme in die Höhe: „Doktor, Sie sind also doch ein Zauberkünstler: Die Schmerzen im Bein und die Schmerzen an der Schulter sind auf einmal weg, vollkommen weg!"

Hunekes Entdeckung der Sekundenheilung – das sogenannte Sekundenphänomen – hat eine Frau vor der Amputation gerettet und ein chronisches Leiden geheilt.

Die Patientin flüstert: „Ich bin außer mir. Ich kann es nicht glauben."

Dr. Huneke nickt: „Auch ich erlebe Grimms Märchen in einer Neuauflage...!"

Ferdinand Huneke verabschiedet die Patientin, hastet in den Garten, holt sein Fahrrad und tritt in die Pedale. Er radelt ins nahe Bergische Land. Dort springt er von seinem Rad und wirft sich in die Frühlingswiese. Er läßt all seine Heilungen im Geist an sich vorüberziehen und weint dann vor Freude und Glück...

Fernsehreporter, Rundfunkjournalisten und Zeitungsredakteure sowie Pressephotographen sind der Einladung einer neuen deutschen Ärzteorganisation gefolgt, die seit einigen Jahren von sich reden macht. Die Internationale Medizinische Gesellschaft für Neuraltherapie nach Huneke e.V. stellt sich in ihren neuen Räumen in München-Grünwald der Öffentlicheit vor. Es ist Frühling 1966.

Mittelpunkt der Veranstaltung ist natürlich Dr. Ferdinand Huneke, 74 Jahre alt, gesundheitlich schwer angeschlagen. Seine Lungen machen ihm zu schaffen. Das Gesicht des Arztes ist von Sorgen gezeichnet. Im Gespräch mit Zeitungsleuten offenbart er seine Probleme: „Meine Lehre wird böswillig angegriffen. Ich habe mir viele

Feinde geschaffen. Und die meisten Ärzte sprechen von der Neuraltherapie wie von einem Schwindel. Das trifft mich angesichts von Tausenden von Heilungen, die allein in Düsseldorf vollzogen wurden ..."

Dr. Peter Dosch, erster Vorsitzender der Gesellschaft, hat mitgehört und fällt seinem Lehrmeister ins Wort:

„Doktor, Sie dürfen nicht vergessen, daß viele Ärzte heute schon das Procain verwenden. Und daß sich viele Mediziner in aller Öffentlichkeit dazu bekennen. Etwa Prof. Heilmeyer, Dr. Imm und viele Kollegen im Ausland."

Huneke nickt und seine Augen leuchten auf: „Vor allem die berühmte Wiener Medizinische Schule hat mich nicht enttäuscht. Dort hat man sich als erstes ernstlich mit meiner Theorie auseinandergesetzt. Die Universitätsprofessoren an der schönen blauen Donau sind eben echte objektive Wissenschaftler. Zumindest einige ..."

Huneke atmet schwer. Es geht ihm nicht gut. Er entschuldigt sich und verläßt die Veranstaltung vorzeitig. Beim Gehen sagt er noch: „Es macht mich glücklich, daß einige deutsche Ärzte mir spontan geholfen und diese Gesellschaft gegründet haben; und daß aus aller Welt Ärzte mit dieser Gesellschaft Kontakt aufnehmen. Ich hoffe nur, daß es uns gelingt, das Geheimnis der neuraltherapeutischen Heilungen zu ergründen und zu erklären. Bis dahin werden uns immer Neider und Nörgler das Leben schwer machen ...!"

Am 2. Juni 1966 – bald nach dieser Unterredung – stirbt Dr. Ferdinand Huneke mit 74 Jahren an einem Lungeninfarkt.

In den Nachrufen reihen die Mitarbeiter und Anhänger seinen Namen neben Semmelweis, Koch, Pasteur und Flemming.

Eine neue Denkrichtung in der Medizin

Nach seiner sensationellen Entdeckung zeigte Dr. Ferdinand Huneke die Gründe auf, warum die Lehrmedizin der Gegenwart in eine Krise geraten ist. Dr. Peter Dosch, der Vorsitzende der Internationalen Medizinischen Gesellschaft für Neuraltherapie nach Huneke, formulierte es einmal so: „Das Wissen der Menschheit hat sich seit der Jahrhundertwende alle 10 Jahre etwa verdoppelt. Demgegenüber ist das Können in der Medizin im gleichen Zeitraum – bei aller Achtung vor den echten Fortschritten – nur wenig vorangekommen. Das Sekundenphänomen deckte bisher unbekannte Zusammenhänge auf. Es wurde zum Anfang einer neuen Denkrichtung in der Medizin, die sich nicht allein auf die exakten toten Teilforschungsergebnisse stützt, sondern auch die Wirkung auf Vorgänge in den neurovegetativen Regelkreisen und Regulationsmechanismen in die Therapie einbezieht, die noch nicht rational faßbar sind. Das Huneke-Phänomen stellt die Idee der Form so schnell und vollständig wieder her, daß auch der moderne Mensch zur Ehrfurcht vor dem Wunder des Lebens zurückgeführt wird."

Huneke schuf einen wirkungsvollen, zugleich aber unschädlichen Weg der Behandlung. Seine ärztliche Kunst beschränkte sich auf die Benützung des vegetativen Nervensystems und eines vollkommen unschädlichen und harmlosen Medikamentes mit Namen Procain. Es handelt sich dabei um ein Lokalanästhetikum, das von manchen Medizinern „flüssige Elektrizität" genannt wird. Procain ist in den verwendeten Dosen ungefährlich, da es binnen 20 Minuten von körpereigenen Wirkstoffen in zwei Bestandteile gespalten wird: in einen gefäßerweiternden und in einen antiallergischen.

Ferdinand Hunekes Therapie könnte man als europäische Variante der chinesischen Akupunktur bezeichnen, denn eines ist gewiß: Es kommt darauf an, an welcher Stelle des Körpers die Injektionen verabreicht werden. Huneke schuf die Begriffe Segment-Therapie und Sekundenphänomen. Die Brüder Huneke injizierten Procain an den Orten der Erkrankung oder in die dem Ort der Erkrankung entsprechenden Reflexzonen, also zum Beispiel in jene Hautabschnitte, die über Nervenbahnen mit dem inneren Organ in Verbindung standen. Eine solche Behandlung nannten sie Segmenttherapie. Das Sekundenphänomen ist die absolute Krönung der Neuraltherapie: Schon bei der Injektion in eine entzündliche Stelle hört der Schmerz auf, und es beginnt ein Heilungsprozeß.

Die Brüder Huneke verwendeten im Verlaufe ihrer Behandlungen später nicht reines Procain, sondern Impletol, ein Gemisch aus Procain und Coffein.

Das ist heute aus der Lehre geworden

Die Neuraltherapie verdient heute in der Naturheilkunde ganz besondere Bedeutung. Wie wertvoll sie für die Gesundheit und Schmerzfreiheit vieler Menschen geworden ist, beweist die Tatsache, daß allein in der Bundesrepublik Deutschland über 300 Ärzte diese Methode anerkennen und mit Erfolg anwenden.

Das Handwerkzeug des Neuraltherapeuten ist die Injektionsspritze, seine wichtigsten Medikamente sind Procain und Coffein in einer Mischung mit Namen Impletol. Voraussetzung für die Behandlung ist eine fundierte Kenntnis der Nervenbahnen und der Nervenpunkte am Körper eines Menschen. Der Ort des Injektionseinstiches ist für die Heilung entscheidend. Der Neuraltherapeut sieht das Krankheitsgeschehen anders als die Schulmedizin. Er erkennt in jedem Leiden eine Fehlsteuerung im Gesamtorganismus und im seelischen Bereich. Er sucht die Quelle des Schmerzgeschehens, die meist anderswo als der Schmerz sitzt. Dann überflutet er die sogenannten Störfelder mit seinen Injektionen, schaltet augenblicklich den Schmerz aus und beginnt, nach und nach das Leiden zu heilen. Nach jahrelanger wissenschaftlicher Arbeit kennen die Neuraltherapeuten heute 314 Krankheiten, die mit dieser Methode bekämpft und geheilt werden können. Spitzenerfolge wurden bereits erzielt bei Allergien, Angina pectoris, Asthma, Bandscheibenschäden, Blasenleiden, Eileiter- und Eierstockentzündung, Gallenleiden, Gebärmutterentzündung, Gefäßkrämpfe, Gelenksrheuma, grüner Star, Haarausfall, Hautleiden, Hämorrhoiden, Herzmuskelentzündung, Heuschnupfen, Hexenschuß, Impotenz, Ischias, Knochenhauterkrankung, Kopfschmerzen, Kreislauferkrankungen, Leberleiden, Magengeschwüre, Mandelentzündungen, Migräne, Mittelohrentzündung, Nervenentzündungen, Schilddrüsenvergrößerungen, Schlaflosigkeit, Trigeminusneuralgie, Warzen, Wetterfühligkeit, Wirbelsäulenerkrankung, Zwölffingerdarmgeschwür und Zyklusstörungen.

Allerdings: Nicht jeder Patient darf bei der ersten Einspritzung eine sofortige Schmerzfreiheit erwarten. Auch eine Dauerheilung muß nicht spontan eintreten. Bei manchen Kranken müssen die Injektionen in sinnvollen Abständen wiederholt werden, bis die Selbstheilungskräfte im Organismus geweckt und angeregt werden.

In den Kreisen jener Ärzte, die Erfahrung in der Anwendung verschiedener Behandlungsmethoden haben, gilt die Neuraltherapie heute als die schärfste Waffe der Naturheilverfahren im Kampf gegen Krankheiten. Der Siegeszug der Methode führt über die freipraktizierenden Ärzte. Dadurch ist die Öffentlichkeit ziemlich umfangreich darauf aufmerksam geworden. Und der israelische Forscher Schmuel Sternberg, der mit Neuraltherapie geheilt wurde, schrieb einmal: „Ich denke allen Ernstes, daß Deutschlands neue Generation der Welt das größte Geschenk für alle Nationen machen könnte. Es ist an der Zeit, daß sich die Regierung mit der Neuraltherapie befaßt..."

Eine wichtige Adresse

Wer sich für die Behandlungsmethode der Neuraltherapie interessiert und mit einschlägigen Ärzten in Verbindung treten möchte, der wendet sich an folgende Adresse:

Internationale Medizinische Gesellschaft
für Neuraltherapie nach Huneke e.V.
Zweigstraße 2
D-8022 Grünwald bei München

KAPITEL XV

PAUL NIEHANS
1882–1971

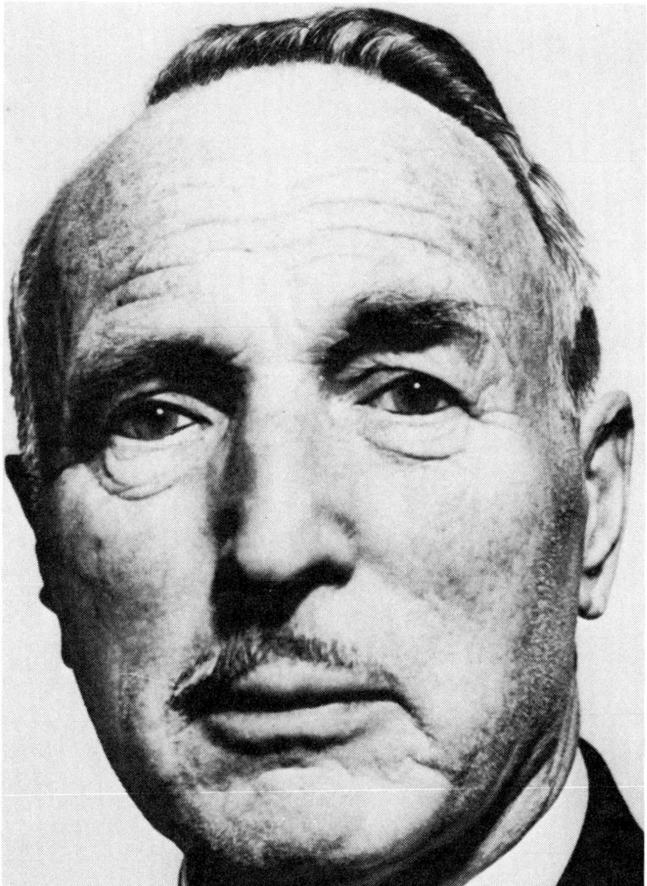

Dr. Paul Niehans: Seine Frischzellentherapie wurde zur Weltsensation

Der Arzt mit dem Frischzellen-Wunder

Laut hallen die zögernden Schritte des 21jährigen Theologiestudenten Paul Niehans aus Bern über den langen Korridor der Sommerresidenz des deutschen Kaisers in Berlin. Wilhelm II. hat höchstpersönlich den jungen Mann aus der Schweiz zu sich gebeten. Paul Niehans studiert seit einigen Monaten in Berlin.

Knarrend öffnet sich die hohe, künstlerisch geschnitzte Holztüre des Audienzzimmers. Ein weißhaariger Zeremonienmeister winkt arrogant. Ehrfürchtig betritt Paul Niehans den Raum, geht gemessenen Schrittes zum Kaiser, verneigt sich, geht in die Knie und küßt dem Monarchen die Hand.

Kaiser Wilhelm II. lächelt freundlich: „Lieber Paul, nimm Platz. Ich nehme an, du weißt längst, weshalb ich dich zu mir gebeten habe!"

Paul Niehans nickt. Er ist der Sohn von Prof. Dr. Paul Niehans, dem Leiter des Kantonsspitals in Bern. Doch man hat ihm schon in früher Jugend mitgeteilt, daß er eigentlich dem Hause Hohenzollern angehört. Der junge Studiosus ist niemand geringerer als ein Enkel von Kaiser Friedrich III. In den Wirrnissen der Revolution von 1848 war Friedrich, mit einer Engländerin verheiratet, einer Frau begegnet, die ihm eine Tochter gebar. Das uneheliche Mädchen wuchs als heimliche Tochter des Kaisers unter dem Namen Anna Franziska Kaufmann in der Schweiz auf. Sie durfte auch den Namen ihrer Mutter nicht tragen. Diese war eine Fürstin Fürstenberg. Sie durfte die Tochter nicht behalten und mußte sie von einer Gouvernante adoptieren lassen.

Das Kaiserkind heiratete später einen Schweizer Arzt und gebar einen Sohn: den nunmehrigen Studenten Paul Niehans.

Der Kaiser meint nachdenklich: „Benimm dich nicht so schüchtern in meiner Gegenwart. Du bist kaiserlichen Blutes. Du gehörst zu uns. Wenn auch dein Großvater nie den Mut hatte, dich in die Gesellschaft einzuführen: Ich will es tun. Ich schätze so sehr, daß du von dir aus nie Profit aus deiner adeligen Herkunft geschlagen hast."

„Das hätte ich nie gewagt, Majestät . . .!" stammelt Paul Niehans.

Kaiser Wilhelm setzt seine Rede fort: „Du bist ein hübscher, intelligenter junger Mann. Unser Land braucht solche Männer. Ich mache dir einen Vorschlag: Gib das Theologiestudium auf. Tritt als Offizier in das preußisch-deutsche Heer ein. Gib die Schweizer Staatsangehörigkeit auf!"

Paul Niehans erschrickt bei diesen Worten. Er erbleicht und läuft danach sofort rot an. Leise quält er sich die Worte ab: „Mögen Euer Majestät mir verzeihen. Auf dieses Angebot kann ich nicht eingehen. Die Schweiz wird immer meine Heimat bleiben. Außerdem fehlen mir die Ambitionen zur militärischen Laufbahn."

Der Student verneigt sich entschuldigend.

Kaiser Wilhelm winkt ab. Eindringlich blickt er den jungen Mann an und beschwört ihn: „Ich verstehe deinen Standpunkt, Paul. Dann hast du aber die verdammte Verpflichtung, deinen Schweizern und der ganzen Welt auf andere Weise durch große Taten zu zeigen, daß du ein Enkel Kaiser Friedrichs bist . . .!"

Ein lauer Abend liegt über der chirurgischen Klinik von La Tour-de-Peilz in der Schweiz. Man schreibt den 1. April 1931. Die meisten Lichter hinter den Fenstern der Krankenzimmer sind schon erloschen. Nur im Operationssaal A 1 ist noch Betrieb. Die Bäuerin Barbara Fanfoire muß an sich einen Eingriff am Kropf vornehmen lassen. Im Grunde genommen eine Routineangelegenheit.

Stumm und zielsicher arbeitet Dr. Pierre Lefebre mit dem Skalpell. Plötzlich zuckt er zusammen. Schweißperlen bilden sich auf seiner Stirn. Die assistierende Schwester neben ihm wird fahl im Gesicht. Dem jungen Arzt ist ein Kunstfehler unterlaufen. Er hat versehentlich die winzigen Nebenschilddrüsen der Patientin verletzt.

Im selben Augenblick, da er es bemerkt, setzen bei der Kranken schwere Krampfzustände ein. Hilflos steht der Chirurg davor. Dann stürzt er ans Haustelephon und ruft seinen Chef an, den er in seinem Dienstzimmer weiß: „Professor, ich bin erledigt. Mein Fall liegt im Sterben. Bitte, helfen Sie mir. Ich habe gepfuscht . . ."

Professor de Quervain ist sofort zur Stelle. Er überblickt die Situation und murmelt erregt: „Wenn jemand noch helfen kann, dann ist es dieser junge, erfolgreiche Dr. Niehans!"

Mit diesen Worten eilt er in sein Zimmer und ruft den 49jährigen Mediziner an, der seine Privatklinik ebenfalls in Tour-de-Peilz am Genfersee führt und durch die Verpflanzung von Hormondrüsen bereits von sich reden gemacht hat.

„Was ist denn passiert, Herr Professor?" will Dr. Niehans wissen.

„Einem jungen Kollegen ist ein Fehler unterlaufen. Wenn Sie der Patientin nicht sofort eine tierische Nebenschilddrüse verpflanzen, geht sie noch in dieser Nacht elend zugrunde."

Dr. Niehans blickt auf die Uhr: „Gut, führen Sie die Frau sofort zu mir in die Klinik. Ich bereite alles zur Transplantation vor!"

Der junge Doktor legt auf. Er hat keine Zeit zu verlieren. Er hastet über den Gang zum Zimmer eines Assistenten, rüttelt ihn wach und schickt ihn mit dem Sanitätswagen zum Schlachthof von Clarence: „Die Leute müssen sofort ein junges Kalb für uns schlachten. Ich brauche eine Nebenschilddrüse ...“

Minuten später kurvt der Wagen des Assistentsarztes mit quietschenden Pneus aus dem Hof der Klinik.

Die Nebenschilddrüse des Kalbes ist auf die Sekunde genau zur Stelle. Ein Ambulanzwagen hat die Bäuerin zu Dr. Niehans gebracht. Sie wird sofort in den OP transportiert. Dr. Paul Niehans wartet bereits im Arztkittel vor dem Operationstisch auf die Patientin. Barbara Fafoire zuckt in schwersten Krämpfen, die durch den Ausfall der Nebenschilddrüse hervorgerufen werden.

Niehans wechselt mit seinem Assistenten sowie mit dem Kontrollarzt an den Geräten einige rasche, besorgte Blicke. Dann murmelt er: „Die Frau liegt bereits im Sterben. Da kommt jede Transplantation zu spät. Die Patientin würde unter meinen Händen ihr Leben aushauchen ...“

Der Arzt steht einige Augenblicke da, als würde er auf eine Eingebung des Himmels – auf ein Wunder warten.

Dieses Wunder geschieht tatsächlich. Wie in Trance unternimmt Dr. Niehans einen tollkühnen Versuch. Er spielt Vabanque. Er wagt ein Experiment, das nach allgemeiner medizinischer Ansicht einfach nicht gelingen kann.

Ohne sich jemals damit befaßt zu haben, zerstückelt der Chirurg die tierische Nebenschilddrüse mit einem Messer in kleinste Teilchen. Die so gewonnene Zellmasse schwemmt er mit einer Kochsalzlösung auf. Dann zieht er mit dem Skalpell oberhalb der Brust der Patientin einen feinen Schnitt, möglichst nahe ihrer eigenen Schilddrüse und füllt die Zellmasse dort hinein. Die aufgelösten Frischzellen werden rasch vom Gewebe aufgenommen.

Der Assistent starrt seinen Chef an: „Doktor, was Sie da getan haben, ist Wahnsinn! Das tierische Eiweiß wird tödliche Abwehrreaktionen im Körper der Frau auslösen."

Dr. Niehans nickt verloren. Er weiß selbst, daß es kaum Hoffnung gibt. Er fragt sich selbst, wie er auf die Idee kam, so zu handeln.

Er wankt auf sein Dienstzimmer und legt sich hin. Immer wieder sieht er seine Notoperation vor sich. Vier Stunden vergehen. Er erhebt sich und geht ins Krankenzimmer der Bäuerin. Die Nachtschwester, die keinen Augenblick vom Bett der Patientin gewichen ist, lächelt: „Doktor, ein Wunder ist geschehen. Die Krämpfe sind vollkommen abgeklungen. Es geht der Kranken recht gut. Ihr Zustand verbessert sich zusehends. Ich denke, sie wird überleben ..."

Barbara Fanfoire überlebt tatsächlich. Sie stirbt erst 35 Jahre später im Alter von 84 Jahren. Sie ist die erste Patientin, die durch Frischzellentherapie behandelt und vor dem Tod gerettet wird ...

Dr. Paul Niehans stützt seinen Kopf in beide Hände und brütet an seinem Schreibtisch. Er hat Angst, von seinen Problemen erdrückt zu werden. Leise geht die Türe auf. Seine dunkelhaarige Frau Coralie steht neben ihm: „Paul, vergönne dir doch Ruhe. Grüble nicht so viel nach. Ich weiß genau, was dich bewegt. Du hast Angst, deine Erkenntnis über die Frischzellen zu veröffentlichen ..."

Niehans nickt: „Coralie, wie du mich durchschaust. Das war schon so am ersten Tag, als ich dich beim Schlittschuhlaufen in St. Moritz kennen und lieben gelernt habe. Ja, ich fürchte mich, Coralie. Ich fürchte mich vor den Kollegen. Zuerst sprach ich nicht über den Fall Barbara Fanfoire, weil es sich ja schließlich um einen Zufall handeln konnte. Doch jetzt weiß ich aus zahllosen Versuchen und Laborexperimenten: Frischzellen von Tieren bauen einen kranken Menschen wieder auf, sie geben ihm Gesundheit und Jugend wieder. Verstehst du, was das bedeutet? Es genügen Zellmassen ganz junger, dem menschlichen Organismus verwandter Tiere, um Organe von Patienten in kurzer Zeit zu regenerieren. Am besten eignen sich die Frischzellen, die aus Embryoschafen gewonnen werden."

„Wie willst du das machen?" erkundigt sich die Arztgattin.

„Ganz einfach: Hundertprozentig beobachtete und gesunde Muttertiere werden vor dem Wurf geschlachtet. Die Organe der Jungtiere aus dem Mutterleib werden zu einem Brei verarbeitet und dem Patienten verabreicht. Aber nicht mehr mit einem chirurgischen Schnitt, wie bei meinem ersten Experiment. Ich injiziere die Zellmasse. In ein krankes menschliches Organ setze ich die zerkleinerten Teilchen eines ebenbürtigen tierischen Organs. Das ist das Geheimnis der wunderbaren Regenerationswirkung."

„Und deine Angst, Paul?"

„Ich sagte es schon: Ich habe Angst vor der Schulmedizin, Coralie. Was ich mit Erfolg tue, ist nach bisherigen Anschauungen und Grundsätzen der Chirurgie einfach nicht möglich ..."

„Du wirst dich durchsetzen, Paul. Ganz sicher. Du hast schon ganz andere Hürden in deinem Leben genommen. Du warst der Held im Balkankrieg. Du warst der Engel der Schwerverwundeten im Ersten Weltkrieg in den Dolomiten. Und du hast dir eine eigene Klinik geschaffen."

Niehans hat sich vom Schreibtisch erhoben. Er sieht

seiner Frau tief in die Augen: „Du gibst mir Mut. Aber ich darf mit meiner Frischzellentherapie erst an die Öffentlichkeit, wenn ich Angriffspunkte überwunden habe. Ein Beispiel: Die tierischen Frischzellen, die zur Operation zur Verfügung stehen müssen, dürfen nicht älter als eine Stunde sein, sonst sterben sie ab und wirken als Giftstoffe im Körper des Patienten tödlich. Selten wird es möglich sein, in dieser Eile für einen Kranken ein geeignetes, gesundes Muttertier aufzutreiben und die Zellmasse rechtzeitig aus den ungeborenen Jungen herzustellen."

„Aber deine Versuche mit den im Labor gezüchteten künstlichen Zellkulturen ...?" fragt Coralie Niehans.

Mit erstickter Stimme antwortet Paul Niehans: „Alles umsonst gewesen. Die Zuchtzellen sind therapeutisch vollkommen wirkungslos. Das hat heute morgen unser jüngster Versuch ergeben ..."

Dr. Paul Niehans sitzt in seinem Labor am Genfersee im Patientenstuhl. Ihm gegenüber hat der österreichische Arzt und Anatom Prof. Pischinger Platz genommen. Beide Mediziner verhalten sich sehr still. Sie sind sich der Gefahr der Stunde bewußt.

Es ist ein kühler Augusttag des Jahres 1949.

Dr. Niehans zieht eine Injektionsspritze auf und erklärt seinem Kollegen: „Jahrelang habe ich nach einer Lösung gesucht, wie man die Zellmasse für meine Injektionskuren einsatzbereit konservieren kann, damit sie wirkungsvoll bleibt. Jetzt glaube ich, den Weg gefunden zu haben. Ich habe mir Organzellen von Embryo-Schafen tiefgefrieren lassen. Sie sind jetzt aufgeschwemmt worden. Wir werden sehen, ob sie auch in diesem Zustand ihre Wirkung tun."

Dr. Pischinger wirft ein: „Sie wissen, daß dieser Versuch Ihr Tod sein kann, Dr. Niehans ...?"

Der Schweizer Arzt bejaht, macht sich den Oberschenkel frei und jagt sich die Spritze in die Muskel.

30 Minuten lang sitzt er da und beobachtet sich selbst haarscharf. Dr. Pischinger notiert Äußerungen. Er untersucht den Kollegen ununterbrochen. Plötzlich wird Niehans kreidebleich und ringt nach Luft. Schwindel und Übelkeit befallen ihn. Sein Herz beginnt wie wild zu hämmern. Sekunden später bricht er zusammen und gleitet vom Sessel zu Boden. Dr. Pischinger konstatiert entsetzt: Herzkollaps.

Der Österreicher injiziert starke Kreislaufmittel. Er läßt den Kollegen in ein abgedunkeltes Zimmer bringen und weicht drei Tage nicht von seinem Bett. In diesen drei Tagen schwebt Dr. Niehans unentwegt zwischen Leben und Tod.

Am vierten Tag erklärt Dr. Pischinger aufatmend: „Er ist gerettet. Aber es mutet wie ein Wunder an."

Wochen später ist Dr. Niehans wieder einsatzfähig. Er findet heraus, was an seinem Experiment so gefährlich und falsch war:

Auch die in einem Eisblock eingefrorenen Frischzellen zersetzen sich. Darum die lebensgefährlichen Störungen des zentralen Nervensystems und der gesamte Zusammenbruch.

Dr. Niehans hat seine Haut nicht umsonst zu Markte getragen. Jetzt ist seine Frischzellentherapie perfekt und reif für die Öffentlichkeit. Um die Selbstzerstörung der tierischen Zellen zu verhindern, müssen die Zellen bei Temperaturen von minus 60 bis 70 Grad konserviert, beziehungsweise nach modernstem Verfahren gefriergetrocknet werden. Dann sind sie lange Zeit haltbar ...

„Ich lasse bitten!"

Dr. Paul Niehans spricht die Worte lakonisch zu seiner Sprechstundenassistentin.

Prof. Hans Schmidt von der Universität Marburg betritt das Chefzimmer der Niehans'schen Privatklinik am Genfersee. Nach einigen höflichen Worten geht der Arzt gleich zum Angriff über: „Ich beschäftige mich seit 20 Jahren mit der Übertragung von artfremdem Eiweiß. Ich habe dabei Schreckliches erlebt. Wenn Sie wirklich tun, was Sie bei Ihren Vorträgen behaupten, dann müßten Ihre Patienten doch nach der Einspritzung sterben."

Dr. Niehans lächelt: „Wenn Sie gestatten, so möchte ich darauf hinweisen, daß dann auch meine prominenten Patienten wie Kaiser Haile Selassie, die Filmschauspielerin Gloria Swanson und Marlene Dietrich schon tot sein müßten. Zu meinen Patienten aber zählen auch Somerset Maugham, Charlie Chaplin und der deutsche Bundeskanzler Adenauer."

Dr. Schmidt kontert: „Namen beeindrucken mich nicht. Ich war nicht dabei, als diese Leute behandelt wurden."

Niehans setzt fort: „Am Skliffosowskij-Institut in Moskau und am New Yorker Rockefeller-Institut nimmt man meine Forschung sehr ernst, Herr Kollege..."

„Trotzdem, ich bin dagegen!"

„Dann darf ich Sie bitten, einer Frischzellenbehandlung in meiner Klinik beizuwohnen?"

Dr. Schmidt ist einverstanden. Er bleibt und meint: „Ich werde Ihnen beweisen, daß Sie mit einem Bein im Gefängnis stehen, Doktor Niehans."

Drei Wochen wohnt Dr. Schmidt in der Niehans-Villa „Sonnenfels" bei Vevey und spricht mit Patienten, die vor seinen Augen Frischzellen gegen schwere Krankheiten wie Nierenverfall, Muskellähmung und Struma injiziert bekamen. Er ist fassungslos über die Erfolge. Nach einem langen Gespräch mit einer geheilten Patientin stürzt er ins Zimmer zu Dr. Niehans und ruft hastig: „Sie haben 20 Jahre meiner Arbeit ausradiert. Ich gebe auf. Darf ich in Hinkunft mit Ihnen zusammenarbeiten und von Ihnen lernen . . .?“

Papst Pius XII., Stellvertreter Gottes auf Erden und Oberhaupt der katholischen Christenheit, liegt sterbenskrank darnieder.

Es ist ein düsterer Februartag des Jahres 1954.

„Ich fühle, daß Wir von dieser Erde gehen müssen!“ flüstert der kirchliche Würdenträger.

Der hochgewachsene, silberhaarige Mann neben dem Kranken schüttelt den Kopf: „Es ist noch nicht soweit, Heiliger Vater.“

Der Mann heißt Dr. Paul Niehans, zählt 72 Jahre, und ist inzwischen zum Professor der Medizin avanciert. Außerdem ist er mit vielen internationalen Auszeichnungen bedacht worden. Es gibt viele auf der Welt, die an seine Frischzellentherapie glauben. Auch der Papst. Darum hat er Niehans an sein Krankenlager rufen lassen.

Kaum hörbar betont Pius XII: „Wir wissen, daß Sie um die Anerkennung Ihrer Zellulartherapie kämpfen. Wir sind alt und krank. Wir bedauern es Ihretwegen, wenn Wir sterben müssen. Man wird Ihnen Unsere Behandlung als Fehlschlag anrechnen . . .“

Dr. Niehans ist seiner Sache sicher. Er injiziert dem Papst Frischzellen. Der tödlich geschwächte Heilige Vater erholt sich erstaunenswert. Weltweit wird diese Tatsache als Sensation gefeiert.

Als sich der Papst nach seiner Genesung wieder der Öffentlichkeit zeigt, sagt Coralie Niehans zu ihrem

Mann: „Jetzt wird es niemand mehr wagen, dich anzugreifen und an dir zu zweifeln."

Wenige Tage später wird Prof. Dr. Niehans in die päpstliche Akademie der Wissenschaften aufgenommen. Dem Heiligen Vater sind noch vier Jahre übermenschlicher Leistungskraft vergönnt...

Der Vortragssaal in der Villa „Sonnenfels" ist zum Bersten voll. Ärzte und Journalisten haben sich hier eingefunden. Der Schweizer Wissenschaftler und Chirurg Prof. Dr. Paul Niehans wartet anläßlich seines 88. Geburtstages im Jahr 1970 mit einer Sensation auf. Langsam und deutlich verkündet er: „Meine Untersuchungen sind bereits soweit gediehen, daß man darüber sprechen kann. Mit meiner Zellulartherapie wird man in Zukunft auch die Geißel Krebs besiegen können. Wer sich von gesunden, nichtkrebsanfälligen Embry-Schafen Zellmasse einspritzen läßt, ist vorbeugend gegen Krebs gewappnet."

Minuten später ticken zahllose Fernschreiber der großen Presseagenturen diese Meldung um die ganze Welt. Sie wird von der Schulmedizin nicht einfach hingenommen, wenn man auch hinter dem Namen Niehans die Prominenz dieser Erde weiß. Namhafte Mediziner sprechen sich gegen die Theorie aus. In der Klinik des Prof. Niehans zählt man in den darauffolgenden Wochen täglich an die tausend Anrufe und durchschnittlich 3000 bis 4000 Briefe zu dem Thema.

Die Chirurgen nennen ihn höhnisch den „Zauberer vom Genfersee". Sie sehen in Niehans einen Verräter ihrer Krebsbekämpfung mit dem Skalpell und den Strahlenapparaten. Doch Prof. Niehans hat schlagkräftige Argumente an der Hand: Er hat in seiner Klinik im Laufe der Jahre über 4000 Menschen mit seiner Frischzellentherapie behandelt. Es gab keinen einzigen Todesfall.

Unermüdlich und mit bewundernswerter Vitalität arbeitet Prof. Dr. Niehans an seinen Versuchen weiter. Die Krebstheorie hat ihn fasziniert. Er ist optimistisch, denn er beobachtet, wie auf der ganzen Welt seine Frischzellenbehandlungen eingeführt werden.

Am 2. September 1971 muß der 89jährige Wissenschaftler auf Grund einer allgemeinen körperlichen Schwäche seine ärztlichen Mitarbeiter zu einer Besprechung ans Bett bitten. Er darf nicht aufstehen. Er gibt seine letzten Labor-Anweisungen. Wenige Stunden später schließt er für immer die Augen...

Der Jungbrunnen aus der Injektionsspritze

Prof. Dr. Paul Niehans ist der Begründer der Zell-Therapie. Er entdeckte, daß bei Organerkrankungen und bei allgemeinen Alterserscheinungen eines Menschen verschiedenste Zellarten von Jungtieren – und zwar ungeborenen Jungtieren – eine Revitalisierung ankurbelten. Niehans verwendete in der Hauptsache von den Spendertieren Herz, Leber, Niere, Gehirnzellen, Milz und Thymusdrüsen.

Prof. Niehans glaubte noch, daß die Frischzelle als ganze Zelle in den menschlichen Organismus aufgenommen würde. Diese Ansicht wird zum Teil auch heute noch von Medizinern vertreten. Auch die Patienten glauben es. Neueste Untersuchungen aber beweisen, daß von den implantierten Zellen nur winzige molekulare Bausteine – und zwar organ-spezifische Bausteine – verwendet und in den Empfängerorganismus eingebaut werden. Das wurde durch radioaktiv markiertes Zellmaterial nachgewiesen.

Es gibt zwei Gründe, warum Niehans bei seiner Therapie die Zellen von ungeborenen Tieren verwendete. Organtransplantationen beweisen, daß ein lebender Organismus fremdes Eiweiß erkennt und abstößt. Beim Eiweiß von ungeborenen Tieren ist die individuelle Eigenart noch nicht so ausgeprägt, weshalb es von einem anderen Körper noch gut vertragen wird. Der zweite Grund ist die hohe biologische Potenz der Gewebe junger Organismen und die Dynamik des Wachstums, die sie besitzen. Je jünger ein Organismus ist, desto größer ist seine Fähigkeit, vitale Potenz auf einen anderen Körper zu übertragen.

Viele Patienten kamen zu Dr. Niehans, um sich von schweren Organleiden und Schäden heilen zu lassen. Etliche reiche Patienten aber ließen sich behandeln, um das Altern zu stoppen und ihre verbrauchten Organe wieder aufzufrischen. Dadurch bekam Niehans den Beinamen, ein Spender der „zweiten Jugend" zu sein.

Das ist heute aus der Lehre geworden

Die Zelltherapie ist in breiten Medizinerkreisen anerkannt. Allein in der Bundesrepublik Deutschland haben sich 500 namhafte Ärzte zu einer Interessengemeinschaft für derartige Behandlungen zusammengeschlossen. Darüber hinaus wenden fast 5000 praktische Ärzte in der Schweiz, Österreich und der Bundesrepublik die Zelltherapie fallweise an. In den letzten Jahren sind in allen drei Ländern etliche Frischzellen-Sanatorien eröffnet worden.

Mit Hilfe der Zelltherapie können bei älteren Menschen nicht nur erstaunliche Verjüngungseffekte erzielt werden. Mehr noch: Viele Krankheiten lassen sich auch ausheilen. Die Behandlung kann nur von einem Mediziner durchgeführt werden, der in Zelltherapie geschult ist.

Und das sind die Leiden, die mit Zellbehandlung erfolgreich bekämpft werden: sämtliche Unterfunktionen der Drüsen mit innerer Sekretion wie Unfruchtbarkeit, Menstruationsstörungen, Wechselbeschwerden, Fettsucht, Zuckerkrankheit im Alter, niedriger Blutdruck, Potenzstörungen, Magersucht, Zwergenwuchs; vorzeitige Alterungen mit Vitalitätsverlust wie Erschöpfungszustände und mangelnde Lebenskraft; chronisch-degenerative Erkrankungen des Stütz- und Gefäßapparates wie Durchblutungsstörungen, Gelenksabnützungen, Wirbelsäulenleiden sowie chronischer Gelenksrheumatismus; schließlich degenerative Organerkrankungen des Herzens, der Niere, der Lunge, der Leber, des Verdauungsapparates sowie Entwicklungsstörungen des Kindesalters.

Bei auftretenden Organschwächen werden dem Patienten entsprechende Organzellen eines Kalbes oder eines ungeborenen Lammes eingespritzt, zumeist ins Gesäß. Sehr oft handelt es sich um eine Mischung verschiedener Zellsubstanzen. Damit werden die Organfunktionen auch im Allgemeinen gefördert.

Heute ist die Zelltherapie mit keinerlei Gefahren mehr verbunden. Der Arzt verwendet gefriergetrocknete tierische Zellteile, die längere Zeit haltbar und keimfrei sind. Diese Zellinjektionen werden heute in schweizerischen und deutschen Labors serienmäßig unter strengsten Kontrollen hergestellt und in Ampullen abgepackt angeliefert. Sie werden dann vom behandelnden Arzt in steriler 0,9-prozentiger Kochsalzlösung aufgeschwemmt. Dieser Zellbrei wird injiziert. Er gelangt über die Blutbahn in die entsprechenden menschlichen Organe, die Bedarf daran haben, und beginnt dort spontan mit dem Aufbau von frischen Zellen.

Früher galt die Zelltherapie als das Privileg der Reichen und Prominenten. Das hat sich heute längst geändert. Durch den pharmazeutischen Vertrieb von Trockenzellenampullen ist es möglich, daß jeder aufgeschlossene und geschulte Hausarzt seinen Patienten auf Wunsch gegen erschwingliche Kosten mit Frischzellentherapie behandeln kann. Die Zelltherapie ist daher auch dem Durchschnittsbürger zugänglich.

Jeder Patient, der sich zu einer „Frischzellenkur“ – wie sie im Volksmund oft genannt wird – entschließt, hat die Wahl, in ein Sanatorium zu gehen oder sich die Kur vom Hausarzt oder Facharzt daheim verabreichen zu lassen. In jedem Fall muß man wissen, daß der Patient nach der Zelleinspritzung drei, vier Tage absolut das Bett hüten muß, weil der Körper für den Regenerierungsvorgang Ruhe und Kraft braucht. Die oft unglaublichen Heilerfolge treten dann erst etwa sechs Wochen danach auf. Während der Kur dürfen weder Alkohol noch Nikotin konsumiert werden. Es kommt auch zu Krisen in der Behandlung: Elf bis vierzehn Tage nach der Injektion fühlt sich der Patient sehr abgeschlagen, während er unmittelbar nach der Einspritzung besonders vital wirkt. In der dirtten und vierten Woche zeigen sich dann die ersten Folgen einer Regeneration. Der Genuß von Schafsfleisch und Schafkäse ist während der Kur streng verboten. Grippe- und Pockenschutzimpfungen unmittelbar vor oder nach der Zelleinspritzung sind ebenfalls verboten.

Eine wichtige Adresse

Wer sich für die moderne Zell-Therapie interessiert und mit Ärzten in Kontakt treten will, die sich dieser Behandlungsmehtode widmen, erkundigt sich am besten bei seinem Hausarzt, oder er wendet sich an folgende Adresse:

Deutsche Gesellschaft für Zell-Therapie
Savignystraße 30
D-6000 Frankfurt/Main

Pioniere der Naturheilkunde

Ein Nachwort

Naturverbundene Lebensweise und naturverbundene Bekämpfung von Krankheiten waren noch nie so erstrebenswert wie heute, da der Mensch in einer umweltverschmutzten und biologisch gefährdeten Welt unterzugehen droht. Die Lehren jener großen Naturheiler, von denen dieses Buch handelt, waren zu keiner Zeit so wertvoll wie jetzt. Das Ringen dieser Männer um neue Ideen im Gesundheitswesen kommt uns zugute. Darum war es an der Zeit, die großen Naturheiler mit ihrem Leben und ihren Werken zu würdigen und ihnen den Platz in der Geschichte der Medizin einzuräumen, der ihnen gebührt. Und mancher, dem die Naturheilkunde bisher vielleicht nicht allzuviel bedeutet hat, wird durch die Konfrontation mit den Schicksalen der großen Naturheiler nunmehr auch deren Lehren besser verstehen. Denn eines steht außer Frage: Wenn diese Männer auch im Schatten der offiziellen Medizin lebten, so wissen wir heute alle, daß ihre Entdeckungen bahnbrechend für die Gesundheit der Menschen waren.

LITERATUR

Abello, J.: Das Sekundenphänomen von Huneke, Acta oto-rhino-laring, ibero-amer. 1951, 4

Althoff, H.: Die Therapeutische Novocainanwendung in der inneren Medizin, Th.-Steinkopf-Verlag, Dresden, 1947

Assmus, H.: Erfahrungen mit der Neuraltherapie, Neuralmedizin 2, 1954

Bicking, Dr. Franz: Johann Schroth im Gegensatz zu Vincenz Prießnitz, Verlag Friedrich Wilhelm Otto, Erfurt, 1842

Brand, Dr. Ernst: Die Hydrotherapie des Typus, Stettin, 1861

Baltzer, Eduard: Erinnerungen aus meinem Leben, Verlag des deutschen Vegetarierbundes, Frankfurt/Main, 1907

Bernhard, Dr. O.: Sonnenbehandlung in der Chirurgie, Verlag F. Enke, Stuttgart, 1917

Berg, Ragnar: Alltägliche Wunder, Verlag Emil Pahl, Dresden, 1931
Die Vitamine, Verlag S. Hirzel, Leipzig, 1926

Bircher-Benner, Dr. M.: Ernährungskrankheiten, I. und II., Wendepunkt Verlag, Zürich, 1928/1932

Buchinger, Otto: Das Heilfasten und seine Hilfsmethoden, Hippokrates-Verlag, Stuttgart, 1935

Brauchle, Dr. Alfred: Handbuch der Naturheilkunde, Verlag Philipp Reclam jun., Leipzig
Naturheilkunde in Lebensbildern, Verlag Philipp Reclam jun., Leipzig, 1937

Bodechtel, G.: Neuraltherapie, Betrachtungen eines Schulmediziners, Münchner medizinische Schriften 1955, 97

Bartussek, Dr. A.: Darm, Ernährung, Gesundheit, Drei-Eichen-Verlag, München, 1954
Der chronische Darmschaden, Wilhelm-Braumüller-Verlag, Wien, 1974
Die Darmträgheit nach Franz Xaver Mayr, Heilkunst-Verlag, Heilkunst 5, 1959
Cornelius, A.: Nervenpunkte, Karl-F.-Haug-Verlag, Ulm, 1958
Döbereiner, Dr. J. W.: Anleitung zur Darstellung und Anwendung aller Arten der kräftigsten Bäder und Heilwässer, welche von Gesunden und Kranken gebraucht werden, Croker'sche Buchhandlung, Jena, 1816
Decken-Himmelreich, Leopold Freiherr von: Prießnitz und die Wasserkur, Verlag Gosohorsky, Breslau, 1845
Dewey, Edward H.: Die Fastenkur und das Morgenfasten, Verlag Otto von Salle, 1910
Diepgen, Dr. Paul: Die Medizin an der Berliner Charité bis zur Gründung der Universität, Verlag J. Springer, Berlin, 1935
Dosch, Dr. Peter: Lehrbuch der Neuraltherapie nach Huneke, Karl-Haug-Verlag, Ulm, 1964
Günstige Erfolge mit Impletol in der täglichen Praxis, Hippokrates-Verlag, 1956
Festschrift zum 100. Geburtstag von Dr. Franz Xaver Mayr, Karl-F.-Haug-Verlag, Ulm, 1975
Görz, Heinz: Das Kneipp-Buch, Wilhelm-Heyne-Verlag, München, 1973
Gumpert, Martin: Hahnemann, S.-Fischer-Verlag, Berlin, 1934
Grote-Brauchle: Gespräche über Schulmedizin und Naturheilkunde, Verlag Philipp Reclam jun., Leipzig, 1935
Huneke Ferdinand: Das Sekunden-Phänomen, Verlag

Karl F. Haug, Heidelberg, 1970
Hufeland, Christoph Wilhelm: Die Kunst, das menschliche Leben zu verlängern – Makrobiotik, Hippokrates-Verlag, Stuttgart, 1958
Hahn, Theodor: Die Wasserheilkunde im Gegensatze zur Medizinheilkunde im Geiste J. J. Rausses, St. Gallen, 1850
Hahn, Theodor: Die naturgemäße Diät, die Diät der Zukunft, Cöthen, 1871
Hael, Richard, Samuel Hahnemann, Verlag Dr. Wilhelm Schwabe, Leipzig, 1922
Just Adolf: Die Erde als Heilmittel, Verlag Heilerde-Gesellschaft, Luvos, Blankenburg/Harz, 1931
Kneipp-Kalender, 33. Jahrgang, Verlag Josef Kösel & Pustet, Kempten, 1923
Kröber, Dr. A. H.: Prießnitz in Gräfenberg, Verlag Josef Max & Comp., Breslau, 1836
Kneipp, Sebastian: Meine Wasser-Kur, Kempten 1888
Klockenbring, Franz: Über Homöopathie und ihre Anwendung bei Mensch und Tier, Libraire Istra, Strasbourg, 1930
Kojer, Dr. E.: Diagnostik der Gesundheit nach Franz Xaver Mayr, Karl-F.-Haug-Verlag, Ulm, 1960, „Erfahrungsheilkunde 5"
Köhnlechner M.: Die machbaren Wunder, Kindler-Verlag, München, 1974
Handbuch der Naturheilkunde, Kindler-Verlag, München, 1975
Kneipp, Sebastian: Mein Testament, Ehrenwirth-Verlag, München 1954
Künzle, Johann: Das große Kräuterbuch, Walter-Verlag, Olten und Freiburg im Breisgau, 1945
Lampert, H.: Umstrittene Heilverfahren, Hippokrates-Verlag, Stuttgart, 1953

Lüdke, H. J.: Technik der Massage, Enke-Verlag, Stuttgart, 1966
Löffler, H./Bankhofer, H.: Naturheilkunde von A–Z, Verlag Fritz Molden, Wien, 1977
Lahmann, Dr. Heinrich: Das Luftbad als Heil- und Abhärtungsmittel, Zimmers-Verlag, Stuttgart 1908
Meyer-Camberg, Dr. Ernst: Das praktische Lexikon der Naturheilkunde, Mosaik-Verlag, München, 1977
Mayr, Dr. Franz Xaver: Wann ist unser Verdauungstrakt in Ordnung? – Verlag Neues Leben, Bad Goisern, 1951
Die Darmträgheit, Verlag Neues Leben, Bad Goisern, 1953
Much, Prof. Dr. Hans: Hippokrates der Große, Hippokrates-Verlag, Stuttgart-Berlin
Müller, Andreas: Pastor Felke und seine Heilmethode, Verlag Emil Hadtstein, Homberg a. Rhein
Pfister, A.: Homöopathie – Homöotherapie, Karl-F.-Haug-Verlag, Heidelberg, 1970
Rauch, Dr. E.: Die Darmreinigung, Karl-F.-Haug-Verlag, Heidelberg, 1957
Rollier, A.: Die Heliotherapie, Verlag Urban & Schwarzenberg, Berlin, 1951
Rikli, Arnold: Die Grundlehren der Naturheilkunde einschließlich die atmosphärische Kur, Verlag Fernau, Leipzig, 1895
Sobotik, S.: Bircher-Benner und Franz Xaver Mayr, Verlag Neues Leben, Goisern, 1955
Schreber, Dr. Daniel G. M.: Ärztliche Zimmergymnastik, Leipzig, 1877
Schwarz, Rudolf: Heilmethoden der Außenseiter, Bertelsmann-Ratgeber-Verlag, München, 1975
Venzmer, DDr. Gerhard: Das große Gesundheitsbuch, Bertelsmann-Ratgeber-Verlag, München, 1974
Willfort, R.: Gesund durch Heilkräuter, Erwin-Hagen-